数字时代信息资源管理丛书

丛书主编　刘越男

虚拟团队中的
知识分享与知识隐藏

影响因素与作用机制

郝琦　著

知识产权出版社

全国百佳图书出版单位

—北京—

图书在版编目（CIP）数据

虚拟团队中的知识分享与知识隐藏：影响因素与作用机制/郝琦著 . —北京：知识产权出版社，2023.5

ISBN 978 – 7 –5130 – 8621 –9

Ⅰ.①虚…　Ⅱ.①郝…　Ⅲ.①团队管理—知识管理　Ⅳ.①C936

中国国家版本馆 CIP 数据核字（2023）第 001183 号

内容提要

虚拟团队是当前组织中非常重要的一种工作形式，本书从虚拟团队的起源、内涵、特点等基本概念出发，分析了虚拟团队与传统团队的不同之处。基于社会交换理论、计划行为理论、人与环境匹配理论等不同理论模型，重点研究了影响虚拟团队中知识分享和知识隐藏的因素和作用机制，并进一步进行了实证检验。本书的研究成果为虚拟团队的管理者如何有效管理虚拟团队、促进团队成员的知识分享以及提升团队成员和团队整体绩效提供了有益的实践启示。

责任编辑：王玉茂　章鹿野	责任校对：谷　洋
封面设计：杨杨工作室·张冀	责任印制：刘译文

数字时代信息资源管理丛书

虚拟团队中的知识分享与知识隐藏：影响因素与作用机制

刘越男　丛书主编　郝琦　著

出版发行：**知识产权出版社** 有限责任公司	网　　址：http://www.ipph.cn
社　　址：北京市海淀区气象路 50 号院	邮　　编：100081
责编电话：010 – 82000860 转 8541	责编邮箱：wangyumao@cnipr.com
发行电话：010 – 82000860 转 8101/8102	发行传真：010 – 82000893/82005070/82000270
印　　刷：三河市国英印务有限公司	经　　销：新华书店、各大网上书店及相关专业书店
开　　本：787 mm×1092 mm　1/16	印　　张：15
版　　次：2023 年 5 月第 1 版	印　　次：2023 年 5 月第 1 次印刷
字　　数：290 千字	定　　价：80.00 元
ISBN 978 – 7 –5130 –8621 –9	

前　言

随着互联网技术的进步、全球化的发展以及弹性化工作制度的普及，虚拟团队作为一种新型组织形式逐步引起了学术界和实践界的关注。虚拟团队可以不受时空限制地将组织内的知识工作者连接在一起，不仅实现了组织知识资源的均匀分布，而且能够降低新冠疫情等重大公共卫生事件对组织运作造成的负面影响。在过去的十几年间，随着虚拟团队的蓬勃发展，其自身缺陷也逐渐暴露。虚拟团队成员地理位置的分散性、成员间沟通交互的技术依赖性以及成员间深度信任的难以建立均会导致成员之间的知识交流和分享存在一定的障碍。有研究显示，由于成员之间未能实现充分的知识分享，接近一半的虚拟团队最终以失败告终。因此，发现促进和阻碍虚拟团队成员知识分享行为的影响因素、探索知识分享行为对虚拟团队绩效的作用机制是当前学术界和实践界共同关注的重要问题。

本书基于上述研究背景，遵循发现问题、分析问题、解决问题的基本研究思路，对虚拟团队成员知识分享行为的影响因素和作用机制进行系统的梳理、分析和研究。第 1 章提出了三个研究问题：第一，虚拟环境和传统环境中知识分享（隐藏）行为有何不同，传统环境下知识分享（隐藏）行为的影响因素是否适用于虚拟环境？第二，虚拟团队成员知识分享（隐藏）行为影响因素的研究理论有哪些，如何利用这些理论构建虚拟团队环境下知识分享（隐藏）行为的影响因素模型？第三，如何理解虚拟团队的有效性，虚拟团队知识分享（隐藏）行为如何影响虚拟团队的有效性？

针对第一个研究问题，第 2 章对虚拟团队的概念内涵、特征特点、关键问题、优劣势、挑战与机遇以及有效性进行了详细的介绍。第 3 章对知识、知识管理、知识分享和知识隐藏进行了系统的回顾，重点梳理了知识分享和知识隐藏的影响因素，并构建了虚拟团队中知识分享和知识隐藏的研究理论框架。

针对第二个研究问题，第 4~8 章对第 3 章提出来的理论框架进行了实证研究。其中第 4 章主要是基于社会交换理论，验证了领导成员交换与知识分享的调节中介理论模型。第 5 章基于计划行为理论，验证了行为信念、规范信念、控制信念分别如何影响知识分享行为。第 6 章基于人与环境匹配理论，验证了人格特质、工作特征以及个人知识分享自我效能对知识分享行为的三相交互影响机制。第7章基于社会信息处理理论验证了两个理论模型，第一个模型是对同事的信任如何影响虚拟团队成员的知识分享行为，第二个模型是领导底线思维如何影响虚拟团队成员的知识隐藏行为。第8章基于资源保存理论，验证了辱虐型领导如何影响员工的知识隐藏行为。

针对第三个研究问题，第9章首先回顾了知识分享和知识隐藏行为作用机制的相关研究，其次探索性地提出了三个研究理论模型：一是知识分享如何通过团队合作来影响虚拟团队的有效性，二是虚拟团队知识分享行为如何影响团队成员的任务绩效，三是虚拟团队领导就下属的知识隐藏对下属个人声誉和创新能力的消极作用。

通过对上述研究问题的理论分析和实证检验，本书的第10章对各个研究模型进行了系统整理和总结，提出了如何通过促进虚拟团队成员知识分享行为、减少其知识隐藏行为来提升虚拟团队效率的实践策略，并指出了本书的研究局限和对未来相关研究的展望。

本书的研究成果在一定程度上拓展了现有文献对虚拟团队和知识分享行为的相关研究，提供了一系列有价值的实证研究结果。同时，本书的研究成果也为虚拟团队的管理者如何有效管理虚拟团队、促进团队成员的知识分享以及提升团队成员和团队整体绩效提供了有益的实践启示。

目　录

第1章

绪　论

1.1　研究背景

随着计算机技术和网络应用飞速发展以及组织规模不断扩大，虚拟办公已成为企业的重要办公形态。而近两年出现的新冠疫情更加速了虚拟办公的应用与普及。很多组织都在重新调整组织架构和工作方式，将一些业务活动调整到虚拟环境中。一方面，当前全球化和信息技术的快速发展为组织跨越地理、文化、时间和组织边界来协调处理工作提供了强大的支撑；另一方面，虚拟办公也是有效应对疫情带来的冲击的最佳策略。因此，虚拟团队这种虚拟办公的主要组织形式逐步在全球风靡起来。

相关调研报告显示，目前我国虚拟办公产业在不断增加，相关的办公平台市场在5年内年均复合增速达到惊人的95.52%。2017年的虚拟办公市场规模为60亿元，而2019年市场规模高达229.4亿元，增长了将近3倍，参与虚拟办公的人数也达到近529万人（肖丽洒，2020）。艾媒网的相关调查显示，由于2020年年初新冠疫情开始在全球范围内肆虐，虚拟办公呈现了爆发增长的态势，在2020年春节后复工期间，我国有超1800万家公司采取了虚拟办公形式，超过3亿人通过各种移动办公平台开启了居家"云办公"模式。2022年最新发布的第50次《中国互联网发展状况统计报告》显示，截至2022年6月，我国在线办公的用户超过4.6亿个，占全部网民的43.8%。相关线上工作平台的用户规模也在稳步增长，阿里巴巴的钉钉软件已经超过2100万个机构用户，腾讯会议注册用户更是达到3亿个，月活跃用户突破1亿个。虚拟办公不仅在我国得到了普遍的应用，在全球范围内也呈现出突飞猛进的态势。根据新泽西理工学院在线MBA项目调查统计的最新数据，近年来美国远程办公人数比例进一步提升，现在已占到职工总数的48%。此外，根据美国的企业技术研究机构（Enterprise technology research，ETR）的调查结果显示，2021年全球有超过1/3的员工处于长期居家工作状态，超过一半的员工至少有加入过一个虚拟团队工作的经历。BBC的报道显示，因为疫情的冲击，英国虚拟办公的用户过多，众多英国网络运营商都出现了服务故障。

虚拟团队虽然为组织带来了很强的灵活性，但不可否认的是也带来了诸多的挑战。特别是在"一带一路"倡议引领下，中国企业在国际化进程中不断面临着虚拟办公带来的地理分散性、电子依赖性、结构动态性和文化多样性问题，较大影响了组织效率。如何提升虚拟团队的工作效率成为学界和业界共同关注的热点话题。

从表象层面来看，信息交流的技术是影响虚拟团队效率的最直接因素（Zakaria等，2004）。虚拟团队最重要的特征就是地理上的分散性，因此，想要进行高效率的交互，需要良好的通信技术来提供必要的支撑。但是，从本质上来看，无论多么优秀、先进的技术，最终使用这些技术的还是人。如何对人进行有效的管理，才是提升虚拟团队有效性的关键。相关研究显示，虚拟团队成员能够进行有效的知识分享是保证虚拟团队能够产生效益的重要因素，虚拟团队成员之间不能够进行良好的沟通和分享知识是导致虚拟团队失败的致命因素（Pangil等，2014）。国外的一项调查显示，由于团队成员之间知识分享出现了障碍，接近50%的虚拟团队最终被迫解散（RW3 CultureWizard，2016）。因此，找到虚拟团队成员知识分享行为的促进因素和相关边界条件成为一项必要且紧迫的任务。

目前国内外关于知识分享行为的研究已经取得较为丰硕的成果，学者们从不同的层面、不同的视角给出了具有参考和借鉴价值的观点。但是，相关研究存在如下不足。一是针对虚拟团队成员知识分享行为的研究较少。绝大多数知识分享行为影响因素的研究是在传统的组织环境下开展的。虚拟团队与传统工作组织在组织结构、组织特征、运营管理等方面存在显著不同，因此，传统环境下知识分享行为影响因素的研究成果是否能够适用于虚拟环境下，仍然需要进一步验证。二是大多数研究是从某一种理论视角下开展的，较少从多种理论视角出发进行综合性、全面化、系统性的审视，导致对知识分享行为影响因素的理解不够全面，从而无法提出更加周全的实践启示。三是有关知识分享行为的研究多是重视前因变量（即影响因素）的研究，缺乏对知识分享行为的结果变量（即作用机制）的研究，尤其是在虚拟环境下的相关研究成果更加稀少。同时，虽然有一些学者从理论视角提出虚拟团队成员知识分享行为对团队效率具有显著的正向影响，但是分别从个体层面和团队层面来剖析具体影响机制的实证研究非常少，导致结论缺乏说服力。因此，有必要从不同的层面深入分析虚拟环境下知识分享行为的作用机制。

1.2 研究目的和意义

本研究的目的主要包括以下三个方面。

第一，随着信息技术的发展以及获取人才成本的不断攀升，在日益激烈的商业环境中，大多数组织通过部署虚拟团队来完成某些特定的项目。与此同时，在新冠疫情的冲击之下，很多传统工作团队也逐渐开展了线上的合作，甚至完全转变为虚拟工作团队。虚拟团队的大规模普及必然涉及如何确保虚拟团队的有效性。因此，本研究的第一个目的是分析虚拟团队的有效性，了解哪些因素可能会使虚拟团队更加高效。

第二，之前很多学者提出虚拟团队中的知识管理对于虚拟团队是否能够获得成功具有重要的影响作用。因此，本研究的第二个目的是深入分析虚拟团队中到底是什么因素促进了员工的知识分享，又是什么因素导致了员工刻意隐藏自己的知识。而且，本研究还需要对上述两种机制进行对比分析，研究知识分享和知识隐藏是否具有完全相同的影响机制。

第三，虽然知识分享被认为是影响虚拟团队有效性的一个关键因素，但是目前关于知识分享如何影响团队有效性的研究还非常欠缺。知识分享（隐藏）与虚拟团队的团队有效性、个人绩效、个人创新等研究非常少，很多理论模型仅仅停留在直接作用上，中介变量和调节变量的研究尤其欠缺。因此，本研究的第三个目的是深入分析知识分享（隐藏）与虚拟团队有效性以及团队、个人相关产出之间的关系，提出更加合理、更加具有假设意义的理论模型，为未来的实证研究提供研究基础。

本书撰写的意义主要体现在理论和实践两个层面。

第一，从理论上来说，本研究有效拓展了目前关于虚拟团队有效性、虚拟团队中的知识分享（隐藏）的相关文献。将不同的理论视角引入知识分享（隐藏）的研究中，构建了基于多种理论基础的假设模型，并进行了实证检验。

第二，从实践角度来看，本研究的结论对于虚拟团队领导者如何管理团队成员的知识相关行为、如何促进团队的合作性、如何提升团队的有效性均具有重要的实践启示。

1.3 研究内容和框架

本书遵循发现问题、分析问题、解决问题的基本研究思路来展开撰写，如图1-1所示。

基于第1.1节中研究背景介绍和相关理论论述，笔者提出以下三个研究问题。

第一，虚拟环境和传统环境中知识分享（隐藏）行为有何不同，传统环境下知识分享（隐藏）行为的影响因素是否适用于虚拟环境？

第二，虚拟团队成员知识分享（隐藏）行为影响因素的研究理论有哪些，如何利用这些理论构建虚拟团队环境下知识分享（隐藏）行为的影响因素模型？

第三，如何理解虚拟团队的有效性，虚拟团队知识分享（隐藏）行为如何影响虚拟团队的有效性？

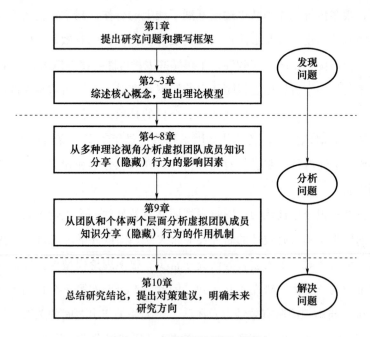

图 1-1　本书撰写思路和框架

针对第一个研究问题，本书第 2 章和第 3 章首先对虚拟团队、知识分享以及知识隐藏的相关研究进行了系统综述；其次，从个体因素、环境因素两个层面得到现有研究中知识分享（隐藏）行为影响因素的综合框架；最后深入分析了虚拟团队中知识分享（隐藏）行为的特点，从多种理论视角出发，提出虚拟团队成员知识分享（隐藏）行为的多重理论影响因素框架。

针对第二个研究问题，本书第 4~8 章分别从社会交换理论、计划行为理论、人与环境匹配理论、社会信息处理理论以及资源保存理论五个理论视角出发，构建了七个虚拟团队下的知识分享（隐藏）行为影响因素理论模型，并分别进行了实证研究。

在第 4 章中，笔者基于社会交换理论，构建了一个理论模型。该模型分析了领导成员交换对虚拟团队成员知识分享行为的影响，研究指出高质量的领导成员交换可以使虚拟团队产生互惠感受，更加认可自己的组织，增强自身对团队的情感承诺，进而愿意在团队中分享自己的知识。同时，笔者进一步探讨了两种积极的个人特质在上述过程中产生了截然不同的调节作用。在第 5 章中，笔者基于计划行为理论构建了以知识分享态度、知识分享主观规范、知识分享描述规范和知识分享可控性为自变量，知识分享意愿为中介变量，知识分享行为为因变量的理论模型。在第 6 章中，笔者基于人与环境匹配理论，构建了两个研究模型。第一个模型是一个三相交互模型，该模型以尽责型人格为自变量，知识分享自我效能感为个体调节变量和工作技能多样性需求为环境调节变量，从个体与环境交互的视角给出虚拟团队成员知识分享行为的影响机制。第二个模型从补充型匹配和互补型匹配两种匹配机制出发，研究这两种匹配如何影响虚拟团队成员的知识分享行为。在第 7 章中，笔者基于社会信息处理理论构建了两个理论模型。第一个模型研究了对同事的信任如何影响虚拟团队成员的知识分享行为。笔者选取心理安全作为一个中介变量来解释两者关系的心理机制，同时从团队层面选取了虚拟团队的虚拟性作为调节变量，研究团队虚拟性对两者关系的调节作用。第二个模型同样是从跨层次的视角出发，研究了领导底线思维如何影响虚拟团队成员的知识隐藏行为。在该模型中笔者选取了员工自利感知作为中介变量，同时在团队层面选取了绩效氛围对该模型主效应和中介效应的调节作用。在第 8 章中，笔者基于资源保存理论，对虚拟团队知识隐藏行为的影响因素进行了研究，构建了一个辱虐管理为自变量、积极情感作为个体调节变量和同事支持作为环境调节变量的三相交互模型，深入探讨虚拟团队成员在什么情况下会故意隐藏自己的知识，从而为如何促进知识分享提供借鉴和启示。研究的编号与内容如表 1 - 1 所示。

表 1 - 1　研究编号与内容

编号	理论基础	内容
研究一	社会交换理论	领导与成员交换对知识分享的影响，情感承诺的中介作用，一般自我效能感和内控倾向的调节作用
研究二	计划行为理论	知识分享态度、知识分享主观规范、知识分享描述规范和知识分享可控性对知识分享行为的影响，知识分享意愿的中介作用
研究三	人与环境匹配理论	尽责型人格、知识分享自我效能、工作技能多样性要求对知识分享行为的三相交互作用
研究四	人与环境匹配理论	补充性匹配和互补性匹配对知识分享行为的影响
研究五	社会信息处理理论	对同事的信任对知识分享行为的影响，心理安全的中介作用，团队虚拟性的跨层次调节作用
研究六	社会信息处理理论	领导底线思维对知识隐藏行为的影响，自利主义的中介作用，绩效氛围的跨层次调节作用
研究七	资源保存理论	辱虐管理对知识隐藏行为的影响，情绪耗竭的中介作用，积极情感和同事支持感的调节作用

　　针对第三个研究问题，笔者首先分析了知识分享和知识隐藏的作用机制模型，其

次在上述基础之上从个体层面和团队层面分别分析了虚拟团队环境下知识分享（隐藏）对团队整体和团队成员的作用，提出了两个理论模型，为未来的实证检验提供理论支撑。

通过对上述研究问题的理论分析和实证检验，本书第 10 章对各个研究模型进行了系统整理和总结，提出了如何通过促进虚拟团队成员知识分享行为来提升虚拟团队效率的实践策略，并指出了本书的研究局限和对未来的相关研究展望。

1.4　研究特色

本研究的特色主要体现在以下两个层面。

第一，研究内容的特色。目前国内关于虚拟团队的相关研究还比较少，尤其是对虚拟团队进行系统回顾的研究更少。笔者对虚拟团队的国内外，尤其是国外近 20 年的研究进行了系统的梳理，而且将虚拟团队的文献与知识管理的文献进行了整合，将知识分享（隐藏）的研究领域界定在虚拟团队中，进行影响因素和作用机制的系统研究。

第二，研究观点的特色。笔者提出了诸多的理论观点，均具有一定的创新性。一是笔者认为虚拟团队的员工可能会基于社会交换的感受来决定自己是否会主动分享知识；二是笔者认为虚拟团队成员可能会根据自己对团队中的规范认知来决定是否分享知识；三是笔者提出员工的个人特质是否能够和团队的要求相匹配是员工分享知识的重要前提；四是笔者提出虚拟团队中的重要个体（如领导和同事）以及工作环境特征释放出来的社会信息是塑造团队成员知识分享行为和知识隐藏行为的重要前因变量；五是笔者认为员工面临有压力的工作环境时，可能会倾向于保存自己的现有资源，进而隐藏自己的知识。以上这些观点中有一些是全新的观点，有一些虽然在之前的研究中被提到过，但是并没有得到实证检验。笔者对上述所有提到的观点都进行了理论建模和实证检验，具有一定的创新性。

第 2 章
虚拟团队

2.1 什么是虚拟团队

2.1.1 虚拟团队的定义

由于受到动态商业环境变化和外部组织竞争压力的影响，组织的领导者总是在不断谋求创新和变革，组织的形式也在不断发生变化，以适应时代的要求（Carmeli 等，2013）。随着信息技术的发展和工作理念的提升，许多组织将虚拟团队这种新型的组织形式纳入组织的架构之中，虚拟团队成为组织架构的一种重要补充形式（Nystrom 等，2013）。由于虚拟团队可以为组织转型提供一种灵活的替代方案，有效应对组织中本地技术人员的短缺，大幅度节约企业人力资源成本，降低人员出差消耗，因此，虚拟团队得到了业界和学界的广泛关注。

目前学术界的相关研究发现，虚拟团队这个术语的应用中存在两个困扰性的难题（Gibson 等，2003）。第一个难题是，人们通常会把虚拟团队这个术语随意应用于各种社会和组织现象。这种情况会对虚拟团队内涵的理解产生一定的误导，是有待商榷的。笔者以开发新产品的虚拟团队和网络学习组织为例来解释上述问题。这两种组织在日常生活中都被称为虚拟团队，但是它们存在一定区别。针对第一种虚拟组织，这种组织中的成员在地理位置上呈分散布局，而且团队成员之间存在明显的相互依赖关系，同时在一定的时间和一定的成本下共同承担生产新产品的工作任务。团队成员使用各种专门的共享式工具来工作，经常通过电子邮件保持联系。他们是否能够很好地协调工作活动是决定新产品能否如期上市的关键。针对第二种虚拟组织，组织中的成员在进行远程的沟通和交流，但是并没有清晰的产品交付要求。该组织成员的会员资格是自愿申请的。人们可以根据自己的意愿加入或退出讨论。人们之间可以互相学习，但不存在相互依赖性。如果一个成员认为其他成员有他所需要的知识，那么该成员可以通过与其他成员之间远程交流来获取相关知识。因此，可以看到，在上述分析中，只有第一种组织才是笔者所定义的虚拟团队。

关于虚拟团队概念内涵理解的第二个难题是很多和虚拟团队类似的组织形式容易与虚拟团队产生一定的混淆。例如，是否在空间、地理上分散存在的团队就是虚拟团队？全球化团队、虚拟跨国界团队、跨文化团队是否和虚拟团队完全相同？当人们在讨论虚拟协作时，他们是否在虚拟团队的情境下讨论的？

因此，笔者认为想要透彻地研究虚拟团队，首要迫切的任务便是如何定义虚拟团队。只有将研究的领域（即虚拟团队）精确地定义出来，在实践中才能够采取较好的措施、营造良好的环境来提升虚拟团队的有效性。之前的研究提出虚拟团队一般具有如下特征（Alderfer，1977；Gibson 等，2003；Hackman，1987；Pangil 等，2014）。

（1）虚拟团队是一个正常运作的功能性团队。具体来说，它是一群个体的集合，这些个体在各自的任务上存在相互依赖关系，为了完成团队绩效，各自承担相应的责任。团队成员往往会将自己和其他成员视为嵌入一个或多个社会系统的完整的社会单元，通过跨组织边界的协同管理方式来开展工作。

（2）这些团队成员在地理空间上是分散存在的。

（3）团队成员需要通过以信息技术为基础的媒介进行交互，而不是通过面对面的交流来完成他们的工作任务。

归纳起来，笔者采取了学者贝利（Berry，2011）给出的虚拟团队的概念，即虚拟团队通常是一个分散的团队或小组，他们为了完成组织分配的某一项共同任务而组成，团队成员主要利用信息技术进行远程的沟通和交流，因而不会受到时区或地理边界的限制。

虚拟团队的概念内涵决定了学习网络、实践社区、基于网络的兴趣小组和其他松散的集体都不是真正的虚拟团队。仅仅通过电子方式与他人交流并不能真正将一群人转变成一个团队。想要成为一个虚拟团队，必须有真正的、共同的任务要执行，成员之间必须相互依赖，他们的产出成果是充分共享的。虚拟团队真正能够称为虚拟是地理位置上的分散和以信息技术为交流媒介的交流方式。虚拟团队的成员的工作地点各不相同，他们可能位于不同的建筑、不同的城市、不同的省份，甚至是不同的国家。他们可以属于同一个组织，也可以属于不同的组织。他们可以是同一个种族，也可以属于完全不同的人种，拥有完全不同的信仰。因此，虚拟团队很有可能会以跨国的、全球性的、跨文化的形式存在（Cohen 等，1997）。

虚拟团队需要依赖电子媒介的沟通来保持联系，完成工作。虚拟团队的成员需要使用各种复杂的信息技术媒介，如电话、传真、电话会议、电子邮件、视频会议、协作设计工具和知识管理系统等。团队的成员偶尔也会有线下交流的机会，但是他们想要很好地完成任务，提升团队的效率，信息技术的支持是不可或缺的。当然，传统团队也在使用电话、电子邮件、电子计算机等信息技术和设备，但是仅使用这些技术媒介并不能保证一个团队就是虚拟团队。对于信息技术媒介的依赖程度可以度量团队的虚拟性。而虚拟团队往往没有其他的选择，他们想要完成自己的任务必须通过信息技术媒介进行沟通和协作。相较于此，传统团队往往具有更多的选择，可以自由选择使用虚拟沟通方式或者面对面的交流方式。

有学者指出虚拟团队的虚拟程度可以看作一种连续体存在的形式，即虚拟程度从轻微的虚拟到极度的虚拟（Gibson 等，2003）。而决定虚拟团队虚拟程度的两个关键因素便是信息技术的依赖性和地理上的分散性。如果一个团队的所有工作都是通过电子邮件、网络交流、电话会议或者视频会议来完成的，几乎没有进行过面对面的交流，那么这个团队就比那种每月要进行一次面对面交流的团队更加虚拟。同样地，一个跨越多个大洲和时区的团队要比一个成员位于同一城市的团队更具有虚拟性。团队虚拟性的增加往往会增加管理上的复杂度和难度。

上文较为详细地讨论了什么是虚拟团队，为了更加明确虚拟团队的概念内涵，廓清虚拟团队的边界，接下来笔者要讨论一下和虚拟团队相似的一些团队形式为什么不能称为虚拟团队。虚拟团队与跨职能团队、跨组织团队以及跨文化团队不同。这是因为虽然这些团队成员可以来自不同的职能单位、来自不同的组织或拥有不同的文化背景，但是他们可以在同一个地点工作，组成线下的、面对面交流的团队。从上文给出的虚拟团队的概念来看，虚拟团队可能由来自相同职能、组织和拥有相同文化背景的成员组成。但是，从一定的角度来看，虚拟团队的成员还是大概率来自多种职能、不同的组织、不同的国家和文化背景。团队的地理分布越分散，团队成员之间的差异就越大。与虚拟程度一样，这些差异增加了团队管理的复杂性。然而，这样的差异性并不是定义虚拟团队的关键，因为这样的差异可能会同时出现在传统团队中。

值得注意的是，本书虽然对虚拟团队的研究范围进行了精确的控制，但是虚拟团队的范围还是比较广泛的，包括虚拟管理团队、新产品研发团队、软件开发虚拟团队、服务和支持虚拟团队、制造业虚拟团队等。在本书的实证研究章节中，笔者除了选取一些虚拟团队进行实证研究，也选取一些虚拟社区或者其他类型的虚拟组织进行研究。

2.1.2 虚拟团队的类型

一般来说，团队成员参与团队活动以及相互交流方式的不同可以作为区分不同类型虚拟团队的分类指标（Ale Ebrahim 等，2009）。第一种常见的虚拟工作方式叫作"远程工作"（telework），也就是在信息技术和通信设备的支持下，部分或完全在公司主要工作场所之外完成工作。第二种虚拟工作方式叫作"虚拟小组"（virtual group），是指由很多的远程工作者组成小组，而且这些小组成员均向同一个经理人汇报工作。第三种虚拟工作方式就是通常意义上的"虚拟团队"（virtual team），是在虚拟小组的基础上，各个小组的成员之间相互交流合作，为了完成一个共同的任务目标而组建团队。第四种虚拟工作方式叫作"虚拟社区"（virtual communities），是由社区成员通过互联网参与的，由共同的目标、角色和规范指导的更大的、区域分工的工作实体。与虚拟团队相比，虚拟社区不是在组织结构中实现的，而是通常由其中的某一些成员发起的组织。最常见的虚拟社区的案例就是"开源软件社区"。虚拟工作被视为组织工作的另一种方式，它涉及完全或部分使用信息技术，从而使得人们能够从不同的、遥远的地理位置接触他们的劳动活动。有学者（Cascio 等，2003）认为可以从两种指标来对虚拟团队的类型进行划分，一种是地理位置的数量，另一种是管理者的数量。因此，根据他们的观点，虚拟团队可以分为四种类型：一是远程工作者，即一个独立的工作个体在一个地理位置工作；二是远程团队，即一个管理者管理所有在不同地理位置工作的团队成员；三是矩阵式远程工作人员，即在同一个地理位置有大量的远程工作者；四是矩阵式远程团队，即多个远程工作者在不同的地理位置工作。

2.1.3　虚拟团队中需要考虑的关键要素

在实践中，如果要把虚拟团队纳入组织的结构框架中，需要重点考虑一些在学术界被广泛提到的核心问题。通过对相关文献的回顾，笔者认为虚拟团队的建设中应该考察的关键要素主要包括信息技术、员工的筛选、团队的生命周期、团队的安全、团队绩效的测量以及高层的管理支持等方面（Hertel 等，2005；Kage，2012）。

信息技术是使虚拟团队成员能够在远离其他团队成员的情况下进行沟通和工作的关键要素（Chamakiotis 等，2014）。提供给团队的信息技术一般需要考虑团队成员的使用体验，重点关注这些技术是否容易发生故障、界面是否友好、是否拥有便于交流和协作的功能模块等（Chae 等，2015）。同时，还需要考虑这些技术是否能够适应虚拟团队的现实需求和未来期望；如果不能满足的话，还需要考虑如何对现有的基础设施进行升级改造。例如，为了降低虚拟团队成员之间沟通的延迟，可能需要增加网络带宽来支持协作、视频会议、网络摄像头或远程工作。在建设虚拟团队时，管理者必须提供额外成本来加强技术方面的支持（Hamersly 等，2015）。同时，有关技术应用方面的员工培训也是必不可少的。一项研究的结果显示，通过相关的培训，虚拟团队成员使用技术的能力得到了改善，而缺乏培训则导致团队在使用信息技术进行沟通时出现不顺畅、不及时的情形，甚至会出现无法沟通的情况（Olson 等，2014）。参与该研究的虚拟团队成员指出，在新的技术成功部署之前，对这些新技术的使用进行系统的培训尤为重要（Olson 等，2014）。另外，关于技术还有一个需要重点考虑的方面，即每个团队成员的流动性或位置的变化也会对技术的应用和部署产生影响。例如，虚拟团队的成员如果频繁地移动或者不断在不同的场所进行工作，管理者必须考虑支持不同地点的技术解决方案（Ruppel 等，2013）。

挑选合适的虚拟团队成员需要耗费管理者大量的时间和精力，但是这个工作是具有重要价值的（Ferrazzi，2014；Kage，2012）。能够被选为虚拟团队成员的员工具有特定的能力，而这种能力正好是虚拟团队迫切需要的。员工成为特定虚拟团队成员的主要原因之一是其特定的能力（Hertel 等，2005）。同时，负责团队人力决策的管理者也应该考虑一系列其他的个体属性（Green 等，2010）。相关的研究者已经为如何选取虚拟团队成员开发出了相关的工具，这些工具可以有效协助管理者来科学选择适合的团队成员。目前，最常用的工具是虚拟团队能力量表（Virtual team competency inventory，VTCI）。有学者在研究中分析了 VTCI 在测量团队成员与特定的个人属性、工作任务、团队合作以及远程工作之间的关系（Hertel 等，2004）。研究结果表明，VTCI 是衡量虚拟员工有效性的良好指标，而个人属性可以看作虚拟团队的一种重要的资产（Hertel 等，2005；Turel 等，2012）。也有学者指出，如果已经确定了团队成员的选择，团队领导可以使用这些相同类型的测量工具来评估现有的团队成员，以确定未来需要改进的领域（Ferrazzi，2014）。

团队的预期生命周期是虚拟团队领导需要考虑的另一项内容。团队的生命周期一般取决于建立团队的最初目的。在一起工作时间较长的团队成员可能在整个团队生命周期中经历团队成员的不断变化（Nystrom 等，2013；Paramkusham 等，2013）。例如，有学者在研究虚拟软件开发团队时发现，最初建立时只有 15 人的虚拟团队最终在开发阶段扩展到了 60 多人（Thomas 等，2007）。此外，团队管理者还可能需要根据不同阶段对技能的不同需求来对成员进行相应的调整（Nystrom 等，2013）。以上述软件开发虚拟团队为例，在软件开发结束和软件开始部署时需要根据工作需要变更成员（Thomas 等，2007）。这种成员数量的波动可能会产生一些意想不到的问题，同时团队领导还必须考虑团队的规模问题。有研究人员注意到，相较于较小规模的虚拟团队，更大的虚拟团队中，沟通可能是最显著的问题之一，同时，更大的虚拟团队中成员对团队绩效有可能出现不那么负责的倾向（Ferrazzi，2014）。

虚拟团队的安全措施对于提供一个安全的、无忧的、隐私性好的工作环境具有重要的作用（Verburg 等，2013）。对于虚拟团队来说，安全措施是值得考虑的因素，因为这些团队的成员往往在家里或者其他的临时工作地点工作，这种环境下工作内容的安全便显得尤为重要。虚拟团队的成员和管理者需要相关的安全设施能够确保他们的虚拟工作环境至少要达到与物理办公室相同的安全级别。这些额外的安全措施包括使用数据加密、密码保护、物理安全措施和安装防病毒软件等（Kage，2012）。还有一个需要考虑的问题是，这些安全措施不能够限制成员的工作自由度，妨碍成员的顺畅沟通与知识分享（Snyder 等，2013）。同时，也指出有关安全措施的选择可能会涉及技术重叠的问题，例如，网络防火墙和专用网络的使用重叠问题等（Kage，2012）。

虚拟团队的领导和管理者在实施虚拟团队工作模式之前要考虑团队绩效的评估问题。设计区分有度、激励有效的评价考核机制是至关重要的。因此，在虚拟团队成立的最初时期就制订确定的虚拟团队目标和相关的度量标准，有助于员工能够更加聚焦于重要的工作，根据团队的最终目标来工作，从而有效提高工作效率（Verburg 等，2013）。虚拟团队的绩效评估中增加客观度量指标的比重尤为重要。因为在虚拟团队中，成员之间的地理距离和分散工作形式会增加团队成员绩效测量的复杂度，例如由于远程的工作方式，领导者很难与员工建立良好的内部交互关系，很难主观测量员工的工作过程表现（Harvey 等，2004）。因此，也有学者建议，在虚拟团队中，组织应该开展相应的培训，以确保组织安排给员工的任务能够被员工很好地领会并执行（Green 等，2010）。绩效管理还有另一个作用，即向团队成员提供绩效反馈。在虚拟团队中，这种绩效反馈显得尤其重要。由于虚拟团队的成员都处于分散的位置，很难对日常绩效进行可视化呈现，这种反馈就成为一种有效的改进绩效的做法。目前随着信息技术的发展，很多虚拟团队已经在探索如何通过电子监控的方式来监测员工的日常绩效，例如可以利用互联网的跟踪工具进行绩效的实时跟踪和留痕。但是，有研究者指出这种远程的电子绩效监测往往最终只产生了一定的威慑作用，并没有真正提升员工的绩效水平（Hertel 等，2005）。也有学者认为，这种电子绩效监测仅仅关注了员工个体的绩效水平，远远不能够对团队整体绩效水平进行测量（Kage，2012）。

虚拟团队的管理层对团队建设的支持是虚拟团队应该考虑的另一个关键要素。学者们认为管理者应该从员工培训、员工激励、管理工具以及团队沟通规则的制订等角度开展支持（Verburg 等，2013）。有研究指出，当管理层积极开展培训，提供相关的激励措施，确定相应的工作方式让员工能够便于接触知识渊博的员工等支持时，整个团队的知识分享程度和团队的工作效率都得到了显著的改善（Abdul－Jalal 等，2013）。在一项有关如何提升虚拟团队工作绩效的研究中（Verburg 等，2013），研究者利用定性研究的方法，对来自 9 家全球公司的 30 名虚拟团队项目经理进行了结构化访谈。研究者根据团队成员作出的选择和所采取行动的后果之间的联系来分析参与者的反应。这样能够有效地将虚拟团队的价值和属性与决策过程联系起来。研究结果表明，绝大多数参与者认为对员工进行培训、激励和制订有效的管理制度能够显著提升员工工作的执行能力。他们还提到增加项目控制、与团队的共同目标保持一致以及改进对工作和动机的关注三个重要的管理要素。管理者如果能够在上述三个方面制订相关的管理策略，对于组织绩效的提升也会产生较大的促进作用。

2.2　虚拟团队与传统团队

2.2.1　虚拟团队与传统团队的区别

上一节笔者分析了虚拟团队的概念内涵、特征、分类和关键要素，本节笔者将重点对比分析虚拟团队和传统团队之间的区别。有学者研究认为，虚拟团队和传统团队在一些特征上是相似的（Berry，2011），但是它们之间的区别更加明显。传统团队，也被称为面对面团队或共同所在地团队。这样的团队通常有一个确定的、实体的物理工作地点，团队成员可以通过口头或者非口头的表情和动作等面对面的直接交流互动来完成工作（El–Sofany 等，2014；Rentsch 等，2014）。传统团队和虚拟团队在团队交流中都会使用相同的信息技术媒介（例如电话、电子邮件、视频会议等）。但是，不同的环境意味着上述技术媒介的使用方式也会呈现出显著的不同（Bartelt 等，2014）。以电子邮件为例，我们可以看到传统团队和虚拟团队成员都会使用电子邮件。但是，虚拟团队使用电子邮件作为一种方式来处理工作任务的讨论、分配和汇报等重要工作内容（Klitmoller 等，2015），而传统团队则更多地使用电子邮件来发布简短的公告和通知（Koppman 等，2014）。又比如视频会议的使用，虚拟团队往往使用视频会议来处理重要的工作任务，视频会议可以称得上是虚拟团队讨论工作最常用和最主要的形式；而传统团队一般只在一些极端情况下（例如疫情等）利用视频会议来讨论较为重要的工作。因此，笔者认为传统团队通常在非正式的面对面直接交流中通过对话、肢体语言等来讨论工作中最重要的内容；而虚拟团队成员由于地理位置上的分散性，往往需要一种更结构化的方法，依赖信息技术媒介来解决工作中的重点问题（Berry，2011）。

有研究调研了参与过虚拟团队和传统团队的成员，让他们具体描述两种团队的不同（Koppman 等，2014）。结果显示，在团队面临困境和难题需要解决时，两种团队成员的处理方式存在一定的差异。传统团队成员在遇到工作难题时，往往会表达出需要进行实地问题调研的需求，而且会在线下进行面对面的会议讨论，包括与领导的谈话与交流、小组成员的实地讨论等解决方式。然而，虚拟团队在面临困境时往往需要成员更勤奋地跟踪各位成员的想法和建议，在网络数据库和协作平台上进行精确的记录。研究人员也发现，虚拟团队成员在使用各种线上知识库方面更有效，因为他们习惯于在共享数字空间中进行工作（Koppman 等，2014）。

从工作内容的角度来看，相较于传统团队，虚拟团队的工作更加需要较高程度的结构化。同时，有研究显示由于虚拟团队的出现，很多传统团队都面临消失的情况。以研发团队为例，在传统的创新网络中，创新的进程容易受到时间和空间的限制。在这种情况之下团队的创新一般仅仅能够发生在具体的工作地点和工作时间之内。但是在虚拟的创新团队中，员工的创新不会受到时间和空间的限制，团队成员在一个具有深度的开发环境中，具有更大的个体自由度，而个体自由度是创新的一个重要前提。因此，跨国公司比一些小型单位更有可能紧密地融入全球研发工作之中，而且跨国公司中分布式的团队在适当的决策支持和技术支撑下，更有可能完成关键的任务。

2.2.2　物理团队与虚拟团队的对比

本书所指的物理和虚拟主要是指团队存在的形式，有学者提出物理团队和虚拟团队可以在六个方面存在区别（Warkentin 等，1997），具体如表 2－1 所示。

表 2－1　物理团队和虚拟团队对比分析

对比元素	物理团队的本质	虚拟团队的本质
交互本质	具有分享与工作或者非工作相关信息的机会	较小的非正式信息交流机会
资源利用	对于团队资源分配和分享的机会较多	所有的团队成员都需要通过相同的技术设施来开展工作
在工作过程中的控制和责任	团队领导实施监控整个团队的工作过程和各项活动，因此能够很好地反馈团队成员的各类需求	团队成员主要面向公司的领导，而作为团队协作者的团队负责人具有有限的奖惩权力
工作环境	团队成员与团队外成员之间的沟通和交流会受到限制	与自己团队成员进行观点分享时也会出现不顺畅的情况
文化和教育背景	团队的员工往往具有相似或者互补的文化和教育背景	团队成员在文化、教育、语言、团队经验和倾向方面均有较大差别
技术兼容	技术仅仅适用于某一个单一的团队，对于整个技术系统的兼容性较低	对于不同系统和技术的兼容性要求较高

尽管虚拟团队相较于传统团队或者物理团队来说具有一定的独特之处，但是它并不能够完全取代物理团队，它只是组织工作形式的一种重要组成，并不适用于所有的情境。比如有些研究指出，虚拟团队相较于传统团队虽然能够提升团队成员的协作效能，但是多元的文化背景也造成了团队的工作者更加缺乏人情味，更加倾向于任务完成性和效率性，因此显得缺乏友好度（Schmidt 等，2001）。由此可知，虚拟团队具有一定的显著优势，同样也存在一些值得关注的缺陷，管理者需要根据实际情况灵活选

取构建何种团队来开展工作。

2.3 虚拟团队的优势和劣势

有学者在对前人的研究进行系统总结的基础上，提出了虚拟团队的优势和劣势（Ale Ebrahim 等，2009）。从优势方面来看，虚拟团队主要具有如下优势。

①由于虚拟团队可以跨越时空和组织边界的限制，因此可以大幅度减少工作过程中的出差成本（包括时间和经济两个方面）。②虚拟团队的部署可以有效减少产品投放的时间。在激烈的竞争性商业环境下，时间与成本之间的比值接近1:1，产品投放得越快，产品相关的成本就会降低。③能够通过电子通信的方式将分散在各地的专家有效整合在一起，实现分散隐性知识的有效聚合。④在作决策方面更加快速和高效。⑤可以很好地接触行业的顶尖人才，而不会受到人才地理位置的限制。⑥团队中的个体在工作和生产的过程中更加自由自在。⑦团队的工作效率更高，产品的研发时间相对较短。⑧更加有利于完成那些对跨组织、跨区域要求较高的项目。⑨可以有效促进跨国创新进程。⑩团队的凝聚力相对较高，无论员工是否在同一地点都可以被有效组织起来。⑪可以有效将组织的发展方向由生产导向转向服务和信息导向，使其对于任务的响应速度更快，员工可以更加灵活地开展工作，从而有效增强其对工作的责任心，总之会为组织提供前所未有的灵活性和响应能力。⑫员工更加容易对自己的绩效进行评估，促进个体绩效的感知。⑬进一步优化个体对完成组织任务和目标的贡献能力。⑭有效降低铺张浪费，有效改进和分散组织内的业务流程。⑮相较于传统团队，虚拟团队具有较高的研发能力。⑯虚拟团队更加倾向于任务导向，从而有效提升任务完成的效率。⑰虚拟团队对于不断变化的商业环境具有较高的适应性。⑱有效改进交流和协作的方式，鼓励员工在内部充分共享资源和技能。⑲可以在网络上开展团队沟通和工作报告查询，从而有效促进组织对全球市场需求的快速响应。⑳员工可以被分配到多个并发的团队中，动态化的团队成员关系方便员工在不同项目之间转移和流动，进而促使员工可以更容易地兼顾家庭和职业生活。㉑可以促进知识分享，便于组织成员对知识的捕捉。㉒提高组织活动设计的细节精确程度。㉓为组织找到最适合的员工提供了便捷，可以跨越地理位置的束缚。㉔组织对于市场中的竞争具有更高的响应能力。㉕组织的效率更高，学习成本降低，学习速度变快。

虚拟团队也具有一定的劣势，主要表现在以下九个方面。

①有些情况之下，虚拟团队工作的实施需要复杂的网络环境和技术设备。②在传统团队中，成员之间的物理实际接触有利于对某一个特定概念的理解。③虚拟团队中的监控措施相对于传统团队要少很多。④虚拟团队对于结构化和正式化的程序要求较

高。⑤虚拟团队成员之间特别容易受到不信任、交流突然断掉、冲突以及权力斗争等情况的影响。⑥虚拟团队中成员之间的远距离沟通是他们之间协作的重要阻碍，甚至超过不同语言和文化背景的影响。⑦由于文化背景的不同，团队成员对于同一个事物的理解会出现偏差，团队成员之间建立牢固的信任比较困难。⑧长期使用远程技术可能会使员工产生技术恐惧（technophobia），员工在面对远程通信技术和计算机设备时会产生不舒适感。⑨进入虚拟团队之前，员工往往需要更多的特殊训练和一定的鼓励。

从以上归纳可以看到，虚拟团队自身的优势明显多于劣势，这也是虚拟团队会成为现在最常见的一种组织方式的原因。同时我们也应该看到，虚拟团队的很多优势和劣势是由同一种因素造成的，也就是说，同样一个因素具有一定的"双刃剑"效应。比如，虚拟团队使用远程的沟通和协作方式可以跨域时空和组织边界来共享、交互知识，雇用组织最需要的专家，但是，这种远程的协作方式同样会带来组织成员之间信任的难以建立、协作方面的挑战等。因此，我们在部署虚拟团队的时候需要综合考虑它的优势和劣势，最大限度地发挥优势，避开劣势。

2.4 虚拟团队面临的挑战和机遇

2.4.1 虚拟团队面临的挑战

虚拟团队面临的诸多挑战与虚拟团队的自身劣势息息相关。这些挑战非常广泛，具体包括团队成员的行为、处理远距离工作和团队内部边界等方面。值得注意的是，这些挑战可能并不单单是虚拟团队独有的，而是成员、团队甚至整个组织在处理虚拟团队时都可能遇到的问题。

团队成员的个人行为对虚拟团队来说具有一定的挑战。虚拟团队成员经常处于无人监督的、自由自在的环境下进行工作，这种工作的高度自主性可能会被员工滥用。当团队成员出现减少甚至拒绝参与团队正常工作的情况时，可以称为一种"社会性懈怠"（He 等，2015）。有研究表明，随着虚拟团队规模的增长，这种"社会性懈怠"会发生得更加频繁。因此，有学者建议，在创建虚拟团队之前，需要根据团队成员是否适合虚拟团队工作来进行筛选，选择那些自律性强的员工在一定程度上可能避免上述问题（Ferrazzi，2014）。

由于虚拟团队可以使用先进的信息技术进行同时的协同化工作，如何进行多线程任务管理成为虚拟团队面临的另一个显著挑战。虽然多线程协同任务可以看作虚拟团队的一种优势，但是当团队成员不能完全专注于任何一项任务时，例如在同时参加电话会议、虚拟会议或网络协作时，它就变成了一个重要的挑战（Ferrazzi，2014）。虽然团队的一些制度可以减少多线程任务出现的频率，但是对于远程团队来说这种制度的制订还存在一定的难度，因为很多员工认为多线程任务是使工作效率显著提升的关键方式（Ruppel 等，2013）。如果团队成员拥有促进多任务协同处理的技能和工具，那么这种多线程工作方式是非常值得使用的，因为管理者和成员可以增加联系的频率。但是一旦团队成员不能很好地处理这样的情况，它就变成了一种明显的缺陷。有的管理者认为当员工处于不同的时区时，员工有权利不回复其他较远时区员工的工作请求，这样能够减少多任务协同工作带来的疲劳感。

成员之间的远距离工作形式是虚拟团队固有的一个特点。虽然这样的距离有长有短，但是任何程度的远距离感对团队的管理者来说都是一个挑战。一般来说，虚拟团队的结构是基于分布式方式进行构建的，可以分为分布式团队和混合型团队两种（Staples 等，2008）。分布式团队是指虚拟团队的所有成员都分散在不同的地点，而混合型团队是指虚拟团队中存在分散工作和在同一地点工作的成员的混合。一些研究者认为地理分散的标准并不是虚拟团队如何开展工作以及团队成员如何使用技术的关键要素（Kirkman，2005）。传统团队也会用到相关的信息技术作为沟通的工具。然而在虚拟团队绩效的相关研究中指出，员工距离或者员工对于距离的感知方式可能是虚拟团队是否能够有效工作的前提（Siebdrat 等，2014）。有学者利用主观距离和客观距离两种测量方式来测量虚拟团队成员的距离感知。客观距离很容易用公里或者时区等客观因素来衡量，但研究人员认为，成员如何感知他们与他人的距离比实际距离更重要（Siebdrat 等，2014）。一份超过 600 名软件开发团队成员和领导者自愿参与的在线调研问卷显示，主观距离比客观距离更加能够有效预测虚拟团队的绩效（Siebdrat 等，2014）。因此，上述研究结果为我们克服虚拟团队成员的距离感提供了有益的启示。管理者可以通过促进鼓励团队内部互动和提供团队成员相互了解的环境来减少虚拟团队成员主观距离感知的影响，从而提升团队的绩效水平。

虚拟团队成员之间很少能够进行面对面交流也会对虚拟团队的绩效产生一定的负面影响。在传统的团队中，成员可以直接观察到其他团队成员。他们可以看到谁参加了会议，在进行探讨时能够很方便地观察到团队成员的非语言类暗示。然而，这些类型的视觉暗示在虚拟团队中是很难实现，甚至是不可能实现的（Wielkie，2008）。虚拟团队的缺陷和挑战可以归纳为以下六个方面：①团队成员难以获得其他成员的非语言类暗示；②员工之间缺乏非正式的交流；③相较于传统团队，虚拟团队成员难以建立起较为牢固的信任关系；④团队成员在工作上存在时差问题，能够同时工作的时间相对较少；⑤团队成员之间存在文化的差异，容易因为一些文化方面的问题出现纠纷，导致团队成员之间的协调一致性较低；⑥虚拟团队过分依赖于信息技术进行沟通，技术的可靠性、安全性是最显著的挑战之一（Nunamaker 等，2009）。

虚拟团队的另一个挑战是如何处理团队成员遇到的各种边界问题。在一项研究中，研究者指出一个组织边界内的员工形成的团队要比跨组织边界形成的团队更加容易产生高水平的成员间信任（Schiller 等，2014）。因此，跨越各种时间、空间、文化、语言和组织边界的团队面临着更加巨大的潜在的管理挑战。

第一，聚焦于组织边界，当团队中的成员来自两个以上组织的时候，就会形成跨组织边界的团队结构。在这种组织结构下，并不是所有的成员都愿意与其他组织的成员分享知识。甚至在某些情况下，成员会觉得其他组织的成员可能是他们的竞争对手，从而进一步使得团队成员的合作变得复杂（Nystrom 等，2013）。

第二，对于虚拟团队来说，成员之间由于语言边界而产生的挑战明显增加了。因为成员分布在世界各地，可能使用不同的语言进行交流。有研究显示，当成员之间出现显著的语言障碍时，他们会产生较强的被孤立感，进而导致其不愿意主动分享自己的知识（Yuan 等，2013）。研究者还发现，语言障碍会迫使成员在团队会议期间尽可能地减少口头发言，很多成员更加倾向于依靠书面化的短信或电子邮件来进行交流（Klitmoller 等，2015）。团队成员对语言障碍的反应会直接导致他们在语言差异的驱动下作出如何使用信息技术的决定。在一项对来自一家跨国公司的 27 名全球虚拟团队成员的研究中发现，那些口语薄弱的人会转而使用电子邮件来交流团队知识。因为使用电子邮件避免了口语问题：一方面，一些辅助软件可以为团队成员提供拼写和语法方面的帮助；另一方面，使用电子邮件使得员工有充足的时间来思考和回复相关问题（Klitmoller 等，2015）。

第三，多元文化是虚拟团队另一个需要关注的边界问题。文化的差异可能会使成员感到困惑。在一个跨文化团队的案例研究中，参与者提到他们似乎很难对来自其他文化的成员有较好的理解，从而导致难以进行良好的团队协作（Collins 等，2014）。同时有关虚拟团队成员之间文化差异而产生的问题还有一种需要考虑的情形。在一些虚拟团队中，管理者通常会把具有相同文化属性的团队成员集合成为一个小的子团队。虽然这些子团队成员之间交流起来较为方便，而且能够形成良好的沟通氛围，但是一旦其中某些子团队成为整个虚拟团队的主导时，拥有其他文化背景的子团队就有可能遭到排挤，最终导致交流产生严重的障碍，使整个虚拟团队的效率大打折扣（Morgan 等，2014）。

第四，影响虚拟团队绩效的另一个边界是工作和个人生活平衡的边界。研究发现，对于那些使用家庭工作场所或酒店、汽车或者其他工作和个人生活共享空间的方式进行工作的员工来说，这种边界问题显得尤为严重（Ruppel 等，2013）。虚拟团队采用的是 7×24 小时的工作方式，这种工作方式导致很多成员难以在工作和家庭生活之间找到平衡点。在一项研究中，虚拟团队成员表示，尽管他们有特定的工作时间，但他们经常会迫于工作压力而需要占用个人休息时间回应来自不同时区的领导的电话或邮件（Ruppel 等，2013）。研究中的一名成员举例说，她每次需要在周末大清早回复其他地区成员发过来的邮件或者工作请求，这在一定程度上影响了她的家庭生活（Ruppel 等，2013）。

2.4.2　虚拟团队面临的机遇

虽然虚拟团队会给我们带来上述挑战，但不可否认的是，虚拟团队的实施会给人们的工作带来更多的机遇。有研究显示，当一个组织的领导者关注组织的成功且会提供更多的支持时，虚拟团队带来的机遇会被放大（Hertel 等，2005）。这一点从虚拟团队的使用率逐年提升也可以有所窥探。虚拟团队带来的机遇可以从个体、组织和社会三个层面来论述。

虚拟团队为个体带来的福利主要包括工作的灵活性和独立性两个方面（Chamaki-otis 等，2014；Hertel 等，2005）。其中，工作的灵活性是指员工可以实现同时在多个团队中工作，同时能够更自由地选择工作和生活上的时间分配（Green 等，2010；Kage，2012）。对于独立性而言，在对来自 9 家跨国公司的 30 名虚拟团队员工进行深度访谈时，研究者发现一些员工表示自己能够决定何时、如何和做什么的话，会产生一种对组织强烈的认同感和自我被信任感（Krumm，2014）。还有一项跨国公司的虚拟团队员工参与的定量研究结果显示，员工在虚拟团队中工作时会因为不被领导监视而感到舒服和心情愉悦（Pangil 等，2014）。

从组织的层面来说，虚拟团队带来的机遇主要有降低组织成本、增强对员工的可选择性以及改善工作效率（Minton 等，2012）。虚拟团队降低的成本主要表现在出差成本方面。在 2012 年，国际人力资源协会对人力资源专业的人士进行了一项调查，结果显示，39% 的受访者会使用虚拟团队来降低出差的旅行成本，包括时间成本和经济成本（Minton 等，2012）。对组织来说，虚拟团队带来的另一个主要的好处是无论某位成员身在何处，只要他能够连接到互联网，都可以成为虚拟团队的后备成员。成员的选择余地增大的同时也带来了虚拟团队成员更加显著的多样性。虚拟团队成员的多样性还有助于解决组织面临的全球化问题。对于组织来说，虚拟团队带来的第三个好处便是可以有效提高组织的生产效率。由于虚拟团队成员没有地理位置上的限制，因此，组织在选择需要的工作人员时可以选择那些最适合于某项工作的员工或是在某一方面最有天赋的员工。

从社会层面来看，虚拟团队在一定程度上促进了整个社会工作准入方面的公平（Hertel 等，2005）。由于虚拟团队成员可以分布在不同的地区参与工作，某些低就业区域的人员也可以公平地参与一些组织的工作。另一个促进公平的方面是虚拟团队将身体患有残疾的人员或者由于一些其他因素而必须在家工作的人员也纳入了工作的范围，他们可以通过虚拟团队成为组织中正式的成员。另外，由于虚拟团队可以减少员工工作的通勤和出行，在一定程度上降低了整个社会的交通负担，降低了出行带来的空气污染等（Green 等，2010）。

2.5 虚拟团队的有效性

2.5.1 虚拟团队有效性的基本模型

学者哈克曼提出了具有借鉴价值的团队有效性理论模型，如图 2－1 所示（Hackman，1983）。他认为一个团队是否有效取决于一系列的因素，而不是某一个单一的要素。具体来说，这些要素包括三个方面。

（1）一个团队的产品或者服务是否能够满足客户或者检查人员关于质量、数量以及及时性等方面的指标。

（2）一个团队的工作进程是否能够满足团队成员未来在一起相互交互共同完成工作的需求。

（3）一个团队的经验是否能够满足团队成员的个人成长和福利方面的需求（Hackman 等，1986）。

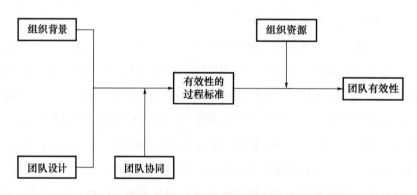

图 2－1　团队有效性的理论模型（Hackman，1983）

哈克曼的团队有效性模型不仅关注团队的生产效率，而且关注团队成员的其他相关的社会需求，因此该模型得到了学界的一致好评，被很多学者引用来作为衡量一个团队是否有效的理论指导。因此，笔者将参考上述理论模型来对虚拟团队的有效性进行详细的分析。在分析之前，首先考虑该模型是否需要进行调整、改进，以适应虚拟环境的要求。有学者指出，在虚拟环境下除了需要考虑人员的成长和福利方面的需求，还需要考虑虚拟团队成员心理方面的需求。在传统团队中，人们之间可以利用一些非语言的手段进行交互，但是在虚拟环境下这些交互几乎无法达到。比如当一个成员获得成功的时候，其他成员很难拍拍他的肩膀给他庆祝；当一个成员遇到重大挫折和失败时，其他成员也很难给他一个安慰的拥抱。这些心理方面的支持是团队有效性的一个重要指标，但是在虚拟团队环境下不容易获得（Furst 等，1999）。其次，随着知识经济的到来，企业的知识成为其获得竞争优势和长期成功的关键因素，因此，虚拟团队的有效性应该重点考虑知识是否能够在虚拟团队中顺畅地流转。尽管虚拟团队的生命周期可能受限于特定项目的持续时间，但在团队中发生的"学习"可能通过两种方式为组织带来好处。一方面，虚拟团队有助于员工扩大他们在组织内的社交网络。另一方面，虚拟团队的工作方法可以成为组织知识库或"组织记忆"的重要组成部分，电子化的交流方式更加易于存档，可以为未来的团队提供关于过去所遇到的团队问题和团队解决方案的相关信息。鉴于上述问题，笔者认为讨论虚拟团队有效性时，需要在哈克曼的模型上添加第四个有效性维度：团队的工作过程和结构是否可以通过电子方式来进行捕获、存储和检索，以方便团队在未来能够利用之前的信息开展学习和提升。

下文笔者将对哈克曼的模型中的各个因素进行详细分析，这些因素也是评价传统团队有效性的指标，我们通过对这些因素的讨论来进一步理解虚拟团队的有效性。

2.5.2　组织背景

笔者讨论的组织背景是在微观层面进行的，所以首先需要在宏观层面作出一定的假设，笔者假设一个组织的战略、架构、规模以及核心的信息技术均可以支撑其构建虚拟团队。具体来说，组织中的一些背景因素可以正向或者负向影响一个虚拟团队的有效性。

为了让团队有效地工作，组织必须提供恰当的环境，包括适当的物质、财政和社会支持，具体包括：

（1）具有能够有效评价和激励团队成员做出工作相关行为的制度系统。

（2）能够提供团队成员完成工作和任务的相关培训发展项目。

（3）能够为组织提供各种准确、相关和及时的信息的信息系统。

（4）鼓励和支持团队协作的企业文化。

在虚拟环境下这些因素对于团队的有效性有什么影响或者发生了什么变化呢？比如，针对第一个组织情景，由于虚拟环境允许组织与来自不同公司职能、地点的成员建立团队，可能需要新的评估系统来评估个人对团队的贡献和整个团队的绩效水平。在虚拟环境下团队成员的成果可视性相对较低，团队成员可能试图补偿这种情况，进而产出更多的相关工作成果。因此，在虚拟团队中更加可能使用同行评议的方式来对成果进行评价，因为团队中的各类成员之间的接触很少，不太适合作为评价的主体。同时，注入知识管理、通信技术的创造性使用、共识建立等绩效维度也可以作为虚拟团队成员绩效评估的补充性指标。

其次，针对薪酬和激励体系而言，在虚拟环境下这些指标也需要进行重新设计，以此来保证团队薪酬和激励在虚拟环境下的适用性。因为虚拟团队的成员往往会涉及跨越组织、国家和文化的边界，所以设计适用的薪酬和激励体系非常困难。不同的文化价值观和行为规范使得团队成员对于奖赏和激励的态度不同。例如，在一家跨国公司的虚拟团队中，对于美国的团队成员来说，对其采取的奖励措施和认可办法可能就不太适用于中国的团队成员。

关于培训和发展以及信息系统等方面的环境变量，在虚拟环境下同样需要进行调整和改进。在虚拟团队中是否能够获得恰当、便利、高效的软硬件设备是其能否成功的关键。并不是所有的虚拟团队均需要同样的软硬件支撑，团队还需要根据自身组织的特点、任务的特点、成员的特点来选取相应的设备和材料。因此，在虚拟团队的开展过程中，针对新部署的软硬件的培训成为一项非常重要的工作。团队成员主要依赖这些设备来开展协同，基于设备的团队流程开发成为虚拟团队培训和开发的关键内容。

最后，虚拟环境下对于工作文化的支持也是一个突出的问题。在很多传统的工作情景之下，人们普遍认为一个人能够真实地参与到工作之中是评价一个人工作表现的关键因素，比如员工是否在办公地点上班、是否被领导和同事看到等都被视为对组织产生工作承诺的主要证据。但是如果企业存在"眼不见、心不念"的评价文化，那么虚拟环境下的这种远程协同、工作地点随机、工作时间不确定等因素就会出现明显的劣势。如果企业的工作文化是"分布工作使大家的心更亲密"，那么虚拟团队的部署就对员工的个人评价具有积极的影响。

如果一个虚拟团队想要成功或者有效，这些组织背景相关的问题必须对虚拟团队产生强有力的支撑。改变其中的任何一个因素，但是不考虑其他因素的变化可能带来的系统性影响，都会对虚拟团队的实施产生灾难性的影响。例如，如果团队改变了他们使用的软硬件体系，但是没有对员工开展培训和开发，那么这样的团队效率将会非常低，甚至直接导致团队的解散。因此，基于上述考虑，笔者提出如下有关的研究问题，供大家思考：

（1）组织的绩效评估和薪酬激励体系应该如何改进，以适应和支持虚拟团队的实施？

（2）如何更好地识别、衡量、评估和奖励团队成员对团队发展的贡献？

（3）如何更好地识别、衡量、评估和奖励团队成果本身？

（4）如何认识虚拟团队环境下信息技术、人力资源、培训开发等项目对虚拟团队的支撑作用？

（5）在什么样的组织文化之下，虚拟团队能够得到更好的发展？

（6）想要部署和实施虚拟团队，什么样的文化变革是必要的？

（7）到底是虚拟团队的使用带来了组织文化的变革，还是现有文化的发展促进或阻止了虚拟团队的发展？

2.5.3 团队设计

团队有效性的第二个重要的影响因素是团队设计。团队设计的要素包括团队中工作分配的适当性、团队的具体构成人员以及团队关于绩效方面的标准和规范等方面。但值得注意的是，并不是所有的工作都需要团队来完成，而是任务的复杂性、工作的竞争性导致很多工作项目更加倾向于使用团队工作的方式来提高完成的效率。首先，根据哈克曼等（1986）的研究，某一项工作是否需要组建团队来完成，一般需要考虑以下三个问题：①该工作在多大程度上需要员工的相互交流才能够完成；②该工作在多大程度上表现为"承诺型"或者"控制型"；③企业的文化在多大程度上支持员工之间的合作。其次，团队成员必须分配适当的工作任务，比如设计新产品的团队与管理财务的团队所需要的知识体系就完全不同。再次，团队成员必须拥有在一个团队中开展工作的必要技能。最后，团队成员必须遵循一定的行为规范，也就是一些非正式的规则，这些规则包括守时、积极参与、建设性的反馈以及对工作相关任务的及时反馈。

第一，我们来探讨团队结构的影响。之前的研究对于虚拟形式的团队任务和团队结构开展了深度的讨论，主要研究为什么对于完成一项任务来说使用团队或者虚拟团队是高效的（Furst 等，1999）。例如有学者就指出，简单的通信工具（电子邮件、公报板系统等）可以用来交互一些相对简单的工作信息，但是如果遇到更加复杂的工作环境，需要更加先进的技术来提供支撑，比如视频电话等。也就是说，在更加先进可靠的技术出现之前，很多工作选取在虚拟环境下开展是不合适的。这也是为什么现在元宇宙（metaverse）、虚拟现实等技术成为虚拟团队研究中更加热门的话题。在一项有关计算机工作情境下的研究中指出，在以计算机为主要设备的工作中，团队成员可能会产生更多的工作想法，但是交换的信息不多，完成工作的时间更长，这种工作更适合头脑风暴类的活动。尤其是异步信息技术的使用，导致更多的成员能够参与到一项工作中，进而减少团队对个体工作贡献的关注。所以，笔者认为技术与任务的匹配程度是虚拟团队结构的关键决定性因素。

团队结构的另一个潜在的决定因素是任务的性质。一般来说，团队完成的任务性质可以分为以下四个类型：一是产生想法或者计划的工作，二是作出决策的工作，三是协调冲突的工作，四是开展活动的工作。从虚拟环境的视角来说，前两种工作类型更加适合虚拟团队的部署。也就是说，在虚拟环境下产生想法、制订计划、作出决策更加容易，但是协调冲突、开展具体的活动相对不容易实施。所以，虚拟团队更加适合成为具体实施工作团队的智囊，为他们具体实施工作提供智力支撑。

基于上述考虑，笔者认为关于团队结构方面，虚拟团队的管理者需要考虑以下问题来关注虚拟团队的有效性：

（1）组织任务的哪些特征会使得这些任务更加适合采用虚拟团队的方式来完成？

（2）在什么任务需求下，组织的层级或者交互方式均适合在虚拟环境下开展？

（3）虚拟团队中的哪些任务特征需要哪些软硬件设备和技术的支撑才能够完成？

第二，我们来探讨团队设计的第二个重要内容——团队组成。在一个虚拟团队中，成员想要完成任务还必须具备恰当的知识、技能和能力（KSAs）。一般来说，一个团队成员想要高效地完成任务需要具备五大类KSAs，主要包括：①解决团队冲突的方法和技巧，表现为赞成并鼓励正向、优秀的团队冲突，识别和阻止不理想的团队冲突；②解决团队协作的方法和技巧，表现为能够识别出团队合作中的具体障碍，找到恰当的纠正措施；③沟通能力，表现为表达自己和倾听他人诉求两个方面；④目标制定和绩效管理能力，表现为能够设置满足具体的、可衡量的、可达成的、相关性高、具有时限性的（SMART）标准的团队目标；⑤计划和协调任务的能力，表现为协调和团队成员之间的活动、信息和任务的相互依赖性。

值得注意的是，除了上述五种类型的KSAs之外，还有很多其他可能影响虚拟团队有效性的KSAs。比如，尽管我们提到识别、赞成和鼓励正向、优秀的团队冲突很重要，但是在虚拟环境下如何做到这些呢？在虚拟环境下能够识别上述冲突的办法和传统团队相比有较大的不同。在现实的线下团队中，团队成员可以通过人们的表情、动作来判断冲突的种类，但是在线上团队中，人们一般需要通过较慢的电子邮件来进行判断。而且有研究指出虚拟团队在社会情感沟通方面要远低于传统团队。同样地，关于倾听方面，线上团队成员之间交流的倾听可能会有网络延迟或者丢包等情况的发生，沟通的程度要远远低于线下的面对面沟通，大大降低人们进行沟通的意愿。此外，在上述五种KSAs中并没有提到对信息技术的应用能力，比如在虚拟环境下对所需要的基本软硬件的操作能力等。

基于上述考虑，笔者认为对于虚拟团队的有效性来说，可能还需要更多值得注意的虚拟方面的KSAs。因此，在虚拟环境下，人们需要考虑以下两个问题：

（1）对于有效的虚拟团队来说，什么类型的KSAs是员工必须掌握的？

（2）如何改变招聘、选拔和培训系统，以确保员工具备有效的虚拟团队成员资格所必需的 KSAs？

第三，我们来考虑团队设计的第三个重要组成要素——团队规范。在虚拟环境下制定和实施相关的组织规范是具有挑战性的。首先，有关团队的研究表明，团队规范是新的团队观察其先前的团队成员在同一环境下如何互动的关键性前因变量。但是在虚拟环境下，新的虚拟团队成员几乎很难准确地观察到那些用于建立非正式规则或规范的行为。因此，在虚拟环境下需要采取新的办法来加速团队规范的形成（Furst 等，1999）。

针对虚拟团队的相关研究中指出，虚拟团队的早期建立工作非常关键，想要顺利地在虚拟团队中形成一定的行为规范，团队成员在团队成立之初，至少需要尽一切可能努力见一次面，进行一次面对面的会谈。虽然一些规范的发展和强化可以在线上开展，但是虚拟团队的领导者还是有必要使用离线通信的方式来加强团队规范的建设或者惩罚一些不适当的虚拟团队规范违反行为。例如，如果虚拟团队的成员出现了长时间的旷工，虚拟团队领导者需要进行一定程度的在线查询，从而逐步增强对这种行为的强调和改善。

其次，虚拟团队内部规范的形成和发展还受到团队成员之间文化差异的影响。尤其是在跨国虚拟团队中，团队成员来自不同的国家，可能还具有不同的宗教信仰和不同的文化背景，这样使得规范的建立更加困难。在某一种文化之下视为可以接受的行为可能在另一种文化背景下是无法接受的。例如，在一个团队中可能有来自中国、日本等集体主义文化背景下的员工，也有来自美国等个体主义文化背景下的员工，这两类员工在共同完成某一项工作时，可能会出现对同一种行为的不同感知和接受程度。一些美国的员工认为中国、日本等国家的员工更加重视组织成员的行政级别，权力距离更大，因此，他们无法理解为什么不能和上级进行激烈的辩论和口头对抗。基于上述的考虑，笔者认为虚拟团队规范的建立还需要重点考虑下列一系列问题：

（1）在虚拟团队中，行为规范是否比在传统团队中更加重要？

（2）虚拟团队中的行为规范一般是如何形成的？

（3）如何在虚拟团队中有效地加强或认可行为规范？

（4）由于虚拟团队的交际场所相对来说比较固定和受限，那么在虚拟团队中的行为规范是增多了还是减少了？

（5）虚拟团队行为规范可能会禁止或者提倡哪些行为？

（6）虚拟团队规范在多大程度上能够超越国家和文化的边界？

（7）虚拟团队中行为的差异是否会和传统团队中行为的差异一样，对行为规范产生相同程度的影响？

（8）虚拟规范会在多大程度上影响虚拟团队的协同力和凝聚力？

（9）在虚拟团队中如何有效解决文化多元化带来的团队效率低下的问题？

2.5.4　团队协同（Group synergy）

哈克曼的团队有效性模型的第三个影响因素是团队协同。这个因素在模型中发挥着重要的调节作用，可以调节组织背景和团队设计共同对团队有效性的过程标准产生影响。团队协同因素反映的是团队成员为了能够最大化地产出团队成果而开展的交互行为程度。比如在工作中多元化观点的出现、团队成员的共同参与以及基于团队工作的效率和效益提升。目前关于团队成员如何进行有效协同的影响因素基本可以归纳为以下三个方面：一是建立团队认同，鼓励团队成员将群体的目标置于自身目标之上；二是在团队成员之间建立信任；三是促进团队异质成员之间的合作。

第一，从建立团队认同的角度来看，团队认同可以定义为接受团队设置的目标和集体承诺，并将这些目标和承诺置于个人目标之上。团队认同的建立是一个循序渐进的过程，需要经历设置明确目标、设定优先次序以及投入大量时间和精力来完成目标等过程。而且当团队成员认为他们的同事有魅力、有能力、有颜值以及有较高的社会地位时更容易建立较高的团队认同。由于团队认同和团队目标的设置和实现息息相关，因此，设置清晰、明确、具有挑战性的目标会促进团队认同的建立。明确一致的目标会大大减少人们关于绩效方面预期的不确定性。这样的目标可能会使团队成员产生一种挑战感，促使他们不自觉地出现完成团队目标的高度紧迫感。当团队成员都认为有必要完成某一个目标时，成员更加容易建立相互之间的认同，触发更高程度的团队协作倾向。在传统团队中，团队成员的当面交流会增强团队成员对于某种团队行为预期的感知以及对团队合作的倾向。但是在虚拟环境下，团队成员之间缺少这种面对面的交流，必须依靠他们对团队目标的集体理解和承诺来指导他们的行为。

无论是在传统团队还是虚拟团队中，建立团队认同都是非常关键的。需要掌握一些建立团队认同的技巧。在传统团队中有一种常见的建立团队认同的方法——社会化。一般来说，当有新成员加入一个传统团队时，老员工有机会对新员工进行社会化交往，具体包括讲述团队的历史、梳理团队的价值观、指导团队新人遵守团队规范等。这种方式对于团队认同的建立具有重要的价值。这也为虚拟团队认同的建立提供了借鉴和启示。具体来说，在虚拟团队中建立团队认同还需要认真考虑下述问题：

（1）在传统团队中的社会化方法是否可以适用于虚拟团队中？

（2）团队目标在多大程度上可以有效地引导虚拟团队成员的行为？

（3）在虚拟环境下，如何有效地在团队成员之间建立起对团队目标的共识和承诺？

第二，笔者将讨论建立团队协同的第二个重要因素——信任。信任是虚拟团队中讨论最广泛的议题之一，被认为是团队协同工作中最重要的一个前因变量。信任可以被简单理解为团队成员达成同事对其期望的可能性。一般来说，信任可以分为两个维度：可靠地完成任务和对他人的仁慈（即其他人对团队成员表现出来的关爱和关心的程度以及他们在角色要求之外帮助他人的意愿）。一般来说，当团队成员之间缺乏信任的时候，他们倾向于减少自己的努力程度并且拒绝和他人合作。有研究显示信任和虚拟团队成员的生产力之间呈正相关关系，而且一般来说，对于团队成员完成任务能力的信任会在团队建立的早期就开始建立，但是对团队同事的仁慈性信任则是需要经过一段时间的共同工作之后才会慢慢建立起来（Jarvenpaa 等，1998）。因此，笔者认为信息在虚拟团队中具有重要的价值，可以有效防止团队成员之间的地理距离演化成为他们之间的心理距离。

在虚拟团队情境之下，团队确立之前的相关建设活动也是很有研究价值的。但是有研究显示这些研究似乎对于虚拟团队成员之间建立信任的作用不大，因此，在虚拟团队中采用何种策略来建立成员之间的信任一直是虚拟团队研究领域的热点话题。在虚拟团队环境中，成员的长期离线状态或者非常简短的信息回复是否会影响团队信任的建立都有待进一步研究。同时，笔者认为下列两个问题是值得大家关注的：

（1）虚拟团队中信任的前因变量是什么，这些前因变量对于虚拟团队信任的建立有哪些具体的贡献？

（2）虚拟团队成员表现出的行为中哪些是有利于或不利于团队成员之间建立信任的？

第三，我们来探讨虚拟团队中合作管理和异质化（heterogeneity）管理的问题。为了能够完成更加复杂和多样化的任务，虚拟团队成员也越来越呈现出多样化特点，这使得管理虚拟团队成员之间的协同工作成为一个显著的挑战。团队的这种高度的异质性可能会对团队效率产生不同的影响，这完全取决于如何去管理团队的异质性。异质性不仅包括团队成员的人口统计学特征和文化规范方面的差异，还包括功能型角色的多样性和虚拟团队成员任期的多样性。随着经济全球化的发展以及信息技术的不断更新换代，虚拟团队的异质性可能会越来越高。当大量的异质性团队成员在同一个系统中工作时，他们需要克服各种困难和障碍（语言、地理、文化、习俗、宗教以及规范等），这样就特别容易产生冲突。因此，虚拟团队需要通过限制那些容易引发差异的社会线索来改善成员异质性对团队工作造成的不良影响。

例如，在虚拟团队情境之下，团队成员之间的地位不平等性相对较低，因为在虚拟环境下人们对于社会分类等要素的关注比较少。但是，这样的环境也会带来一个问题，由于虚拟团队成员较少关注社会环境，他们的很多行为可能会违反社会规范，比如在电子邮件中或者即时交流信息中发表一些不礼貌或者不恰当的信息或言论，从而造成一定的冲突。另外，虚拟团队成员之间语言的障碍可能会引起一些其他的冲突，比如在翻译方面出现一些瑕疵，造成理解上的误区，而且大幅度降低了团队成员之间的知识分享能力。因此，关于虚拟团队成员之间的合作管理以及异质化管理还需要进行深入的探讨。主要的研究问题包括：

（1）虚拟团队中使用到的信息技术在多大程度上可以减少团队成员异质性对团队绩效产生的负面影响？

（2）哪些可以使用的或者可以开发的机制来帮助虚拟团队解决团队异质性带来的各种冲突？

最后，我们对虚拟团队协作的过程损失（process losses）进行探讨。虚拟团队带来协同发展的同时，也会造成一定的过程损失。具体来说，虚拟团队的过程损失包括社会性懈怠（social loafing）、搭便车（free‑riding）、群体思维（group thinking）和群体转移（group shift）等几个方面（Furst 等，1999）。过程损失降低团队的整体绩效的问题需要进行深入的探讨。

第一种过程损失为社会性懈怠，具体是指某一个体作为群体的一部分时，他的表现往往会低于当他被期望独自完成一项任务时的水平。而且这种社会性懈怠不仅表现在传统团队中，在虚拟团队中也有类似的情况。第二种过程损失叫作"搭便车"。这个概念有一些类似于社会性懈怠，是个体为了避免合作而作出的一种选择，倾向于追求群体成员的共同结果，而不愿自己付出努力。因此，我们可以看到上述两种过程损失对于群体生活中的合作和协同均具有负面的影响，而且可能直接导致群体的整体效率和福祉受到危害性的影响。目前关于上述两种过程损失的研究表明，有几类情况可能增加这两种行为的出现，具体包括：群体规模的增大、任务可识别性的降低、主动投入性的降低以及共同责任感的降低等。比如，在虚拟环境下，由于员工之间的工作努力不容易被观察到，因此，当一名员工实际花费了大量的时间来完成某一种工作时，其他员工可能并不会非常认可他的工作量。在这种情况下，员工倾向于发生社会性懈怠，不愿意主动参与具体的工作。基于上述研究，笔者认为非常有必要进行更加深入的探讨，分析在虚拟环境下社会性懈怠和"搭便车"等行为发生的具体机制，制定相应的干预措施。具体来说，可以从以下三个方面展开讨论。

（1）与传统团队相比，虚拟团队中发生社会性懈怠或"搭便车"的可能性是更大还是更小？

（2）在虚拟团队中，发生社会性懈怠或"搭便车"的原因是什么？

（3）什么样的技术或者管理方法可以减少虚拟团队中的社会性懈怠或"搭便车"？

群体思维和群体转移是群体在工作过程中容易出现的两种过程损失。群体思维一般用作对某一群体作出错误决策时的解释。当某一个群体中的成员更加强调群体的共识和凝聚力，而不是对某一个具体的特定问题进行充分的分析和解释时，群体思维就有可能出现。在一个群体中，当群体成员之间过分地盲目团结，非常重视大家彼此之间的连接，但是并不很在乎决策是否具有较高的质量时，群体思维特别容易发生。因为在这种群体之中领导者提出的解决方案一般会作为最适当的方案，而且由于团队的团结性会抑制那些对该解决方案的建设性讨论或者提出替代方案，群体中的成员一般不会提出反对的意见和立场。

群体转移是指群体讨论产生的决策与个体成员如果不是团队成员时作出的决策之间可能存在的差异。一般人们的理解是群体更加容易作出具有建设性的决定，也就是我们常说的少数服从多数，群体多数的意见一般更容易被采纳。但是有研究显示一些群体性的决策可能会更加倾向于保守和守旧，不愿意创新。也有研究表明，群体作决策的时候往往会夸大个体成员持有的立场。比如，在团队讨论之前，如果大多数成员倾向于一个有风险的决定，那么群体作决策是更加容易选择一个有风险的决定，而且并不认为这个决策风险性很高，反而认为可以接受。同样地，如果大多数成员在开始讨论时都持有保守的意见，那么团队很可能采取一个很保守的决定，而且觉得可以接受。所以，虚拟团队如何作出准确的决策，也是需要我们认真考虑和探讨的问题。具体包括：

（1）群体思维和群体转移在虚拟团队中发生的概率有多大，在什么情况下更有可能发生或者更不可能发生？

（2）在虚拟团队中提出反对意见或者支持少数人意见的可能性比传统团队小还是大？

（3）虚拟团队的互动模式（同步互动和异步互动）如何影响群体思维或者群体转移的发生？

2.5.5　有效性的过程标准

过程标准是指某一个团队的成员为了完成一项任务而付出的努力、知识和技能的水平以及评估该任务性质的绩效方法的适合性。也就是说，一个团队选择的工作过程标准应该能够准确地反映出正在进行的工作的复杂性和重要性。

一般来说，关于一个团队的过程标准有两个模型。一个是相对传统的模型，认为一个团队会经历相对独立的发展阶段，即形成、冲突、规范和运行。另一个是相对较为现代化的模型，被称为"断点均衡"模型。该模型认为团队组建的时间和团队工作努力随时间变化的方式是一致的，不论团队是什么，任务是什么，或者任务的完成期限是什么。具体来说，一个团队都有可能经历一种所谓的"中年危机"阶段。一般来说，在一个团队刚成立的时候到团队成立的前一半时间内，团队往往会在一种"惰性"氛围下工作，团队成员一般很少真正关注要完成的工作。但是有趣的是，无论给这个团队分配多少工作任务或者工作时间，一旦到了完成任务时间的中间点，团队的成员往往会迅速整理自己的状态，集中更多的精力来开展工作、完成任务。这种集中精力会成为团队最终成功完成某一种任务的关键要素。

"断点均衡"模型为团队有效性的研究提供了重要的启示。每个团队的第一次会议是至关重要的，因为这次会议一般会确定或者建立一些团队成员的行为模式、行为标准和规范。这些模式、规范、标准在团队工作的前半段时间起到了重要的作用。但是在团队工作的后半段上述内容的作用将微乎其微，减少任务的分配时间是提高任务完成效率的关键，而如果一味减少时间也会带来团队绩效的降低。目前该模型主要应用在传统团队的管理中，对于在虚拟团队中会是什么情况，我们需要进一步思考。在上文中我们强调过，虚拟团队在建立初期最好可以开展一次面对面的交流。这种会议对于虚拟团队成员的信任、规范的认知都具有重要的价值，因此，在虚拟团队中使用"断点均衡"模型也是有必要的。为了更好地明确过程标准对虚拟团队有效性的作用，我们需要思考下面一些问题：

（1）虚拟团队的一般过程包括哪些，是否也包括形成、冲突、规范和运行的各个阶段；如果虚拟团队的过程包括上述阶段，那么什么技术或者技巧可以有效地引导虚拟团队进入发展阶段？

（2）"断点均衡"模型在虚拟团队中的使用性如何；在虚拟团队中，第一阶段的"惰性"阶段是否与传统团队相同？

（3）在虚拟团队中也能够找到团队成员转变的"中间节点"，截止日期的调整会影响团队成员的效率和效果吗；技术的应用是否会影响"断点均衡"模型在虚拟团队中的影响效果？

2.5.6 组织资源

在哈克曼的模型中，组织资源（特指不包括人力方面的资源）在过程标准和团队有效性之间起到了重要的调节作用。一个团队能否及时发现其对各种资源的需求以及如何获取这些资源对于团队的有效性具有重要的影响。组织的资源包括很多类型，例如团队为了完成任务而必需的工具、设备和技术，足够完成任务的时间资源，完成任务所需的物理或者虚拟的空间资源，为了团队成员开展培训或者采购物品的资金资源等。这些资源对于传统团队来说，影响是显而易见的，其中任何一种资源的缺失都可能会造成团队效率的急剧下降。尤其是资金方面的资源，在缺乏财政支持的情况下，一个团队无法购买必要的技术，无法找到足够的工作空间，最终导致无法在规定时间内完成相应的任务。

从虚拟团队的角度来看，财政资源仍然是团队有效性的最重要资源。通信技术、通信设备是否可靠、便利是影响虚拟团队工作的关键因素，而这些技术和设备都需要财政资金的支持。此外，由于虚拟团队成员所处的国家、地区不同，会导致财政资源的不平衡，因此，在同一个团队中员工可能会因为技术、设备的差异而大幅降低虚拟环境下沟通的效率，最终限制整个团队的绩效。最后，财政资金也是为员工提供培训和发展的重要前提，如果一个虚拟团队的成员无法接受先进设备和技术的相关培训，这也可能影响员工的工作效率。

在虚拟环境下，时间和空间方面的资源相对来说不太容易受到关注。事实上，许多组织部署虚拟团队的初衷就是看中了虚拟团队可以跨域时空的限制而开展工作。虚拟团队可以实现全天候的工作，而且能减少出差旅行的时间和经济成本。此外，虚拟团队的空间资源可能会受到相关通信设备更新的影响，但是这些设备一直朝着精细化、小巧化的方向发展，因此这些空间的要求对于虚拟团队的影响是微乎其微的，尤其是与传统团队相比。在虚拟环境下，还有以下与组织资源相关的问题需要进一步探讨：

（1）对于虚拟团队来说，哪些级别的资源类型是必需的或者是充分的？

（2）技术对于虚拟团队来说是至关重要的影响因素，但是什么决定了虚拟团队中的技术水平呢？

（3）虚拟团队的部署可以节省一些成本，比如出差旅行的成本，但是同时也需要增加一些其他的成本，比如设备、技术、培训等，这两者之间是如何保持均衡的，整体算下来是否比传统团队更具有效益性？

（4）组织资源与虚拟团队有效性之间的关系是怎样的，一定是线性关系吗？

虚拟团队的有效性是虚拟团队研究中的重点研究方向，笔者参考了哈克曼的团队有效性模型进行了相关的讨论。由于这个模型主要是针对传统团队而开发的，是否适用于虚拟团队还有待探讨，因此笔者也给出了很多未来值得深入讨论的问题。除了哈克曼的模型之外，也有其他学者给出了虚拟团队有效性的模型，比如有学者提出了一个虚拟团队有效性的理论模型，他们认为虚拟团队的特征（地理分散、依赖电子设备、动态的组织结构以及国籍多元化）直接影响虚拟团队的交互记忆、工作投入和协作效率，而这三者又是虚拟团队有效性的关键前因变量（Cordery 等，2008）。同时，在该模型中，作者还提出了一些边界变量，包括虚拟团队的领导力、心理安全、任务的复杂度以及工作流程的相互依赖程度等。

第 3 章
知识分享与知识隐藏

3.1 知识与认知过程

3.1.1 知识的概念解读

一般来说，对知识分享或者知识管理进行探讨的话，要从知识的定义和认知过程说起。因此，本节首先介绍知识的概念以及知识与数据、信息和智慧之间的区别和联系；其次探究如何理解认知过程，从而从不同的角度和不同的人来理解如何看待"知识"的分享和创造。

知识的概念和内涵一直是人类学术探索的核心问题之一。但是由于知识并不是一个静止的稳定集合，具有内在的层次和发展演进链条，不同领域的研究者和实践者对于知识的概念的界定缺乏基本的共识。本书首先从哲学视角、认识论和价值链视角对知识的概念进行分析。

1. 从哲学视角对知识的解释

关于什么是知识一直是哲学上的一个难题，不同的哲学家从不同的视角给出了解释，主要有两种观点：一种是基于人本主义坐标集群的知识定义，另一种是基于外在主义坐标集群的知识定义（张新华等，2013）。前者认为人们所能获得的最可靠的知识就是关于人们自己以及人们的观察或知觉经验的知识；后者认为知识不是任何信念，也不是不变的观念。知识是客观的，具有间接性。

基于人本主义坐标集群的代表主要有：

（1）笛卡尔关于知识的定义。笛卡尔是理性主义哲学家，认为知识是思维本身的产物。他关于知识解释的最大价值来自他对知识的质疑，主要包括：①我知道什么？

②我可以怀疑什么？③我怎样才能知道我的信仰是否真实？④我的信仰和偏见之间存在哪些差别？⑤有怀疑的空间吗？（阿肖克·贾夏帕拉，2011）

（2）康德关于知识的理解。康德在《纯粹理性批判》一书中指出知识是理性主义的逻辑思维和经验主义的感官经验共同作用的结果。

（3）黑格尔关于知识的解释。黑格尔认为知识的首要目标是使精神自由发展，他认为所有概念的形成从历史上看都是辩证过程的一部分。知识是通过辩证提炼变得更个人化、更理性化的感官感知的结果。

基于外在主义坐标集群的代表主要有：

（1）亚里士多德关于知识的定义。亚里士多德关于知识的定义是建立在外在主义客观知识论的基础上的，他认为知识就是经验的结果。

（2）海德格尔关于知识的定义。海德格尔认为知识是对实践行为有益的理论认知，是通过实际经验、实践技能或者专门技术而获得的熟练性。

2. 从认知论视角定义知识

从认知论的视角来看，所谓知识，就它反映的内容而言，是客观事物的属性和联系的反映，是客观世界在人脑中的主观印象。就它反映活动的形式而言，有时表现为主体对事物的感性知觉或表象，属于感性知识，有时表现为关于事物的概念或规律，属于理性知识。

3. 从"价值链"视角定义知识

知识是一种流动性的综合体，其中包括结构化的经验、价值以及经过文字化的信息，此外，也包含专家独特的见解，这些见解可以为新经验的评估、整合提供架构，也可以说知识起源于智者的思想。在组织中，知识不仅存在于文件与储存系统中，也蕴含在日常例行工作、过程、执行与规范中。

其次，本书也给出了一些著名学者关于知识的定义，具体如下。

1. 柏拉图对知识的定义

柏拉图在《泰阿泰德》中指出知识就是"得到证成的真信念"（Justified true belief，JTB）。信念、真和证成三者的联合构成了知识的充分必要条件。

2. 约·莫·克拉克对知识的定义

约·莫·克拉克在《现代工业的一般开支》一书中强调："知识是唯一一种不受报酬递减律支配的生产工具。"

3. 丹尼尔·贝尔对知识的定义

美国社会学家丹尼尔·贝尔认为知识是"对事实或思想所提出的一套有系统的阐释及合理经验性结果"。

4. 马克·卢普对知识的定义

美国学者马克·卢普则从哲学认识论角度把知识定义为"根据已认识的事物所作的客观解释"。

5. 美国学者达文波特和普鲁萨克对知识的定义

他们认为："知识是一个有组织的经验、价值观、相关信息及洞察力的动态组合，它所构成的框架可以不断地评价和吸收新的经验和信息。它起源于并且作用于有知识的人们的大脑。在组织结构中，它不但存在于文件或档案之中，还存在于组织机构的程序、过程、实践及惯例之中。"

最后，本书也汇总了东西方社会关于知识的定义，具体如下。

1. 西方社会广为流传的知识定义

西方社会还广为流行着信息论视角的知识定义，如"知识即信息"和"知识即有效行动的信息"等说法。虽然这两种说法足够简洁新颖，但是缺乏逻辑自足性，前者根本没有规定知识的本质，后者也只是从效用方面强调了知识的功能，这就人为扩大了知识概念的外延。因为咒骂、诽谤他人的污言秽语无疑也是信息，无聊的黄色信息也能使有些人"有效行动"（堕落），然而都不能称为知识。必须指出，从信息论视角定义知识概念，往往容易忽视"信息"概念的多义性和不稳定性。因为哲学信息论中的"信息"分为本体论层次的信息和认识论层次的信息，信息科学中的"信息"属于广义信息论信息，一般信息论中的"信息"属于统计信息，狭义信息论中的"信息"属于编码信息，这种信息定义均只适用于特定范畴，并没有统一而稳定的内涵和外延。如果以信息论视角建立"知识即信息"的定义结构模型，那就很难保证知识概念的周延。

2. 我国关于知识的定义

（1）1979 年版《辞海》从哲学认识论角度把知识定义为"人们在社会实践中积累的经验"。

（2）1990 年版《辞海》则把知识定义为"人类认识的成果或结晶"。

（3）《现代汉语词典》把知识定义为"知识是人们在改造世界的实践中获得的认识和经验的总和"。

（4）《中国大百科全书·哲学卷》提出："人们在日常生活、社会活动和科学研究中所获得的对事物的了解，其中可靠的成分就是知识。"

（5）《中国大百科全书·教育卷》提出："所谓知识，就它反映的内容而言，是客观事物的属性与联系的反映，是客观世界在人头脑中的主观映像。"

（6）《知识管理国家标准》（GB/T 23703.2—2010）指出知识是通过学习、实践或探索所获得的认识、判断或者技能。

具体到本书，笔者从以下两个视角来界定知识：

一是从哲学角度来说，笔者认同柏拉图对于知识给出的经典概念，即一个命题能够称为知识，必须满足三个条件：首先该命题一定是被验证过的，其次它需要是正确的，最后它的正确性还必须被人们所相信。柏拉图主要关注的是命题性知识而不是事务性知识（宋继杰，2015）。

二是从实践和微观的视角来看，笔者认为知识主要存在于人的大脑中，是能够帮助人们作出决策，指导人们做出正确行为的内容。

3.1.2　知识与数据、信息的区别和联系

知识并不是一个稳定的、静态的集合，知识具有内在的层次和发展演进的链条和阶层。描述知识发展链条和阶层最经典的理论模型就是知识金字塔模型（DIKW 模型），如图 3-1 所示。从该模型可以看到，知识的发展是一个链条形式，从最基础的数据（Data）出发，然后形成信息（Informatica），经信息的聚合和抽取形成知识（Knowledge），知识经过处理和增值之后形成最终的智慧（Wisdom）。数据可以看成是苍茫的大地，而信息可以看作被开采的矿石，知识就是在矿石基础上提炼的金属，而最终的智慧是利用金属加工之后的产品（姚伟等，2019）。就像诗人艾略特（Eliot）在 *The Rock* 的诗句中写道："信息迷失在数据中，知识迷失在信息中，而智慧迷失在知识中。"

图 3-1　知识金字塔模型

数据、信息、知识和智慧之间存在一定的转化关系。信息是数据的关系，知识是信息的理解，智慧是知识的运用。四者之间的关系可以用图 3-2 的模型表示。数据转换成为信息需要对数据之间的关系进行分析和梳理，信息要想转换成为知识需要对信息隐含的基本模式进行理解，而智慧的产生往往需要对知识进行系统化的理解，充分把握知识背后的原理和原则。需要注意的是，在这条"价值链"中，上下阶层之间也可进行回流，并不都是单向向上的。例如，知识可以回流，重新成为信息或数据，而

"知识的分解"最主要的原因是数量庞杂，令人难以消化。

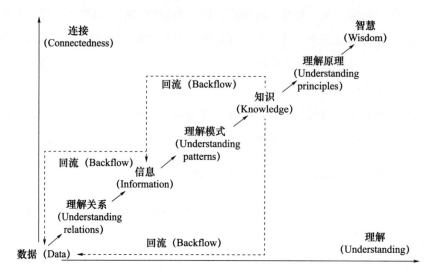

图 3-2   数据、信息、知识和智慧之间的转换

数据、信息、知识和智慧之间的比较如表 3-1 所示。

表 3-1   数据、信息、知识和智慧之间的比较

数据	信息	知识	智慧
符号的记录	数据的关系	信息的理解	知识的运用
Where：原始记录的数据在何处	What：数据的意义和关系是什么	Why：知识结构的概念、原理如何掌握和理解	When and How：何时以及如何利用知识产生智慧
很容易扩散	容易扩散	难以扩散	无法扩散
很容易处理和接受	容易处理和接受	较难处理和接受	很难掌握和获得
关联性很弱	关联性强	关联性很强	关联性很强
会被淘汰	会被淘汰	会过时	永恒的
可以观察、记录	可以进行交流	可以进行归纳演绎和集成提炼	可以垄断
通过机械式的记忆可以掌握	需要适当的理解才能掌握	需要经过学习才能够掌握	无法直接获取和掌握，需要自我生成
存储在磁盘、纸张和网络上	存储在网络中和各种媒体之中	主要存在于书本、网络以及人脑之中	存在于人脑之中，表现在活动之中
杂乱无章	清晰、结构化	大多数非结构化	非结构化
数量巨大	数量充足	数量在日趋增长	较为稀缺

资料来源：笔者整理相关学术论文（顾大权等，2012）获得。

3.1.3   认知过程

根据知识社会学的理论（Mannheim，1970），认知是一个社会过程，在这个过程中，群体的集体目标是个体思想的构建基础。上述观点将我们从传统的认知视角下知识是一种基于认知的事物带入了从社会建构的视角来看待知识是表达集体观点的事物。有学者指出，知识的创造和分享是建立在个体的能动性基础上的，它们的出现往往伴随着对经验流的自反性监测（reflexive monitoring；Weick，1995）。因此，知识的分享和创造是一个无法一次性完成的建构，必须在不断的工作和交流中持续运作下去。因此，上述关于知识的认知观点和集体表述观点都有一定的管理启示。如果一个组织采用了认知模型，就有可能在员工之间建立一个"共同的认知基础"，将看似不相干的活动或业务连接成一个连贯的整体。相反，如果一个组织要采用集体表述的模型，就难以存在一个单一的共同认知基础。

有学者指出，管理的最重要作用并不是要强行附加一个单一的管理概念框架，而是要在知识社区之间建立起连接的桥梁（Heaton 等，2002）。有研究将知识转移作为一个决策过程进行了探讨，该决策过程包括四个主要阶段：启动、实施、提升和整合（Szulanski，2000）。上述每个阶段都可以与决策联系起来，通过对外部环境的选择、从各种线索中进行选择以及储存过去的工作经验等方式来作出新的决策。因此，上述学者的观点（Weick，1995；Szulanski，2000）均表明知识分享是一个社会的、交流的和基于决策的过程，为了理解这个过程，需要研究所有相关的社会、认知和交流因素。

3.2　知识管理概述

3.2.1　知识管理出现的背景

管理学作为一门科学自提出到现在已经经历了100多年的时间。在这个过程中，新的管理理念不断推出，其中最具有价值和被关注最多的应该是以彼得·德鲁克（Peter F. Drucker）为代表的知识管理理念。知识管理理念认为在知识经济时代，由于外部环境的动态变化不断加剧，知识成为企业在不断变化的外部环境中获得竞争优势和长期可持续发展的最重要资源。一个组织的知识通常具有价值性、稀缺性、独立性、模糊性以及难以被第三方模拟和替代的特性（Cabrera 等，2006）。因此，组织应该把知识当作一种具有重要意义的战略性资产来管理。在过去的几十年间，很多企业都在其管理实践中引进了知识管理系统，包括新的信息管理系统、新的组织架构、新的人力资源管理政策等（Davenport 等，1998）。这些知识管理系统的主要目的是提升和加强企业对员工知识的整合能力。相关调查显示，在欧美等发达国家，超过80%的企业都在使用相关的知识管理系统（毕马威，2015）。

在实践中，信息技术貌似是知识管理的主要驱动力量。目前，知识管理的项目绝大多数是由信息部门来牵头的，人力资源部门起到主导作用的知识管理项目在逐渐减少。这主要是因为随着信息技术和通信技术的不断发展，员工之间可以实现跨时空障碍的交流，同时各种形式和结构的信息均可以在最新的知识库中存储和交换。在上述过程中，整个企业的知识总量无疑是在不断增加的。知识管理系统、知识库等信息技术的使用为知识在组织中的流动作出了重要的贡献。通常知识管理系统是基于一种"知识存储库"的形式而存在的。员工可以在这个知识存储库中以文档化的方式进行工作经验、工作方法、创新观点以及营销策略等的交流。这种知识交流的方式在组织中形成了一个跨越功能、产品和地理位置障碍的知识最佳实践社区（Wenger 等，1999）。

3.2.2　知识管理的提出和概念

知识管理起源于 20 世纪中后期，管理大师彼得·德鲁克在 1988 年发表论文指出未来企业将会逐步转变为由专家小组构成的知识型企业。这篇论文堪称知识管理的开山之作，随后知识管理的相关理论研究与实践得到了迅猛的发展。从狭义上来说，知识管理就是指对知识本身的管理，主要包括管理知识的各种实践流程；从广义上来说，知识管理不仅包括上述管理内容，还包括对涉及知识的所有相关要素的管理（邱均平等，1999）。目前国内关于知识管理的研究主要是从技术、行为、综合三个角度出发的（孟丁磊等，2007）。其中技术派的主要观点认为知识等同于被管理的对象，对知识进行的一系列操作是知识管理的核心，研究的重点在于知识技术的实现以及知识管理系统的构建，研究者以计算机科学、工程类背景的学者居多。行为学派则关注的是知识管理中人的行为以及组织文化的建设等方面。综合类学派是前两者的综合性研究，他们认为知识管理不仅需要对知识本身管理，还需要重视对人的管理，需要将两者结合起来。他们重点关注知识管理的组织结构问题、制度建设问题等多个方面，研究者以信息学科、信息管理学科背景的学者为主。

对于知识管理的定义，有学者指出需要从四个维度来理解。第一个维度是知道他人知道什么以及知识到底存在于哪里。这个维度强调了需要识别和理解不同类型的知识，以便定位、映射和利用各种知识使整个组织受益。关于知识的分类，在知识管理领域最常使用的是波兰尼的二元分类标准：一是以书面文字、图表和数字公式加以表达的知识，称为显性知识；二是很难用语言和文字表达的知识，这类知识是建立在个人经验基础上的，涉及个人的信念、观点和价值观（周城雄，2004）。其中隐性知识可以进一步分为两大类：一类是技术性隐性知识，包括难以显性化的技能、技巧和诀窍；另一类是认知性隐性知识，包括心智模式、信念和价值观等（王方华，1999）。有学者在上述二元分类的基础上还提出了一种知识形式，即文化知识。文化知识包括用于理解现实的共同假设和信念，以及用于赋予新知识价值和意义的标准和期望。虽然文化知识并不会被很好地记录下来，但它可以通过故事、历史、价值观和社会规范来进行广泛传达（Choo，1988）。上述三种类型的知识并不是相互排斥的，深入理解这三种类型的知识可以帮助人们快速识别出知识到底在什么地方。但需要注意的是，想要准确识别出这三种类型的知识，需要人们之间开展丰富的交流，通过这种深入的交流才能保证将个人的知识嵌入他人的思想之中，进而转化为明确的知识、规范和价值。

知识管理的第二个维度是能否及时访问知识或者知识的其他表现形式。根据国际数据公司在 2007 年的一项调查，由于员工流失、知识管理不善和员工的知识隐藏行为，大约 4.5% 的知识丢失或隐藏。此外，员工每周花 25% 的时间搜索信息，还需要消耗 25% 的时间来分析信息。目前有研究结果明确显示，社交网络可以作为一种快速发现和发展新知识的途径（Alajmi，2011）。此外，根据相关研究的结论，团队成员之间的弱关联往往是加速不同信息和不同资源快速流动的关键要素（Granovetter，1982）。因此，有学者指出，如果一个人有 1 美元可以花在知识管理上，那么它最好花在知识的连接上，而不是知识的捕获上（Prusak 等，2001）。

知识管理的第三个维度是组织成员愿意分享和参与相关问题的解决。分享个人知识不是简单地执行，也不能强迫或强制执行。人们不太可能分享他们的知识，除非他们认为分享知识是有价值的和重要的，同时，人们还需要能够克服那些会导致他们不愿意分享知识的因素（Szulanski，2000）。

知识管理的第四个维度是需要营造能够促进学习和创造力的文化。一般来说，知识管理文化的营造高度依赖于组织成员之间的相互信任（McInerney 等，2007）。有学者发现信任能够有效促进组织成员之间的知识分享，从而促进有效的知识分享（Levin 等，2002）。同时，他们还区分了两种不同类型的组织信任：一是基于仁慈的信任，即个人在有机会伤害他人时不会故意伤害他人；二是基于能力的信任，即个人相信他人对某一特定的主题领域非常了解。

3.2.3　知识管理的要素分析

知识管理的要素主要有人才、信息、知识、环境和过程（柯平，2007），如图3-3所示。①知识要素位于整个知识管理要素的中心位置，其他几个要素围绕知识这个要素而运动。知识作为知识管理的主要对象，可以分为显性知识与隐性知识两种。其中，显性知识是指那些能够以正式语言明确表达的知识，例如课堂传授或者是论文、著作、文档等；隐性知识主要是指建立在人类经验基础之上涉及各种无形因素、有创造性并存在于人脑中的知识，例如个人信念、技术手艺等。②信息是知识管理的一种重要来源要素。信息是产生知识的原材料，对信息进行加工、处理，经过人脑分析便会形成不同的知识。③人才是整个知识管理活动的能动要素。以人为本一直是知识管理的主要观念，知识管理中围绕知识的各项管理活动均离不开人的参与。整个知识管理活动的内在推动力就是人的知识需求，同时，满足人的知识需求也是整个知识管理活动的最终目标。④知识管理的环境要素是整个知识管理的支撑力量。环境要素主要包括技术和文化两种。其中，信息技术是知识管理得以实现和顺利开展的基础保障，知识管理中对知识的所有操作都与信息技术息息相关；组织文化则是开展知识管理的重要制度和文化保障，一个组织只有拥有良好的知识分享、知识创新氛围才能够更好地实施知识管理，才能实现知识的价值和知识的增值。⑤知识管理过程是实现知识管理的途径。知识管理的过程主要包括知识的创造和整合、知识的存储与编码、知识的共享与交流、知识的创新与增值。其中，知识的创造、存储是知识管理的实现基础，知识的转移与共享是知识管理实现的手段，知识的创新与增值是知识管理实现的目的。知识管理是知识不断积累、应用、创新、增值等形成的一个循环往复的过程，最终能够解决人们的具体问题和提升组织的核心竞争力。

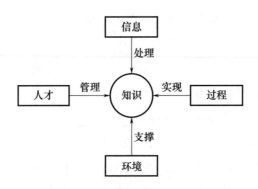

图 3 - 3　知识管理的要素分析

3.2.4　知识管理的内容

知识管理的具体内容主要包括两个方面：一是对知识本身的管理，二是对知识基本过程的管理。

对知识本身的管理主要包括对显性知识的管理和对隐性知识的管理。显性知识具有可描述性以及可记录性，易于表达和传播，所以对显性知识的管理在各个领域已经取得了较好的管理效果。隐性知识具有不易表达性、隐含性等特点。对于隐性知识的管理主要关注两个方面：一是对隐性知识所有者的管理，通过制订相应的激励机制，营造知识分享的文化和氛围，鼓励其主动向他人共享知识；二是促进隐性知识向显性知识转换的管理，通过对隐性知识的分析、挖掘将之最大化地显现出来，方便他人利用。显性知识和隐性知识的比较如表 3 - 2 所示。

表 3 - 2 显性知识与隐性知识的比较 ❶

项目	显性知识	隐性知识
形式	可以用语言、文字表达的，显明的	难以表达、记录、编码，隐含的
性质	易于传播、共享、利用，多为理论知识	难于传播、共享、利用，多为实践知识
存储	存于文件、数据库、书籍等	主要存于人的大脑中
转化	通过理解、消化吸收，可以将 显性知识转化为隐性知识	通过比喻、类推等形象化的方式可以 将隐性知识转化为显性知识

对知识基本过程的管理主要包括知识生成管理、知识积累管理、知识交流管理、知识应用管理（柯平，2007）。①知识生成管理是解决知识来源的管理活动，包括知识获取和知识创新两个过程。知识获取主要是对显性知识和隐性知识的获取，显性知识的获取主要是通过获取存储显性知识的文档、数据库等，隐性知识的获取需要通过一定的机制将之显性化再进行获取。知识创新是在原有知识的基础之上，经过知识所有者和知识获得者大脑的思考、整合、开发，形成新知识的过程。②知识积累管理是整个组织扩充知识存量的主要途径，目标是将知识生成管理中获取和创新的知识进行相应的处理和安全保存。对于可以编码、结构化处理的显性知识来说，主要是将之存储于知识库之中，方便日后的访问和利用。隐性知识由于其隐含性和个性化的特点，因此基本上通过两种方式来对其进行存储：一是将之显性化，然后对显性化之后的显性知识进行相应的存储；二是通过专家系统或者智囊团的形式来管理隐性知识。③知识交流管理是知识利用者与知识源之间的桥梁和纽带。一般来说，知识交流的方式可以分为间接交流和直接交流两种。间接交流主要针对的是显性知识，知识利用者通过文档、书籍、报告等与显性知识的作者进行交流，而不是直接交谈；直接交流主要针对的是隐性知识，由于隐性知识传递的方式主要是通过言传身教的方式，因此需要利用者与知识拥有者直接交流。隐性知识的交流需要组织营造良好的共享文化和氛围。④知识应用管理是知识管理实现知识价值的手段。知识应用的管理主要包括构建知识分类体系和开发知识管理系统两个方面。详细、清晰的知识分类体系能够更好地、有针对性地为知识利用者提供其所需的具体知识；完善的、功能强大的知识管理系统能够有效地、及时地、准确地、安全地为知识利用者提供知识，便于其利用。这两者的最终目的是提高知识应用的效率，最大化地发挥知识的价值，增强组织的核心竞争力。

3.2.5 知识管理与信息管理

关于知识管理与信息管理之间的关系，学界主要有两种观点（丁蔚，2000）：一

---

❶ 徐拥军. 企业档案知识管理模式：基于双向视角的研究 ［M］. 北京：中国档案出版社，2009：59.

是认为知识管理是由信息管理演变而来的，信息管理是知识管理的基础，知识管理是信息管理的更高阶段；二是认为知识管理与信息管理有着明显区别，知识管理是随着社会的发展逐渐出现的一种新的管理思维，如表3-3所示。

表3-3　知识管理与信息管理的区别与联系

项目		信息管理	知识管理
区别	产生背景	1. 人类对有价值信息的需求是信息活动产生和发展的动力 2. 信息需求的不断增长与有价值信息的稀缺性之间的矛盾	1. 知识成为社会发展的重要资本和动力 2. 经济全球化 3. 信息技术的发展
	研究对象	信息、信息管理系统、信息技术	知识、人力资源、知识管理系统、信息技术
	核心问题	信息的组织控制与利用	知识的创新与增值
	最终目标	人们能够在特定的时间获取特定的信息	扩充知识存量、提升知识增量，最终解决用户面临的实际问题
	实现手段	信息的加工、存储、提供，以一、二次文献为主	知识的传递与共享，以分析报告、研究成果等知识性较强的三次文献为主
联系		两者作用基本一致，均能够满足人们通过获取信息和知识来解决问题的需求	
		两者对信息和信息技术的重视程度都较高，信息是知识创新的原材料，而信息技术是实现信息管理和知识管理的基本支撑要素	
		两者相互促进，信息管理为知识管理提供了良好的信息来源，做好信息管理是进行知识管理的基础；知识管理研究的相关成果又能够带动信息管理的研究	

3.2.6　知识管理的经典模型

知识管理中最经典的模型是由日本学者野中郁次郎提出的知识螺旋上升模型（SECI）。该模型的最初原型是在野中郁次郎和竹内弘高合作的著作《知识创造公司》（*The Knowledge – Creating Company*）中提出来的。SECI模型提出的理论基础是波兰尼的显性知识和隐性知识分类以及西田几多郎的场（Ba）的概念。SECI存在的一个基本前提是它认为人的学习成长和知识创新是在一个固定的文化背景和社会情景下进行的，人们想要完成上述活动需要与社会群体中的其他人进行交流，任何人的成长和创新均离不开群体的力量和集体的智慧（野中郁次郎等，2006）。

在上述理论基础上，SECI模型的具体内容指出知识在群体内的转化过程可以分为四个阶段：社会化（Socialization）、外化（Externalization）、组合化（Combination）和内隐化（Internalization）。这四个阶段对应的场景分别为：创始场（Originating Ba）、对话场（Interacting Ba）、系统场（Systemizing Ba）和练习场（Exercising Ba）。第一个阶段（社会化）主要是指个体之间隐性知识的互动、分享和学习。个体通过观察、模仿等方式习得他人的隐性知识或者通过自我的实践练习获得自身隐性知识的提升。由于个体是知识的主要载体，因此，社会化的过程是整个知识管理模型的起点。第二个阶段（外化）主要是指隐性知识的显性化过程，这一阶段的主要任务是如何将个体的隐性知识进行表达和转换，将晦涩的、难以表达的隐性知识以一种清晰化的、文字化的、比喻性的方式进行表示，这个过程也是诸多企业在知识管理过程中面临的主要难题。同时这个阶段也是将个体知识转化为团队知识的一个过程。第三个阶段（组合化）是指对已经显性化的零散的知识进行组合、汇总，形成知识库，建立起组织内部的知识体系，完成了从个体知识到组织知识的转化。第四个阶段是知识的内隐化阶段，是从组织的显性知识到个体的隐性知识的过程。这是建立在组合化之后的显性知识被组织成员吸收消化之后，个体隐性知识的升华过程。

以上四个阶段的知识转化是一个有机整体，是一个动态变化的知识创造过程，概括来说是高度个性化的个体隐性知识在经过概念化、文本化、具体化之后形成团队以及组织内部的显性知识，这些显性知识再在组织内部进行流通，被组织内部的各类个体吸收转化，形成组织知识的增值和个体知识的创新。同时，值得注意的是，知识的创造过程并不是一个平面循环的过程，而是一个螺旋上升、永不停息的过程。这样，组织的知识在一个螺旋中不断丰富和完善，由最初的矛盾场所、简单片面知识向追求真理、复杂全面知识进步。

SECI 模型虽然非常经典，被很多企业作为实施知识管理的理论基础，但它也存在一定的缺陷，需要进行相应的修正。第一，SECI 模型过度关注知识的创造，忽视了价值的实现。该模型往往关注的是一个创新性的观点或者想法的提出，而没有进一步讨论如何将这种想法和观点进行升华和价值实现。第二，SECI 模型关注持续性的改善，忽视了突破性的创新。该模型关注的主要是在组织运作过程中通过长期的经营实现知识的积累性创新，但是突破性的创新也非常重要，往往突破性的创新会造成质的变化。第三，SECI 模型强调的是人际互动，较少关注科技的驱动力量。这个缺陷和模型提出的历史背景有关，信息技术是近年来才凸显出来的要素。第四，SECI 模型关注实践智慧，但是忽略了广义的智慧，如理论方面的提升和升华。

针对上述不足和缺陷，笔者认为对 SECI 模型的修正应该从以下三个方面出发。一是进一步加大社会交互的广度，对 SECI 模型进行深化处理：一方面要注重对创新知识、想法、观点的实践和落地，注重知识价值的实现；另一方面不仅要关注知识的持续创造和改善，也要提倡组织内部个体对知识的突破式创新。二是要提升信息技术驱动的深度，充分利用 Web 2.0、人工智能、大数据、虚拟现实等信息技术，实现知识分享、知识创造的进一步提升。三是要注重哲学引领的高度，将东西方的哲学思想进行融合，在现有理论的基础上提出新的、有价值的知识管理理论。

3.3 知识分享及其影响因素

3.3.1 知识分享的概念解析

组织知识管理系统实现的功能中，知识分享往往是学界和实践界最关注的问题（Wang 等，2010）。员工的知识分享行为能有效扩展组织知识边界，帮助组织积极应对各种问题和变革，最终实现降低成本、促进创新、提升组织绩效的效果。相关研究已经证实了知识分享行为和减少组织生产的消耗、组织内新产品的开发效率、组织的绩效和创新能力以及企业的销售额等之间存在正向作用（Arthur 等，2005；Collins 等，2006；Cummings，2004）。知识分享行为虽然普遍被认为是一种自由裁量行为（组织公民行为）和亲社会行为，但是与其他的组织公民行为相比，员工更加难以做出知识分享行为。这是因为相较于其他的自由裁量行为，知识分享行为往往会给分享者带来更高的消耗和风险：一方面，知识分享需要分享者将自己独有的知识和技能进行转化、分解，形成接受者易于接受的知识类型，这个过程往往会消耗分享者大量的时间、精力和脑力；另一方面，很多员工认为如果把自己的知识无偿分享给他人会降低自己在组织中的竞争力，会威胁他们在组织中的地位（Cabrera 等，2005）。例如，有学者提出了一种知识分享的"社会两难境地"（Connolly 等，1992）。员工将自己的知识无偿分享在组织的知识管理系统中，任何组织成员都可以不受限制地随意获取该资源。这样会造成很多从来不分享自己知识的员工实现了知识获取的"搭便车"行为。长此以往，员工都不愿意再主动分享自己的知识，最终对组织知识管理和知识流动造成不利的影响。因此，可以看到，如何在组织中促进知识分享是一个非常具有挑战性的问题。相关研究人员亟须认真分析和研究哪些因素可以促进组织内部的知识分享，哪些因素会阻碍员工的知识分享行为，从而有的放矢地构建相应的激励模型去刺激组织成员进行知识分享。

知识分享是一个人际交互过程，指个体将自身知识转换为易理解、吸收和利用的形式，并传递给他人的行为（郝琦等，2019）。知识分享行为包括知识贡献者、知识内容、知识获取者以及知识分享环境四个必要的参与要素，如图 3-4 所示。一个完整的知识分享过程可以描述如下：首先是知识获取者提出知识分享的请求，或者主动向周围的人查找相关知识；其次是知识贡献者根据获取者的需求，将知识转化成知识获取者能够吸收和利用的形式，传递给知识获取者；最后是知识获取者通过自身的学习或者他人的指导，将传递过来的知识吸收和内化，成为自身的知识，进而能够利用这些知识处理相关的业务问题。而整个知识分享的过程是基于一定的分享环境的，这些分享环境可以直接影响知识分享的效果，也是绝大多数学者在知识分享领域致力于研究的问题。

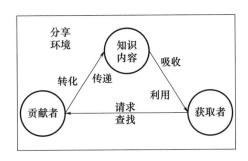

图 3-4　知识分享要素

知识分享是确保虚拟团队有效性的一个重要预测因素。虚拟团队成员想要提升自身的业务能力来高效完成团队分配的任务，应该考虑的是如何从其他知识渊博的员工那里获取知识（Pangil 等，2014）。在知识分享的过程中，知识贡献者对知识的编码、转化是知识分享能否成功的关键。知识编码是知识贡献者对知识进行显性化处理，将知识嵌入文档、数据库或者知识管理系统中的过程，进而能够便于知识在共享环境下使用（Brown 等，2013）。知识的编码对于知识分享是至关重要的，因为编码的过程实现了知识从知识贡献者中的分离，允许知识获取者可以独立于知识贡献者而进行自主的知识寻找（Hansen，1999；Snyder 等，2013）。对于显性知识来说，知识编码是最理想的一种知识分享形式（Abdul-Jala 等，2013；Goel 等，2014）。研究发现，编码化对内部知识转移具有显著的正向影响（Ding 等，2013）。当员工被问到显性知识的获取经验时，很多员工反映，当显性知识被文档化处理之后，就可以在任何需要这些知识的时候进行实时查询，促进整体的工作效率（Wiewiora 等，2014）。

与编码化相比，人性化是一种将知识链接到知识贡献者个人的方式（Hansen，1999）。虚拟团队的成员需要通过使用信息技术来对人性化的知识进行沟通和分享，但是很难对这些知识进行存储和整理。人性化的知识处理方式是基于个体的隐性知识而言的，这些知识很难被文档化处理（Lavtar，2013）。有研究表示，虚拟团队的成员认为只有将编码化和人性化的知识分享方案进行良性整合，才能够最大化地促进团队的知识分享（Chung 等，2015；Goel 等，014）。而且能够共享隐性知识的员工更加倾向于共享显性知识。例如，知识的获取者可以通过编码化知识分享方式将知识所在的位置进行定位，然后利用人性化知识分享方式与知识贡献者进行直接的沟通和交流，来获取更加隐性化的知识（Almeida 等，2014）。有研究显示，虚拟团队的成员从大型的报告文本中提取有效的知识是非常困难的，但是如果他们没有阅读报告，而是通过一个报告分享的简短会议来了解报告内容，让报告的共享者来对报告进行解读和分享，那么团队成员便可以有效、快速地获得相关的知识（Almeida 等，2014）。因此，知识分享的过程中如何能够有效地将编码化和人性化的知识分享进行动态的组合，形成一个知识分享的良性系统，对于组织内部的知识分享具有积极的影响。

3.3.2　知识分享行为的影响因素

目前在知识分享领域的研究中，绝大多数的研究者是针对知识分享的影响因素展开研究的。因此，本节笔者将重点考虑知识分享的影响因素。关于知识分享的作用机制，笔者将在第7章进行探索性的研究。

关于知识分享的影响因素，很多学者认为知识管理系统在促进组织内部知识流动上起着重要的作用，但是随着管理理念的不断更新，有学者逐渐认识到信息技术和通信技术构成的知识管理系统并不能完全确保知识分享的顺利进行（Lin，2007；Lee 等，2018；Pee 等，2017）。他们指出，组织中 90% 的知识是整合和嵌入在员工的头脑中的，真正影响知识分享的因素在于知识个体，而不是信息技术（Curtis 等，2018）。相关调查显示，企业中绝大多数主管认为在企业内部实施知识管理的主要障碍不在于技术因素，而在于人的因素，例如缺乏对知识管理效益的理解、缺乏交流和沟通、缺乏时间和精力、无法胜任当前的工作以及缺乏相关知识管理培训等（Cabrera 等，2006）。有的学者指出，无论管理系统或者信息技术设计得多么精致和完善，它们也只是能够解决部分问题，"知识管理的顺利实施绝对离不开广泛的行为、文化和组织方面的变革"（Davenport 等，1998）。因此，本书将研究的重心放在员工个体、组织文化等视角下的知识分享影响因素。目前关于知识分享行为影响因素的研究中，绝大多数学者是从个体层面的影响因素和环境方面的影响因素两个视角出发展开研究的。本研究将对上述两个视角下的影响因素进行全面系统的综述，以此来构建一个知识分享行为影响因素的理论模型。

3.3.2.1　个体层面的因素

1. 人格特质

第一，大五类人格。大五类人格（The five factor model，FFM）认为有五种普遍存在的人格特质，能够概括成人的基本人格领域。FFM 中包含的五个人格维度是情绪稳定性（相对于神经质）、外向性（相对于内向）、对经验的开放性（相对于经验的亲密性）、亲和性（相对于粗鲁性）和尽责性（相对于非可靠性）。情绪稳定的特征是个体稳定、可控、安全，而不是抑郁、焦虑、不安全和不稳定。外向的人被定义为善于交际，健谈，自信。对经验的开放性与可想象性、好奇心、艺术敏感性和原创性等特质有关。一个被定义为和蔼可亲的人，在别人看来是合作的、开朗的、支持的，而不是粗鲁的、好斗的和敌对的。有责任心的人被定义为可靠、勤奋、有成就和有组织。根据这五个维度，目前的研究主要考虑其中三个维度与知识分享行为有关：亲和性、尽责性和开放性。由于"亲和的人"被定义为"合作和支持的人"，研究认为他们更倾向于对知识的要求作出回应，甚至向他人提出自己的想法。尽责性可能与自愿寻求他人的知识有关，因为员工认为这些行为是他们职责的重要组成部分。开放性作为一个人的好奇心和原创性的反映，可以预测寻求其他人的见解（Cabrera 等，2006）。

第二，核心自我评价。本书在研究社会交换理论对知识分享行为的作用机制时会对核心自我评价中的两类人格特质，即一般自我效能感和内部控制源对知识分享行为的影响进行详细介绍。

2. 组织承诺

之前的研究将组织承诺定义为员工对组织的心理依恋程度和类型（O'Reilly 等，1986）。组织承诺一般分为三个不同类型：一是员工认同组织的目标和价值，并将之内化；二是员工愿意尽自己最大的努力来帮助组织实现目标；三是员工渴望继续成为组织中的一员（Mowday 等，1979）。有学者对组织承诺进行了更加深入的研究，并提出了组织承诺的三维度模型：持续承诺、规范承诺和情感承诺（Meyer 等，1991）。其中，持续承诺用来描述员工与组织的利益关系，表示员工需要给予组织承诺；规范承诺用来描述员工与组织之间的权利与责任关系，表示员工应该给予组织承诺；情感承诺则用来描述员工对组织的个人情感依赖，表示员工想要给予组织承诺。上述三种组织承诺中，有关知识分享行为研究最多的是情感承诺。本书在研究社会交换理论对知识分享行为的作用机制时会对情感承诺与知识分享行为之间的关系进行详细分析。

3. 组织认同感

组织认同感是指个体处于或者归属于一个组织的感受，在该组织中的个体认为他是组织的一分子，重点关注的是成员的归属感问题（Mael 等，1992）。人们往往偏好将自己归属于某一特定组织，以此更好地在特征、价值等问题上区别于其他人。组织认同是个体通过组织成员身份进行自我认知的过程，重点强调个体在自我定义过程中由"我"到"我们"的转变。当组织成员产生较高组织认同感时，会出现"去个人化"现象，从而表现出偏袒组织的行为（Hogg 等，2000）。因此，当员工认可自己的组织时，会将自己视为组织不可分割的一部分，能够将组织的成就与个人福祉紧密联系起来，进而转变看问题的视角，努力站在组织的角度做出相关行为，例如增强与他人合作的意愿、帮助他人解决问题、主动向他人分享知识等，以此来最大限度地帮助组织完成战略目标。研究显示，员工对组织的认同感越高，越有利于组织成员之间的知识分享，而且员工的组织认同感与其分享知识的数量和质量均为正向关系（Van Dick 等，2006）。

4. 组织公民行为

组织公民行为是个体在社会交换关系中提供的一种互惠行为（Lester 等，2008）。当一个员工对其他员工或者组织管理者的能力、善举和正直感到满意时，他就会做出相应的组织公民行为来回报这种值得信任的关系。由于公民行为是可选择的，因此当公民表现出高度的自觉性或利他性行为时，可以认为公民是全面的贡献者和积极的行为参与者（Khalid 等，2009）。由于知识管理行为一般被认为是一种类型的公民行为，因此，执行一种公民行为的虚拟社区成员可能会执行其他公民行为，例如知识管理行为。过去的研究发现，具有较高质量组织公民行为的个体往往具有较高的组织参与感，从而会导致较高的回报意愿，例如，在虚拟环境下做出更多的知识分享行为（Wasko 等，2005）。

组织公民行为是一组不同质的行为集合。其中利他行为表示合作和帮助他人的行为，往往会直接有益于个体，从而间接对组织作出贡献。而尽责行为则是另一种组织公民行为，这种行为会直接对组织产生有益作用。在这里，我们将深入探讨两种组织公民行为与员工的知识分享行为之间的关系。

第一，利他行为与知识分享行为。作为公民行为的一种形式，利他行为是指一个人试图以自己为代价来改善他人福利的自愿帮助行为。从博弈论的角度来看，利他行为受结果主义功利主义立场的影响，在需要的时候是为了得到回报。这种利他行为的观念可以适当地应用于虚拟社区环境中的自由裁量行为。组织成员会耗费自己大量的时间、精力和成本来贡献他们的知识和经验，以备将来在需要的时候得到他人的帮助。有学者认为利他行为是个体参与知识分享行为活动中的一个重要的驱动力量（Wasko 等，2005）。例如，有学者发现利他行为与信息共享是正相关的（Palmer，1991）。有研究表明利他行为能够激励业余程序员参与到开源项目之中（Hars 等，2002）。也有研究表明强调利他行为是点对点社区中知识贡献的一个重要的激励因素（Kwok 等，2004）。

第二，尽责行为与知识分享行为。尽责行为作为组织公民行为的另一个维度，是指那些超过组织规定的自由裁量行为（Organ，1998）。在本研究中，尽责行为可以被界定为一类自愿行为，包括花费超过平均值的时间、精力，通过自我强化来促进知识分享行为以及遵守组织的规则等。先前的研究表明，具有较高组织公民行为水平的个体能够拥有更加强烈的参与组织活动的意愿（Chen 等，1998）。因此，更有责任心的人更有可能分享知识。此外，一些学者还通过组织公民行为的视角考察了自愿参与知识分享的动机。例如，有研究通过组织公民的相关理论证实了在工作情境中，尽责行为和知识分享行为之间存在显著的正向关系（Lin，2008）。

5. 自我效能

第一，知识分享自我效能。自我效能感与人们对自己所拥有的技能能做什么的认知有关（Bandura，1986）。当人们分享对组织有用的专业知识时，他们就会对自己能做什么获得信心，这样就能增强个体的知识分享自我效能感。这种感受的不断出现可以促使知识分享者更加愿意分享自己的知识。知识自我效能感通常表现为人们相信他们的知识能够帮助他人解决与工作相关的问题、提升工作效率以及改变他们在组织中的地位（Wasko 等，2000）。相反，如果人们觉得他们缺乏对组织有用的知识，他们可能会拒绝向组织贡献知识，因为他们认为他们的贡献不能对组织产生积极的影响。因此，知识分享自我效能是促进知识分享的一个重要个体层面因素。本书在研究个体环境匹配理论对知识分享行为的作用机制时会对知识分享自我效能与知识分享行为之间的关系进行更加详细的论述。

第二，感知自己的价值。当员工发现他们通过贡献过去的知识而提高了组织绩效时，就形成了自我价值感（Bock 等，2005）。有的研究表明当个体使用过企业知识门户时，其自我价值感会正向影响其知识分享态度（Kwang Wook 等，2011）。

6. 资源消耗感

第一，情绪耗竭。当员工在工作场所的人际交往中，情感需求超出其承受能力时，就会出现情绪耗竭。情绪耗竭是指一种由工作场所的压力源引起的紧张感（Cropanzano 等，2003）。情绪耗竭往往是因工作上的问题而产生的情绪低落、精疲力竭的感觉。有研究表明，经历过情绪耗竭的人往往会从自己的任务中抽身出来，试图只完成那些专门分配给他们的任务（Bakker 等，2004）。有关压力方面的文献表明，情绪耗竭驱使下属通过不过度使用自己的资源来保存他们所拥有的资源，导致他们减少了对自由裁量行为（例如知识分享行为）的参与。例如，有学者的研究证明了情绪耗竭的员工可能会减少他们在人际促进和工作奉献方面的努力（Aryee 等，2008）。有研究发现情绪耗竭与员工的组织公民行为负相关。这些发现表明，情绪耗竭的员工试图减少资源损失，重新掌控自己的处境，从而减少各类自由裁量行为，如知识分享行为（Cropanzano 等，2003）。

第二，个人竞争力降低。研究表明，通过贡献一部分独特的知识，知识分享者会放弃从这些知识中获得的相关利益（Gray，2001）。因此，知识分享者将保留较少的专有知识，而这些专有知识可以是证明他们在组织中地位的重要因素。从这个角度来看，这可能会降低知识分享者在组织中的权力地位，使得他们有被他人替代的风险。由于知识被视为权力的源泉，知识分享者可能会担心如果其他人知道他们所知道的，他们就会失去自己的权力或价值。如果潜在的知识分享者觉得他们可以通过储存知识而不是分享知识来获得更多的利益，他们可能更加倾向于保存自己的知识而不是分享出去（Davenport 等，1998）。因此，害怕个人竞争力降低是阻碍员工知识分享的一个因素。

第三，知识编码造成的时间、精力的消耗。知识分享的过程涉及知识的解释和编码，这些会给知识分享者带来时间和精力上的额外成本。在编码知识的过程中需要的时间可以看作一种机会成本。有研究发现在某些情况下，人们倾向于为了避免消耗较高的机会成本而放弃分享自己的知识（Orlikowski，1993）。人们往往会因为害怕花费额外的时间而不愿意使用知识管理系统。同时，在分享自己的知识之后，可能会受到来自知识接受者的额外的澄清和帮助请求，这将占用分享者更多的编码时间（Goodman 等，1998）。因此，知识编码造成的时间、精力的消耗也是阻碍员工进行知识分享的一个因素。

7. 个体期望

第一，期望得到名誉。根据社会交换理论，给予别人很多的人也想从别人那里得到很多。这种预期的回报可以是物质的，也可以是非物质的。非物质奖励包括获得认可、威望或他人尊重。更具体地说，当个人意识到自己的社会地位和声誉得到提升时，他们会愿意分享自己的知识。有学者研究表明，当个人意识到积极参与在网络论坛中的交流和分享会提高他们在网络上的声誉，这样他们就会得到激励，从而主动贡献他们的知识（Wasko 等，2005）。

第二，期望得到良好的人际关系。研究表明，当个体相信他们可以通过知识分享来维持和改善他们的人际关系时，预期的互惠关系就会出现（Bock 等，2005）。因此，当员工认为与其他员工分享知识可以改善与他人的关系时，他们会有更积极的知识分享态度。

8. 心理安全

心理安全是指能够展示和运用自己，而不用担心自我形象、地位或职业带来的负面影响（Kahn，1990）。它是一种个人的心理状态（而不是一种个人特质），人们相信周围的人际环境没有威胁，他们不会因为表达自己而感到尴尬或受到惩罚。这一定义表明，心理安全是与情境相关的，尤其是当个体对参与某些行为可能会危害到他们的个人利益或福祉时，最容易表现出来消极的心理状态（例如，某种行为可能会导致潜在的负面结果时）。具体来说，当一个人的心理安全程度高的时候，他就会认为自己的行为是安全的，不会造成负面的后果。这反过来又会让这个人维持他的行为，比如提高建言行为和自我表达行为。许多研究表明，心理安全是影响组织中各种员工参与行为的重要因素。例如，心理安全被视为提高员工个人工作投入水平和促进个人自我表达行为的因素（Kahn，1990）。此外，研究发现，心理安全可以促进团队中的学习行为，因为它减轻了其他成员对他们的学习行为做出消极反应的担忧（Edmondson，1999）。笔者认为当成员感到心理安全时，他们会更愿意表达自己，展示他们的专业知识，并与他人分享他们的知识。换句话说，他们认为即使他们分享的知识没有被很好地接受，他们的分享行为也不会导致负面的后果，例如丢脸、羞辱或被给予较差的绩效评估等。因此，心理安全与否是影响员工分享知识的一个重要因素。

3.3.2.2　环境层面的因素

1. 组织支持

能够感受到来自组织的支持是员工分享知识的一个重要激励因素。目前有关组织支持感最权威的解释来自学者埃森伯格等（Eisenberger 等，1986）提出的组织支持理论，该理论认为组织支持感是指员工对组织是否认可和重视其贡献以及是否关注其福利待遇的总体觉察和感知。员工的组织支持感主要来源于两个方面：一是领导的支持，二是同事的支持。员工可以从上述来源获取情感、物质、信息以及评价等多种类别的支持。根据组织支持理论，具有较高组织支持感的员工通常会认为当他们遇到工作、生活、情感等各种压力和问题时，能够及时获得组织的关心和帮助，同时将更愿意相信雇主会认同他们的努力并会满足他们在尊重、认可、关爱等社会情绪方面的需求（Eisenberger 等，2002）。员工的组织支持感会对其工作态度和行为产生一系列积极影响，并已经在西方社会和中国情景下得到了广泛证实。有学者将上述积极影响的产生原因归纳为以下三种机制：一是由社会交换理论带来的责任意识，二是由社会认同理论带来的组织认同，三是由期望理论带来的个人成功期望（Yu 等，2013）。第一，根据社会交换理论和互惠行为模式，当员工感受到来自组织的支持时会在两者之间形成一种社会交换关系，员工会在组织的支持下产生一种对组织的责任感，此时员工认为自己有义务主动做出对组织有利的行为，以此来实现组织的战略目标。第二，组织支持感附带的关心、认可、尊重等情感会较好地满足员工的社会情绪需求，进而增强员工对组织的认同感，促使员工与组织之间形成更加牢固的情感纽带，激发员工努力工作以达到甚至超出组织的要求。第三，当员工感受到组织的支持和关爱时会对自我价值产生认可，组织支持感会增强员工对自我能力的信念，从而提高对自己工作成功的期望。根据期望理论，较高程度的内在工作成功期望会促进员工工作绩效的提升，甚至会出现超水平的工作表现。因此，当员工感受到来自组织的支持之后，会对组织回报这样的支持，表现为做出一些对组织有利的行为，例如知识分享行为。

2. 组织文化

（1）合作规范。合作规范是指组织内的成员之间合作的共同价值。团队中的合作规范通常包括评价和回应多样性的意愿、对批评思想的开放性以及互惠与合作的期望（Leonard - Barton，1995）。团队规范指导个人行为，不仅定义什么是恰当的，什么是应该避免的，还提供有组织的、可解释的信息提示。团队中合作的共同价值将会在组织中形成一种合作共享的氛围，即个体对其他成员期望的感知与彼此之间的知识分享。合作规范中嵌入的互惠为组织成员提供了一些保证。从长远来看，他们的知识分享可以从其他人那里得到回报，尽管这样的回报可能不是直接的。因此，合作规范对于员工知识分享具有正面作用。

（2）主观规范。主观规范是指在多大程度上，一个人相信那些对他的行为施加压力的人期望他能够做出相关的行为（Cho 等，2007）。主观规范在以往的研究中已被发现是影响个体行为意愿的一个重要因素。主观规范越强，行为意愿也越强。研究还发现，主观规范是影响个体知识分享意愿的重要因素（Luo，2009）。也有学者（Bock 等，2005）发现主观规范是影响知识分享意愿的重要因素。

（3）分享氛围。分享氛围是组织内知识分享的一个重要条件。分享氛围主要是由公平性、创新性、认同性以及开放性等元素构成的（Pi 等，2013）。

（4）创新氛围。创新氛围是知识分享行为的一个重要促进要素。本书在研究个体环境匹配理论对知识分享行为的作用机制时深入分析创新氛围如何影响员工的知识分享行为。

（5）组织信任。组织内的信任氛围是知识分享行为能够良好实施的一个重要前提。在组织情景之下，信任可以理解为愿意相信或者依赖其他个体的心理状态（Mayer 等，1995）。信任是组织中知识流动的最重要因素，也是构建良好人际关系的前提。一般来说，信任的概念是一组具体的信念，主要涉及另一方的善举、能力和正直（Mayer 等，1995）。善举是指一方对另一方做出有利行为的意愿。能力是对受托人履行委托人所期望的义务的能力或技能的信任。正直是一方对另一方始终依赖于社会公认的行为准则的期望。当人们之间充满信任时，他们更加倾向于做出合作性的交互，从而有效促进他们之间的知识分享（Levin 等，2004；Szulanski 等，2004）。根据社会交换理论，信任能够有效形成并维持社会交换关系，从而促进随后的知识分享行为。此外，信任还能够有效降低虚拟社区环境带来的典型负面影响，例如成员之间的不确定性、模糊性以及信息不对称性（Kimmerle 等，2007）。

信任在一个团队中具有重要的作用，主要表现在"信任是将社区成员以共享和适应的方式联系在一起的黏合剂。没有信任，成员们就会贮藏他们的知识和经验，因而也就不会经历与他人分享知识或向他人学习知识的麻烦。"（Nichani 等，2002：51）信任是有效沟通的关键，信任能够提高对话和讨论的质量，从而强化知识分享行为和承诺关系，这种情况在虚拟环境下也同样适用。目前已经有大量关于信任与知识分享行为之间关系的研究。例如，金默尔等（Kimmerle 等，2007）研究发现，参与者对自己的伴侣往往有更高的信任。在信息交换困境中，高人际信任的参与者比低人际信任的参与者更愿意合作。但是，目前的相关研究还存在一个空白，那就是有关不同参照的信任（例如对管理者的信任和对组织成员的信任）与知识分享行为之间的关系还没有得到充分的研究。

许多学者都指出信任是一种影响知识分享的关键机制，组织成员之间的信任水平会直接影响他们分享知识的意愿和能力（Pangil 等，2014；Pinjani 等，2013）。团队成员能够遵守团队的各项规章制度也是成员之间产生信任的一个关键因素。在这里笔者将从信任对象不同的视角出发来分析信任对知识分享行为的影响。根据对象的不同，笔者将信任主要分为对管理者的信任和对同事的信任两种。其中笔者将在第7章对同事的信任进行详细论述。这里将以虚拟社区管理者为例来重点分析对管理者的信任如何影响员工的知识分享行为。

虚拟社区中管理者的作用主要有以下六个方面：①作为一个系统管理员来保持论坛的正常运行；②添加和引导新成员；③存档信息；④作为协调人，提供行政支持；⑤禁止或规范不适当的网上行为；⑥根据论坛成员的要求提供其他的帮助和鼓励（Paulsen，1995）。鉴于虚拟社区的环境下缺乏面对面交流所需的视觉和话语行为，因此，想要创建成功且可持续的虚拟社区的一个有效方法便是设置虚拟环境下的经理或者审查员来执行传统环境下经理的职能。对虚拟社区管理者的信任界定为（Chiu 等，2006）：虚拟社区中成员对管理者能力的信念（即对社区的管理能力），认为管理者是善意的（即认为管理者能够关心成员的需求），以及认为管理者是正直的（即不利用他人）。尽管现在已经有大量的研究认为对领导的信任与组织公民行为之间具有显著的关系，但是针对虚拟环境下两者关系的研究比较少。员工往往会对其领导的各方面特征（例如，正直、可靠、公平和能力等）进行仔细揣测，从而影响自身的绩效水平或者工作态度（Dirks 等，2002）。领导与成员之间的关系是一种建立在社会交换理论基础上的关系，对组织公民行为具有重要的影响作用。根据社会交换理论和互惠理论，对组织管理者具有较高信任的员工往往能够做出更多组织期望的行为。也就是说，这样的人更愿意花时间和精力在虚拟环境下做出知识分享行为和表现出高于平均水平的尽责行为。因此，从理论角度来看，对管理者的信任往往能够激发个人在各类组织环境（包括虚拟环境）下的自觉性和尽责性，进而主动做出更多的角色外行为，比如知识分享行为。

（6）成员之间的交换（Team - member exchange，TMX）。TMX 是评估成员和其团队之间的互惠关系的一种方法。因此，团队成员交换关系的质量表明了成员与对等团队的工作关系的有效性（Seers，1989）。团队在组织中被广泛使用，这些亲密的同事关系可以对员工的工作态度和行为产生强大的影响。社会交换理论认为人们参与交换行为的原因是他们相信自己的回报肯定能够证明他们的付出。对于归属感强的个体而言，参与组织公民行为可能成为回报同事帮助的重要方式。研究结果表明，有强烈交换倾向的人比那些交换倾向低的人更有可能回报他人的善举（Settoon 等，2002）。研究认为，当员工的工作在一个 TMX 氛围较好的组织中，可能更愿意向同事提供帮助行为，而感知到组织的 TMX 氛围较差时，员工更可能囤积自己的信息，以此来最小化在交流中产生风险的可能性（Liu 等，2011）。因此，笔者认为高质量的 TMX 有利于员工分享知识。

（7）个体主义和集体主义。个体主义描述了人们将个人目标置于更大的社会群体（如组织）目标之前的倾向。而集体主义文化中的个人倾向于优先考虑他们所属的更大的集体或群体的目标，会促使个体做出服务社区或者社会的行为（Hofstede，2001）。个体主义文化的成员认为自己是独立于他人的；而集体主义文化的成员则认为自己是与其他成员相互依存的，在许多情况下是与某个特定群体的成员相互依存的。巴加特等（Bhagat 等，2002）认为，集体主义文化和个体主义文化的成员在处理信息和构建知识时会采取截然不同的方式。例如，在个体主义文化中（如美国），个人倾向于独立于上下文来看待每条信息，强调书面和编纂形式的信息，并且更容易接受这些信息。而集体主义文化（如中国）的成员习惯于在信息中寻找上下文线索，往往忽视书面信息。研究表明，在集体主义文化的群体中，个体更不愿意与组织或者团队外部的人群分享知识，而个体主义文化则不会出现这种情况（Ardichvili 等，2003）。

3. 组织公平

组织公平是组织研究中最常见的一个概念，指的是在绩效评估的结果和过程中的公平感受（Cropanzano 等，1997）。组织公平可以分为四个不同子类：分配公平、程序公平、人际公平和信息公平（Adams，1965）。分配公平关注的是结果的公平性。程序公平强调制定分配结果的决策过程的公平性。人际公平反映的是个人被他人以礼貌、尊重和友好对待的程度。信息公平是指向个人提供有关如何决策和如何分配结果的信息或基本原则的公平程度。组织公平对于社会行为具有重要的决定作用。根据不确定管理理论，在不确定的环境下，尤其是该研究中的虚拟环境下，组织公平对于人们来说是必需的，因为公平决策是一种有效的、现成的组织机制（Van den Bos 等，2002）。与传统组织相似，在虚拟环境下，管理者在履行自己的权利时比虚拟社区中的其他成员更加有利于了解决策制定的过程和信息，这种情况会导致领导和员工之间的信息不对称，从而导致公平成为虚拟组织中不可或缺的一种机制。

当前的很多研究认为组织公平是信任关系建立的一个很重要的前提，而信任又被看作知识分享的一个重要驱动要素。例如，有学者认为公平可以促进组织成员之间建立信任，从而有利于克服组织中的知识分享困境现象（Bock 等，2005）。也有研究表明公平和员工对领导的信任之间具有积极的关系，同时，在公平的子类中程序公平和员工的态度（例如信任）之间具有最显著的正向关系（Kernan 等，2002）。

此外，从建立关系的角度来看，当组织中的个体感知到结果的公平性（即分配公平）及人际待遇的公平（即人际公平）时，他们更可能通过分享知识来回报，这反过来又加强了成员之间的信任。从领导成员交换的角度来看，当个人认为决策程序是公平的（即程序公平）以及有关决策程序和结果分配的信息是充分的（即信息公平）

时，他们往往对结果更满意，对管理者的能力、人品更有信心。接下来笔者将分别分析不同类型的公平与员工知识分享之间的关系。

（1）分配公平与成员之间的信任以及成员的知识分享。组织成员通常会衡量自己的付出（如时间、精力或者帮助行为等）与其获得的收益（例如效益、知识的获取等）之间的关系。如果他们认为自己的付出过多，得到太少，这种不公平感会对他们的一些行为和态度产生负面影响。因为，在组织情境下，尤其是虚拟组织成员之间的相互作用和依赖是自我导向的，分配公平可以有效地影响团队成员之间的信任，当团队成员之间建立了较为牢固的信任时，成员之间的知识分享行为会变得更加频繁。

（2）程序公平与对管理者信任以及成员的知识分享。过去的研究表明程序公正可能减少不满意结果的影响，尤其是不平等的结果。对组织成员来说，决定结果的过程可能比最后的决定更重要。如果组织的管理者能够基于公平的政策和程序认真处理出现的各类问题时，成员往往能够获得更好的体验。在以往的实证研究中，学者们发现程序公平与组织成员对团队领导的信任之间存在积极的联系。结合上文关于组织成员对领导者信任对知识分享行为的影响的分析，我们可以认为程序公平可以通过影响员工对管理者的信任来激发其知识分享行为。

（3）人际公平与成员的知识分享。有研究指出人们在很大程度上是通过他们受到的人际待遇来衡量他们对组织公平的认识。人际公平包含敏感性和解释性两个维度。利德（Lind，2001）指出对某个个体的尊重往往会影响其对公平的评价。在虚拟社区中，被他人粗鲁对待或侮辱的成员可能会认为这种行为是不公平和不受欢迎的。研究认为人际公平对于员工的态度和行为具有显著的影响。从社会交换的角度来看，人与人之间的公平导致了信任的发展，这反过来又鼓励了进一步的互惠，导致交换关系的稳定，并最终触发积极的行为，如知识分享行为。

（4）信息公平与员工的知识分享行为。信息公平可以为虚拟社区中成员经历的某个程序提供基本的依据和彻底及时的解释。有学者提出信息公平与成员对管理者的信任之间存在正向关系（Kernan 等，2002）。关于系统级权威信任的研究指出，程序正义和信息正义都是管理信任的重要预测因素（Colquitt 等，2001）。在虚拟环境下，如果管理者能够清晰地说明其某项决策是如何作出的，可以很大程度上减轻成员的困惑。这样会大幅度增加成员对其领导在正直、能力以及善意方面的信任程度，从而有效促使员工做出多种有利于组织的行为，例如知识分享行为。

4. 领导力

（1）辱虐型领导。辱虐型领导是一种破坏性领导力，具体是指下属对自己的领导长期敌对的行为或者非语言行为（不包括身体接触的行为）的感知程度（Tepper，2000）。下属在辱虐型领导的影响之下，可能会经历价值资源的实际损失，或感受到来自上司的虐待或敌意而造成的资源损失的威胁。上司的虐待行为，比如大喊大叫、以"丢饭碗"威胁和恐吓员工，以及咄咄逼人的眼神接触，都可能导致下属感到失控。研究表明，受虐待的员工往往会因为个人控制力减弱而感到沮丧，并努力恢复个人自主性（Ashforth，1997）。在应对辱虐型管理行为时，员工可能会为了保护自己的资源而选择尽量减少做出他们有决定权的行为，例如知识分享行为。鉴于知识分享涉及专业知识、技能和信息的分享，那些没有得到上司充分支持的员工可能会自行决定保留他们的知识。此外，持续的辱虐管理可能导致个人专注于保存和保护其剩余资源，以避免造成进一步的资源损失。

（2）变革型领导。变革型领导激励追随者超越自身利益，认同更高层次的愿景和目标（Bass，1985）。目前，有关变革型领导的维度划分有很多不同的方式，笔者依据之前学者的研究，将变革型领导划分为阐明远景、智力激励、高绩效期望、培养协作、提供适当的角色模范和提供个人支持六个不同的维度（Podsakoff 等，1990）。目前已经有很多证据表明变革型领导与知识分享正相关（García – Morales 等，2008）。变革型领导的多个维度均对知识分享具有促进作用，例如，清晰地表达对集体的富有挑战性的愿景，能够有效鼓励组织的智力发展，并给予员工个性化的关注，这样有利于激发员工分享知识的意愿。很多研究也表明，变革型领导可以通过影响员工对组织的信任或者员工和领导之间的交换水平来促进员工分享知识（Lee 等，2010）。因此，笔者认为变革型领导是促进知识分享的一个重要环境要素。

（3）真实型领导。真实型领导是一种具有高度自我意识的领导类型，可以制定平衡化的决策和构建透明化的交流氛围，并能够优先做出有利于团队利益和员工开发的行为（Eduvalsania 等，2016）。真实型领导主要包括四个要素：一是自我意识，即能够很好地意识到自己的能力、价值以及对下属的影响；二是平衡加工，即在制定决策之前不会扭曲、扩大或忽略客观的信息；三是道德内化，即所有行为均是以道德信念和道德标准为基础的；四是关系透明，即与下属之间保持着真挚的、开放共享的关系。研究发现真实型领导对员工的工作满意度、绩效水平以及组织公民行为等均具有显著的积极作用（Walumbwa 等，2008）。由于真实型领导主要服务于团队的整体利益，他们能够主动与下属分享自己的信息，从而为下属树立良好的榜样和为团队营造开放交流的氛围，最终激励员工做出主动合作行为和分享知识行为。同时，真实型领导还可以为员工提供拓展自己知识、获取新技能的机会，进而增强下属的团队合作自我效能，促使其隐性知识的显性化，方便员工之间的知识交流和分享。有研究指出，真实型领导可以有效管理团队成员，对下属的参与性和沟通能力有较好的指导作用，帮助团队构建良好的工作氛围，提升下属的团队合作能力（Avolio 等，2005）。

（4）领导成员交换。笔者在研究社会交换理论对知识分享行为的影响机制时会重点论述领导成员交换与知识分享行为之间的关系。

5. 工作设计

工作设计对知识管理行为具有显著的影响。本书在研究个体环境匹配理论对知识分享行为的影响机制时会重点分析工作自主性、任务同一性和技能多样性与知识分享行为之间的关系。

笔者在这里将补充一种工作设计即工作反馈对知识分享行为的影响。工作反馈是对员工的动机、满意度和绩效很重要的另一种机制。哈克曼等（1975）认为，将收到反馈作为工作自然部分的员工往往会体验到更加积极的结果。工作设计和特征理论也强调了其他类型反馈的重要性，比如来自经理和同事的反馈。当员工受到反馈的激励时（例如评估和认可计划），他们会以特定的方式获得有吸引力的评估或认可。与知识分享绩效相关的反馈机制，如认可和绩效评估，可能表明知识分享对组织的重要性和价值，从而对参与知识分享的动机产生积极影响（Cabrera 等，2005）。

6. 组织奖惩设计

根据期望理论（Vroom，1964），执行某一行为的意愿部分由结果期望决定。一个人感知到的与某一行为相关的积极结果越多，他就越倾向于做这一行为。因此，组织往往会通过实施额外的多种形式的奖励制度来鼓励员工进行知识分享，这些奖励包括增加收入、增加奖金、确保工作的安全性以及提升职位等。一些咨询公司已经将知识分享作为员工绩效评估的基本标准（Davenport 等，1998）。在有些情况下，员工因为贡献知识而享有更好的工作保障（Hall，2001）。因此，合理有效的组织奖励设计可以促进员工分享自己的知识。

7. 组织架构

当前关于组织架构和知识分享之间关系的研究主要体现在集中化、正规化和基于绩效的奖惩系统三个维度上。

（1）集中化和正规化的负面作用。目前有关组织架构和知识分享行为关系的实证研究较少，但是很多学者从理论角度分析了两者之间的关系。例如，有学者指出许多政府机构的等级结构限制了员工之间或员工与管理者之间的知识交流活动（Creed 等，1996）。还有学者认为集中化可以减少一个单位在单位间交换中的主动性，从而减少与组织内其他单位分享知识的兴趣（Tsai，2002）。集中化程度是指权力和权威集中在组织高层的程度（Hall，2002）。

正规化程度是指组织活动在有关程序、工作说明、规章和政策手册的书面文件中体现的程度（Hall，2002）。学者们注意到有效的知识管理需要高度的灵活性和较少强调工作规则（Holsapple 等，2001）。达曼胡尔（Damanpour，1991）发现低正规化通常代表着开放和变化，这在一定程度上鼓励了新的想法和行为。耶尔文佩等（Jarvenpaa 等，

2000）也注意到缺乏正式的结构往往有利于组织成员能够相互沟通和互动来创造知识。因此，强调集中、规章制度和控制系统的组织结构可能成为在组织中创建知识分享社区的障碍。

（2）基于绩效的奖惩系统的正面作用。组织的奖励系统决定了知识的流动和获取。一些研究人员已经注意到激励系统在激励员工产生新知识、分享现有知识和帮助其他部门或部门员工方面的效用（O'Dell 等，1998）。尼利（Neely，1998）指出了基于绩效的奖惩系统的主要功能：一是增加目标环境中所有组织单位之间的参与和沟通，二是收集、处理和交付有关组织单位、活动、过程、产品和服务的绩效信息。因此，当员工明白，知识分享有助于他们更有效地工作、保住工作和促进他们的职业发展和获得绩效奖励以及个人认可时，他们就会做出更多的知识分享行为。

8. 技术、系统环境的影响

知识分享需要某些工具来进行交换，而促进组织中知识分享的工具和系统通常被称为知识管理系统（Davenport 等，1998）。现有的研究中一般从可用性和内容的质量两个方面来衡量知识管理系统对知识分享行为的影响。可用性是指每个个体感知的知识管理系统的可访问性。无论一个人多么积极地向他人提供新想法或请求他人的建议，只有当这个人意识到有适当的知识管理工具来支持这种交流时，他才有可能这样做。可用性观念不仅是由知识管理系统是否事实上存在决定的，而且还由以下要素决定：知识管理系统的存在目的是否与员工交流清楚、知识管理系统的用户界面交互性和可用性如何、是否存在任何可能的访问困难和必要的计算机技术或通信连接等（Cabrera 等，2006）。即使一个人觉得知识管理系统使用很便利，但是如果他认为系统上的知识内容不值得花时间去访问，那么系统的作用仍然微乎其微。如果一个人对知识管理系统上的内容感到失望，他将对该系统产生负面印象，从而很可能失去参与其中的兴趣。因此，内容质量应该会对个体的知识寻求产生影响。同时，内容质量还会影响潜在知识分享者的分享意愿。如果一个人觉得知识管理系统的内容是特殊的、有趣的、价值高的，那么他很有可能会鼓励自己去贡献知识，因为这样做有助于在组织内树立一个积极的个人专业形象（Cabrera 等，2005）。

3.3.3 知识分享行为的影响因素框架

通过对知识分享行为的影响因素进行分析，笔者将这些因素进行归纳，同时将这些因素影响知识分享行为的理论基础进行整合，形成了图 3 - 5 所示的知识分享行为影响因素的理论框架。该框架分为三个层次，分别是个体影响因素、环境影响因素和影响理论，其中一个影响因素可能会同时受到多种理论的支持。这个框架是一个全面的、综合的影响因素框架，对于我们理解知识分享行为的影响因素具有指导性的价值。本书将在这个框架的基础上，结合虚拟团队环境的自身特点，在下一节提出一个多重理论视角下的虚拟团队成员知识分享行为的影响因素和作用机制模型。

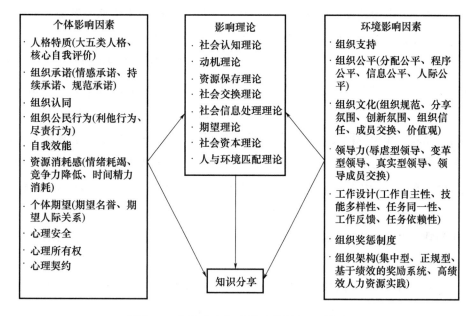

图 3 − 5　知识分享行为影响的因素理论框架

3.4　知识隐藏及其影响因素

3.4.1　知识隐藏的概念辨析

知识隐藏在很多领域得到了专家学者们的关注，例如在人力资源管理领域、组织行为领域以及旅游管理领域。关于工作情境中的知识隐藏，研究最多的是在知识管理领域。发表知识隐藏研究成果最多的期刊是《知识管理杂志》（*Journal of Knowledge Management*）。早期关于知识隐藏的研究主要集中在科技领域，主要涉及科研工作者之间相互隐藏自己获取的科研数据。而知识隐藏之所以能够出现在科研领域，原因在于科研领域是知识密集的领域，知识是该领域获取成功的最关键因素（Xiao 等，2019）。由于信息时代的到来，21 世纪初，学者们更加关注如何促进员工在组织内部的知识分享。随后，大量的学者开始关注知识的保留行为和反生产知识行为。基于这样的研究基础，学者康奈利等（Connelly 等，2006）在 2006 年开始关注知识隐藏行为，他们在一场国际学术研讨会上正式将知识隐藏与其他的失能（dysfunctional）知识行为区分开。最终，在 2012 年，康奈利等（2012）正式提出了知识隐藏的概念，并提出了测量知识隐藏的一组问卷。在此之后，知识隐藏在知识管理领域正式成为一个独立研究的构念和主题。

康奈利等（2012）将知识隐藏界定为"一个个体故意隐瞒或者隐藏另外一个个体所要求的知识的行为"。在工作场所中，知识隐藏关注的是一个员工向另一个员工提出特定的知识要求的情况。例如，一个员工可能向自己的同事请求一份报告的副本，但是同事可能说这份报告是保密的，因此他拒绝分享这份报告的副本。在这个例子中，即使被要求的同事没有故意去欺骗请求者，请求者想要的知识也根本没有出现。此外，同事可能提供一部分但不是全部的知识，这种情况就很有可能出现主观的欺骗情况。因此，知识隐藏并不会总是出现欺骗，而且有时候管理者并不认为隐藏知识属于欺骗的范畴。此外，知识隐藏还有可能是"善意的谎言"，隐藏知识是出于某些积极的、善意的意图，比如为了保护对方的感情、特殊情况的保密或者第三方的知识产权等。因此，康奈利等（2012）强调知识隐藏并不一定是一个完全消极的行为。值得注意的是，上述例子中知识的要求来自某一个个体，而不是一个团队或者组织，所以，本书中给出的知识隐藏具体为个体之间的二元关系，这种二元交互是知识在组织内部进行转移的主要方式。

康奈利等（2012）将知识隐藏进一步细分为装聋作哑、含糊隐藏和合理隐藏三种类型。其中，装聋作哑是指隐藏者谎称自己没有所要求的信息或完全忽略他人的知识请求；含糊隐藏是指人们提供不完全的信息或含糊地承诺在不久的将来会有一个完整的回应，但并不打算实现这个承诺；合理隐藏是指当一个人无法提供所要求的知识时，找到一个理论来指责对方，认为自己不提供知识是对方的某些行为造成的。尽管知识隐藏可以分解为三种不同的形式，但是无论是何种理论，最终会对组织造成一样的负面效果，即知识需求者的请求被无情拒绝了。这种拒绝会导致其他员工选择无效的工作方式，甚至作出错误的决策，最终对个人和组织产生不利影响。其中装聋作哑和含糊隐藏包含欺骗的成分，往往与负面组织结果相关，而合理隐藏并不包含欺骗成分，因此，有研究认为合理隐藏可能会产生一些积极的影响。

3.4.2　知识隐藏与其他知识相关行为的比较

知识隐藏和知识分享并不是一个知识行为连续体的两端，缺乏知识分享并不一定代表知识的隐藏（Xiao等，2019）。知识没有分享成功可能是多方面的原因造成的。例如，员工并不能提供他们没有的知识。在这种情况之下，员工并不是想要故意隐藏知识。也就是说，知识隐藏行为并不包含以下情况，比如由于错误、事故或者忽略而造成的不分享知识。从赫茨伯格的双因素理论来说，知识分享和知识隐藏背后的影响机制是完全不同的，其中知识分享与不分享之间的转变主要是由激励因素来发挥作用，而知识隐藏与不隐藏之间的转变则往往是保健因素在发挥作用。

此外，和知识隐藏密切相关的知识相关行为还包括知识贮藏（knowledge hoarding)、知识阻抑（knowledge withholding）和知识沉默（knowledge silence）。其中知识贮藏是指积累知识的行为，这些知识未来可能会被分享出去，也可能不会被分享（Lin等，2010）。知识贮藏与知识隐藏虽然都有隐藏知识的含义，但是知识贮藏区别于知识隐藏的最大之处在于贮藏的知识并不一定是其他个体需要的，而且不一定会被其他个体索取。因此，知识隐藏的目的性更强，实施知识隐藏的方式也可能更多。

知识阻抑是指个体在多大程度上对其他组织成员的知识分享要比他们所能够分享的少（Lin等，2010）。这个构念的范围相对要大一些，包括有意识的知识隐藏，也包括无意识的知识贮藏。因此，知识隐藏可以看作知识阻抑的一种类型。

知识沉默是指员工故意隐瞒看似有意义的信息，包括问题、关切或者建议等（Brinsfield，2013）。知识沉默和知识隐藏在组织中都是不受欢迎的行为，但是它们也有明显的区别：第一，知识隐藏的一个必要条件是组织中其他员工明确要求获取与工作相关的知识，而知识沉默并不包含这个前提条件；第二，知识隐藏的方法相对较多，而知识沉默只能通过减少自己的表达来实现；第三，知识隐藏涉及的知识往往包括专有的技术、技能或者技巧，而知识沉默可能还包括更加广泛的内容，比如投诉、担忧和建议等（Xiao等，2019）。

关于上述知识相关行为之间的区别和联系可以参见图 3-6（He 等，2021）。

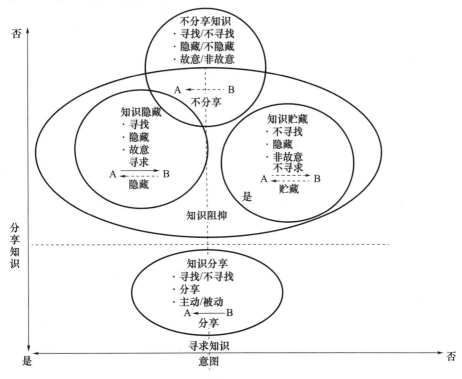

图 3-6　知识隐藏与其他知识相关概念的区别和联系

除了知识相关行为之外，还需要进一步分析知识隐藏与其他一些组织负面行为之间的关系。第一，知识隐藏行为和反生产工作行为（counterproductive workplace behavior）之间有明显区别。反生产工作行为是指员工采取的旨在对组织及其成员产生有害影响的行为（Fox 等，2001）。知识隐藏行为并不一定会造成伤害，有些员工可能是为了保护自己或者同事而进行知识隐藏。反生产工作行为可以针对个人或者组织本身，而知识隐藏只发生在对个人请求的响应时。第二，知识隐藏行为和工作场所攻击行为（workplace aggression）也有明显区别。工作场所攻击行为是指组织内外的一个或者多个个人在与工作相关的环境中，意图在身体或者心理上伤害工作或员工的行为（Schat 等，2005）。尽管这些行为和知识隐藏之间有一些表面上的相似之处（都是针对个人的），但知识隐藏并一定是为了伤害他人。第三，知识隐藏行为与工作场所社会破坏行为（social undermining）也有区别。知识隐藏行为可能会出现类似社会破坏行为的效果，比如知识隐藏可能会阻碍员工建立和保持积极的人际关系，在工作上获得良好的声誉；而社会破坏行为还包括一些更严重的消极倾向，包括让他人知道你并不喜欢他们的某些东西，甚至是贬低他人的想法和作品，用高人一等的话语和他人说话。和前两者一样，知识隐藏存在"善意谎言"的含义，因此和这些社会破坏的特征行为存在一定的差异。第四，知识隐藏也可能出现类似工作场所的不文明行为（workplace incivility）。工作场所不文明行为的特征表现为粗鲁、不礼貌，有意伤害他人，违反工作场所规范等。然而，与行为不同的是，知识隐藏可能并不是无理的，也可能不具有伤害的意图。第五，知识隐藏行为可能与工作场所中的欺骗行为相关。欺骗行为主要是指故意发布或者传递错误信息，以使接收者产生错误的信念或者结论，通过伪造模棱两可的结果来实现隐瞒（Burgoon，1996）。欺骗行为只是知识隐藏的一个方面，两者存在显著的差异。

3.4.3　知识隐藏的测量

目前，学术界绝大多数关于知识隐藏的研究采用的是定量研究的方法，主要是通过问卷调查的方式来收集数据。因此，关于知识隐藏的测量也是非常重要的内容，如何准确测量出员工的知识隐藏是进行实证研究的基础和前提。当前，多数研究采用了康奈利等（2012）开发的量表来开展知识隐藏的测量。该量表是从知识隐藏的三个维度来进行测量的，分别是装聋作哑、含糊隐藏和合理隐藏。每一个维度都由四个题目组成。这个量表在可靠性和有效性方面已经得到了大量实证研究的验证。由于知识隐藏行为不容易被第三方轻易地洞察，因此，绝大多数的研究采取了员工的自我报告方式来进行测量（Černe 等，2017）。但是由于社会期许因素的影响，知识隐藏被视为一种不愿意承认的行为，因此，自报告量表可能无法准确地呈现员工的知识隐藏行为。

很多学者提出，使用自报告量表时一定要倍加谨慎（Bogilović 等，2017）。这个研究上的缺陷也为其他可能出现的量表提供了一定的机会，同时很多学者也会采用访谈的方式来了解员工的知识隐藏行为。

尽管康奈利等（2012）的量表是基于西方的社会文化背景开发的，但是其后的研究也将这个量表应用在不同的文化背景之下，包括斯洛文尼亚、土耳其、巴基斯坦和中国等。而且该量表在这些不同的国家、文化背景之下都表现出了较好的信效度。除了康奈利等（2012）的 12 个题目的量表之外，中国学者也提出了一个中国情境之下的量表来测量知识隐藏（Peng，2013）。这个量表包含三个题目，主要是参考知识阻抑的量表进行开发的。但是，这种做法可能存在一定的缺陷，因为知识阻抑的量表中有一部分题目很难反映出知识隐藏的独特特性，包括故意性等内容。知识隐藏量表的研究还有很广阔的空间，未来我们可以对知识隐藏背后的不同动机进行深入的研究，以此来开发基于不同机理的知识隐藏量表。

3.4.4 知识隐藏的影响因素

目前关于知识隐藏行为的影响因素研究是知识隐藏领域开展的最广泛的研究内容之一。研究者在"是什么因素导致了员工的知识隐藏"方面作了大量的相关研究贡献。通过对当前相关学者（例如，Connelly 等，2012；Xie 等，2019；He 等，2021；Anand 等，2022）对知识隐藏的相关影响因素变量研究进行汇总和梳理，将这些因素分为不同的类型，主要包括组织层面的影响因素、团队层面的影响因素、人际交互层面的影响因素以及个体层面的影响因素四大类。

第一，从组织层面来看，组织文化、组织氛围是讨论最多的议题之一。例如，在一个非常反对知识分享的企业文化中，囤积或者隐藏知识被认为是一种应对不确定性、尊重组织内部等级地位和参与权力政治的重要策略。但是，如果是在一个鼓励分享知识的氛围内，员工隐藏知识是得不到组织成员认可的。尽管越来越多的人关注组织文化和氛围，但很少有研究考察不同的人力资源管理实践在知识隐藏中的作用。为了改善组织氛围、个人福祉和组织绩效，填补这一重大研究空白是很重要的。此外，在组织层面的影响因素还包括组织的公平性、组织的认同感、组织的知识行为规范、组织的知识政策、组织内的竞争氛围以及组织的人力资源实践（例如高绩效工作系统）等。

第二，从团队层面来看，组织的情景被研究者视为团队成员是否分享知识的关键因素。其中团队的激励氛围是最重要的影响因素之一，很多学者提出掌控氛围所呈现出来的学习和合作的倾向可以有效抑制员工的知识隐藏行为，而绩效氛围提供的组内竞争、社会比较方面的氛围会增强员工隐藏知识的意愿和行为。此外，团队的特征也是影响知识隐藏的重要因素，但是相关的研究却比较少。比如团队的组织形式（虚拟团队或者面对面传统团队）、团队的组成特点（团队成员的多样性）以及团队的领导行为（领导力类型、领导思维）等都是影响知识隐藏的重要前因变量。在未来也是一些重要的研究方向。

第三，从人际交互层面来看，信任是影响知识隐藏的重要因素。根据社会交换理论，不信任会破坏社会交换的出现，这是因为不信任很容易让人产生不明确的互惠规范支配。此外，不信任还可能造成知识隐藏的恶性循环，知识请求者和知识拥有者之间会形成一个交换的恶性循环，两者之间发生分享行为的概率大大下降。此外，基于互惠规范的相关内容，其他不愉快的互动体验，例如，职场排斥也会增加员工知识隐藏的可能性。除了上述一些影响因素之外，从人际交互层面来看，以下因素同样也是影响员工知识隐藏的重要方面：人际竞争、人际资本、人际公平、人际辱虐（例如工作场所的排斥、敌意、不文明行为、八卦行为、霸凌行为等）、领导成员交换关系以及同事之间的交换关系、关系认同等。

第四，从个体层面来看，个体之间的人格特质差异、个人能力差异、个人对于知识所有权的认知等都是影响知识隐藏行为的重要因素。此外，负面交换信念、道德推脱等也是重要的研究变量。具体来说，个体层面的研究相对是最广泛的，涉及的变量也非常多，包括大五类人格特质、情绪智力、情绪耗竭、积极/消极情感、自我效能、领域感知、隐私关注、心理所有权、心理安全、知识权力感知、知识分享成本和风险感知、心理契约破坏感知、心理竞争压力感知、工作安全、时间压力、工作地位、职业生涯前景、组织认同、道德推脱、自利感知、亲社会动机、报酬期望等。此外，笔者也将知识本身的特征归纳在个体层面的影响因素中，主要包括知识的复杂性、知识与任务的关联性、知识的唯一性以及知识的隐性程度等。

当然对于知识隐藏行为影响因素的研究不仅局限于这些因素对于知识隐藏行为主效应的影响，同时也有很多因素可以作为调节变量来发挥作用。一般来说，调节变量可以分为环境层面和个体层面两大类。从环境层面的调节变量来看，团队的大小、团队的奖惩制度、团队的组织形式、团队的激励氛围、工作的特点等都是调节知识隐藏行为的重要因素；从个体层面的调节变量来看，个体的特质差异、个人的价值和信念系统、个人的认同感知、个人的地位差异等都是重要的调节变量。

3.4.5　知识隐藏研究的相关理论基础

目前，关于知识隐藏的相关研究中，使用最广泛的理论有三大类：一是心理所有权理论，二是知识权力视角，三是社会交换理论（Xie 等，2019）。这些理论对于理解知识隐藏背后的影响因素和作用机制具有重要的解释作用。

　　根据心理所有权理论，员工可能产生一种强烈的知识心理所有权。因为知识的获取、开发、掌握和运用需要消耗人们大量的时间、精力和注意力。一旦员工掌握了某一类知识，他们会倾向于认为这些知识是他们个人的智力资产。在这种心态之下，员工分享知识时会产生一种知识所有权威胁感，特别是在该员工所处的企业并不是特别重视知识产权保护的时候。同时，知识心理所有权还会产生一种知识领域权的感知。员工会像保护自己领域和地盘一样的强度去保护自己的知识，从而尽力防止他人从自己这里获取知识。

　　英国哲学家培根曾经说过，知识就是力量。当人们感知到他们获得的知识是一种重要的权力来源时，更愿意去保留自己的知识。在这种情况下，隐藏知识可以被看作一种在组织中获得政治权力的手段。例如，在组织情境下，员工的知识贮藏和知识储备可以提升自己在组织中的影响力。因为当员工储备了大量的知识时，他们会具有很强的竞争力，保持组织中的专家地位。因此，很多员工也把知识隐藏看作一种获取组织内部地位的重要策略。此外，考虑到权力不平衡是广泛存在于组织之中的，管理者与下属之间往往存在一定的知识转移障碍。一方面，管理者的信息会经过过滤和筛选之后才传递到下属那里，这样可以有效避免管理者权威的损失。另一方面，当下属认为选择性的隐瞒可以保护自己时，信息会被过滤之后才传递到上级那里，导致一种组织中常见的负面行为——员工的防御性沉默。例如，有研究表明，一些工厂维修工人能够根据他们的经验设计和实施技术方面的变革，以此来提升他们的工作效率、设备的可靠性等（Cooke，2002）。然而，他们不会向工厂主动报告这些临时性的措施，因为效率的提升会导致未来维护方面的预算大大降低，并导致工作压力增大，尤其是提高效率之后削减预算和裁员等方面的压力。通过上述例子可以看到，当知识上升为一种权力时，人们可能会利用这种权力做出对自己有利的事情。而且这种情况下，人们不愿意主动分享这些知识，因为分享会导致知识权力的缩水甚至是丧失。

　　社会交换是建立在公平原则和互惠规范的基础上的，强调长期的主观给予和获得。知识隐藏涉及知识拥有者对知识请求者的反应，因此，人际关系的质量决定了互惠规范的工作方式。具体来说，良好的关系容易培养出相互信任和尊重的关系，这样个体会使用更加积极的互惠来鼓励双方的知识交流。相比之下，糟糕的人际关系更容易引发消极互惠，作为对之前不愉快经历的反应，人们更加倾向于隐藏自己的知识。其次，知识交换通常会通过计算的方式来开展。人们在进行知识隐藏时通常会计算成本和收益之间的关系。此外，当员工处于缺乏信任的环境中时，他们更加倾向于隐藏知识，因为这种环境中机会主义的风险不断增加。关于社会交换理论，本书第 4 章将进行更加详细的介绍，此处不再赘述。

　　除了上述三种重要的理论机制外，有学者对当前知识隐藏相关文献进行了详细的梳理，总结出现有研究中解释知识隐藏影响因素和作用机制的相关理论基础（He 等，2021）。具体包括交换规范、资源保存理论、工作需求—资源模型、社会学习理论、组织学习理论、社会认知理论、感知评价理论、自我感知理论、道德推脱理论、成就目标理论、目标导向理论、个体特质理论、特质激法理论、感知—情感系统理论、工作设计理论、道德情绪理论、社会比较理论、社会认同理论、公平理论、自我决定理论、调节焦点理论、计划行为理论、心理契约理论、电抗理论、吸收能力理论、合作—竞争理论、代理理论、扩展建设理论、刺激—机制—反映系统理论等。

3.4.6　知识隐藏的综合研究框架

根据上文中对于知识隐藏的影响因素、作用结果以及理论机制的回顾和梳理，笔者在前人的基础之上，提出了一个知识隐藏研究的综合框架，如图 3 - 7 所示。

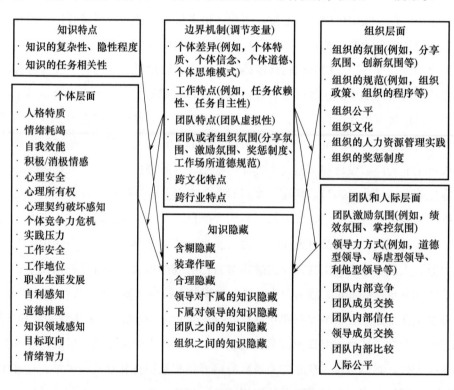

图 3 - 7　知识隐藏研究的综合框架

3.5　虚拟环境下的知识分享与知识隐藏

上文笔者对知识分享行为的影响因素进行了系统分析，本节笔者将对虚拟环境下的知识分享进行分析。在虚拟环境下，团队成员分享知识时可能遇到一些与传统环境不同的情景，需要进行深入论述。当前的文献中指出，在虚拟团队环境下进行知识分享时，需要考虑信息技术、地理分散、团队多样性、隐性知识分享、工作家庭冲突以及团队领导等方面的因素（Alsharo 等，2017；Eisenberg 等，2018；Hacker 等，2019）。

3.5.1　虚拟团队中知识分享的挑战

第一，虽然技术极大地改变了组织合作和运作的方式，基于信息技术的虚拟组织有效拓展了传统组织的边界，降低了成本，员工能够不受地理限制获取不同的知识；但是信息技术对于虚拟团队中知识分享的有效性仍然是一个挑战，信息技术经常会阻碍团队绩效的提升和团队的成功（Kauffmann 等，2019；Killingsworth 等，2016）。在虚拟团队中，成员经常会面临如何从众多不同的信息技术中选择最适合的技术来进行沟通和协作。例如，在一些情况下，团队会使用多种不同的知识库来存储知识，而这些知识库又是由不同的基础软件来支持的，想要顺畅地分享知识，员工需要熟悉每一种软件的操作，因此，员工很难找到一个完全适用的特定的知识管理工具（Yuan 等，2013）。此外，相关数据显示，当有多种信息和通信技术可供选择时，对于非技术人员来说，较新的信息和通信技术的使用频率通常不会太高（Wadsworth 等，2015）。针对这种情况，管理者还需要调研不愿意使用某种新技术的原因，以此来对团队技术的更新情况进行改善。有研究显示，员工不愿意使用新技术的原因主要包括离开一个他们习惯使用的工具带来的不确定性、缺乏对新的在线工具的管理支持、与不是数字原生代的老员工之间的代际差异等（Cardon 等，2014）。

由于虚拟团队往往极度依赖于信息技术的支持，一旦员工不愿使用某种技术或者无法顺畅使用某种技术，整个虚拟团队的知识分享会受到严重的阻碍。在信息技术的阻碍中，最常见的一个因素是知识管理工具的访问和搜索能力不足。例如，有学者指出虚拟团队之前的项目倾向于关注对相关知识的收集和存储，但忽略了对知识检索功能的开发，没有知识分享访问的途径或者没有全面、简便的共享目录，最终导致之前收集和存储的知识无法被顺畅地共享和利用（Almeida 等，2014）。对于虚拟团队来说，对信息基础架构的依赖是一个明显的弱点，因为一旦信息技术出现了问题，整个团队的沟通、协作、共享就会无法正常运行。一项调研显示，虚拟团队成员认为信息技术设施的问题导致他们很难与其他成员进行协作，因为某些虚拟团队正在使用的技术不仅速度慢而且不可靠（Lockwood，2015）。

第二，虚拟团队知识分享受到了地理位置分散的影响。在地理位置分散的影响中最明显的影响便是时区差别导致的沟通障碍。例如，当使用同步通信（如视频会议、电话会议等）时，团队成员需要了解整个团队工作日的时区差异，统一协调时间，直到各方都方便为止（Paramkusham 等，2013；Wadsworth 等，2015）。对于异步通信

（例如电子邮件）来说，时区的差异还会导致相关知识分享的延迟，成员检查之前收到的信息并进行回复时，需要考虑相应的延迟，不能及时处理相关的事务。另外，对于处于时区差异比较大的地区的成员来说，一些即时通信工具可能无法顺畅地使用。另一个由于地理位置分散带来的显著影响便是成员之间分享知识时耗费的时间和精力要显著高于传统的面对面团队。对于编码化的分享方式来说，成员不仅需要对自己的知识进行编码化处理，而且需要熟悉相应的共享软件，将这些编码之后的知识上传到相关的网络系统中，在这个过程中需要消耗大量的时间和精力。对于人性化分享来说，员工需要消耗大量的时间和精力进行在线交流，由于缺乏面对面交流时的非语言性暗示，这种在线交流的效率比较低，分享效果差，消耗时间和精力大。有研究显示，虚拟团队的成员如果有充分的时间和精力，知识分享的效果会显著提升，团队在创建的时候需要考虑如何给予员工充分的时间进行知识分享（Mueller，2014）。

第三，团队的多样性虽然是虚拟团队的一个优势，但是同时也为知识分享带来了一定的挑战。团队的多样性带来的挑战主要表现在团队成员语言多样性、文化多样性、知识能力多样性等方面。语言的多样性是虚拟团队成员之间进行知识分享的一个重要阻碍。语言的多样性既表现在语言的不同，也包括口音的不同（Klitmoller 等，2015）。任何团队进行沟通和交流的主要方式就是通过话语，包括面对面交谈、音频、视频和文本交流。虽然语言技能应该是个体、团队和组织的关键特征，但是不同的个体、团队和组织可能会使用不同的语言。尤其是虚拟团队人员广泛分布在世界各地，使用完全不同的语言，进而使得语言方面的复杂性更加显著。研究显示，当虚拟团队中成员使用不同的语言进行交流时，成员之间会产生一定的距离感，会导致成员之间分享知识的意愿显著下降（Yuan 等，2013）。语言的差异还会导致另一个问题，即成员之间更加倾向于使用书面化的方式，如电子邮件进行沟通，因为实时沟通可能导致双方无法准确理解对方。另外，团队管理者在解决语言差异问题时，如果团队成员主要使用某种语言，例如英语，通常会要求一些使用非英语语言的成员尽量使用英语进行交流。在这种情况下，一些使用非英语语言的成员在使用英语进行表达时，会认为自己在组织中的价值被团队领导贬低了，会影响这些成员参与交流和分享的意愿，甚至某些成员会对使用英语的成员产生怨恨感（Klitmoller 等，2015；Neeley，2013）。在一项针对存在语言差异的虚拟团队成员的研究中，研究人员发现，团队内部发现的问题往往是语言问题的直接结果。例如，精通英语（团队的主要语言）的团队成员往往更加容易控制整个网络会议，并可能对那些受到语言挑战的团队成员进行贬损，因为有些成员认为缺乏语言能力是个体智力的缺陷（Klitmoller 等，2015）。由于怕被攻击，为了保护自己，一些非英语成员会采用一些保护方式来避免交流和沟通，进而影响了团队的知识分享。还有研究显示，当成员使用非母语沟通出现一些沟通障碍时，他们通常会基于个体冲动而切换到自己的母语进行表述；这种语码之间的转换并不一定是故意的，但是会造成其他成员无法继续交流和沟通（Hinds 等，2014；Tenzer 等，2015）。团队多样性的第二个方面是文化差异的挑战。语言上的差异也是文化差异的一部分，这里笔者将重点考虑成员之间由于文化差异而造成的共享的基本理解的差异（sharing understanding）。虚拟团队的成员有文化差异通常会出现"错误沟通"（miscommunications）的情况，这种情况一般是基于沟通双方在文化行为、互动方式、基本观点等方面的不同而出现的（Connelly 等，2016；Han 等，2016；Schaubroeck 等，2017）。当团队成员之间基于自身的文化背景而与其他成员产生沟通和交流的障碍时，成员之间很难进行良好的知识分享。团队多样性的第三个方面是成员对于相同知识的理解会产生偏差。如果一个团队中的成员因为自身背景的不同对于某个给定的主题或者事物缺乏共同的认知，那么这样的团队成员很难产生良好的知识沟通。一般来说，某个团队成员具有的独特知识只有有效分享给团队的其他成员，才能够有效提高整个团队的知识能力和绩效。但是上述情况需要一个特定的前提，即这种独特的知识必须是整个团队的其他成员或者大多数成员认可的、可以理解的、有益的知识（Mesmer – Magnus 等，2011）。

第四，虚拟团队成员隐性知识的分享也是值得考虑的问题。虚拟团队的信息技术支持有利于对显性知识的分享，之前的很多研究针对显性知识的分享进行了系统的研究（Olaniran，2017）。然而关于虚拟团队环境下隐性知识分享的研究还相对匮乏。近年来，关于隐性知识分享与组织关系发展之间的联系逐渐引起一部分学者的兴趣（Appel – Meulenbroek 等，2018）。关于虚拟环境下的隐性知识是如何获得和共享的，不同学者持有不同的观点。例如，一些学者认为隐性知识是受到情境驱动的知识，即在一个地方行得通的经验在另一个地方不一定行得通（Kucharska 等，2016）。尤其是在虚拟团队环境下，团队成员往往具有不同的文化背景，处于不同的地区，因此，一部分成员的隐性知识是否能够对其他成员产生同样的作用，是值得深入研究的问题。而一些学者则认为隐性知识的分享完全受到个体分享意愿的影响，只要能够在个体之间进行良好的分享，隐性知识就可以得到充分的利用（Olaniran，2017）。之前的研究指出，个体人格特征在隐性知识分享动机中起重要作用，外向性、亲和性、情绪稳定性、开放性、动机性、自我效能感和相互信任对分享隐性知识的决定有显著影响（Rahman 等，2018）。有研究提出的概念知识分享模型明确了影响组织内部和外部隐性知识分享的因素，研究者从社会交换和互惠交换的角度探索了虚拟团队中与合作规范、个人和团队互动等主题相关的知识分享（Ipe，2003）。然而，在虚拟团队中，通过社会交换和互惠交换的视角来实现隐性知识分享的研究还很少。这表明，在未来的研究中需要重点关注虚拟团队中隐性知识的分享。

第五，虚拟团队成员的工作家庭冲突是影响其分享知识的一个重要因素。一项针对 13 家韩国公司的虚拟团队员工和主管的研究显示，工作家庭冲突和知识分享之间存在显著的负面关系。研究发现，当员工存在工作家庭冲突时，他们的知识分享行为会显著减少。虚拟团队的领导需要关注诸如冲突或超负荷等可能导致工作家庭冲突的压力因素，并建立专注于工作和家庭平衡的计划，从而减少对知识分享的负面影响（Kim 等，2015）。虚拟团队的领导需要设计相应的工作机制，将成员的工作和个人生活分开。有专家指出，可以通过设定时间界限，让虚拟团队成员安排个人活动和工作活动的时间，以便可以看到时间上的重叠问题。另一种方法是利用地理位置来分隔工作和个人生活，通过物理屏障来定义工作空间，例如一些成员有家庭办公室，或者使用独立的电话和计算机来完成工作和个人任务（Ruppel 等，2013）。

第六，虚拟团队中的领导力是影响成员是否分享知识的关键要素。领导力是检验一个组织或者团队能否成功的重要指标。很多不同学科的学者在研究中均指出了虚拟团队领导在维持虚拟团队成员的协作性和团队绩效方面的重要作用（Hill 等，2016；Maduka 等，2018；Scott 等，2018）。从广义和概念性的角度来看，领导力被描述为一个人对另一个人或群体施加有意的影响，以在一个群体或组织中实现特定结果的过程（Reichenpfader 等，2015）。在过去的几十年里，领导力得到了迅速发展，从而致使其在不断变化的社会中仍然被视为组织的心脏和灵魂。全球化和现代技术在组织领导转型中发挥着突出的作用。对于虚拟团队来说，有效的领导是建立一个成功的虚拟团队最关键的组成部分。正如一位公司高管所指出的："虚拟团队成功的头号关键因素是强大的领导力，管理一个虚拟团队并把它做好需要团队领导付出巨大的努力。"在虚拟环境下领导需要掌握一些传统团队所需要的管理技能，例如设置明确的团队期望，塑造良好的团队文化，指导、辅导和激励团队成员，组织团队会议，协调团队中的冲突，对团队成员的绩效进行跟踪、评估和改善等。同时，还需要一些创新性的做法，使这些技能能够在虚拟环境下有效发挥。首先，虚拟团队领导需要作为团队成员的角色榜样。虚拟团队领导必须始终如一地使用协作软件，表现出公开分享信息的意愿，选择适当的媒体进行交流，并遵守对他人及时响应的规范。换句话说，虚拟团队领导必须为虚拟协作所需的特殊技能和策略建立模板和制定制度。正如一位虚拟团队的领导所指出的："作为虚拟团队的领导，你必须向你的团队证明有能力领导一个虚拟团队。"其次，虚拟团队的领导必须帮助团队成员保持对团队目标的认同（Kimball 等，1999）。他必须不断提醒团队成员的责任，保证他们向着组织的目标奋斗，同时要保证他们在奋斗的过程中能够充分地沟通和交流，营造良好的知识分享氛围。再次，虚拟团队领导还应该明确自己需要扮演虚拟环境教练的角色。他应指导和培训成员如何使用相应的知识分享技术，如何将自己的知识很好地进行编码化处理，如何将这些知识上传到共享平台上，如何机智地、理性地与其他成员进行知识沟通和交流等。正如一位虚拟团队领导所提到的，"我做了很多虚拟环境下的牵线搭桥的工作，"确保那些在物理地址上被孤立的团队成员能够及时获得其他成员分享的知识。最后，虚拟团队领导面临着一个重要的挑战，即如何奖赏和激励那些在虚拟团队中主动分享知识、作出贡献的杰出员工。奖励虚拟团队中的优秀成员需要对文化差异有特殊的敏感性，这样才能获得不同文化背景员工的认可。此外，当团队成员相隔数千公里时，团队庆祝活动效果就会大打折扣。因此，制订更具有创造性的方式来激励和奖赏有知识贡献的员工是虚拟团队领导需要重点学习的一项技能。

3.5.2　虚拟团队中知识隐藏研究现状

尽管当前虚拟环境下的知识分享已经得到了学者们的广泛关注，但是关于虚拟环境下知识隐藏的研究还非常少，绝大多数的研究没有考虑团队组织形式对知识隐藏的影响。但是一项调查研究中（Choudhary 等，2021）的数据显示，在虚拟环境下工作的员工，相较于传统团队，可能会更多地体验到其他同事的知识隐藏行为。这项发现对两个层面产生了重要的影响。第一，从虚拟团队的领导视角来看，因为虚拟团队在当前新冠疫情大流行的时期，变得越来越广泛，所以在虚拟团队中发现员工知识隐藏的意愿更高具有重要的价值。这一发现可以提醒团队领导，需要重视团队中知识隐藏的出现，积极采取相关措施进行缓解或者抑制。第二，在之前的文献中发现，在中国这种集体主义文化盛行的国家，员工更加倾向于从"我们"集体的视角来认同组织，并将组织的利益置于自己的利益之上。比如有研究（Chow 等，2000；Kucharska 等，2019）指出，文化因素是影响知识隐藏的重要指标，在集体主义文化中个人更多地参与到知识分享中，较少采取知识隐藏的手段。此外，相关实证研究表明，集体主义和个人主义的价值取向，在引发知识隐藏的因素和实际知识隐藏行为之间发挥着重要的调节作用；而且值得注意的是，在集体主义文化背景下，这种关系相对较弱。也有研究者将文化背景设定为集体主义文化，他们发现在这种文化背景下，知识隐藏的出现更多的是和人际信任的缺乏、工作任务的复杂性以及工作的不确定性密切相关。

虽然在虚拟环境下知识隐藏的出现变得较为普遍，但是虚拟环境下知识隐藏的某些区别于传统团队中知识隐藏的原因还有待进一步研究。乔杜里等（Choudhary 等，2021）学者的研究总结出了以下三类原因。

第一，隐藏的便利性。在虚拟团队中成员之所以愿意隐藏知识，很多时候是因为虚拟环境下知识隐藏变得非常便利。虚拟环境自身的远程性、异步性沟通特点造就了它与生俱来的"不可见性"。因此，在这种环境下，员工隐藏知识变得非常简单而且更加兼容。知识隐藏者看不到知识请求者的具体形象，无法和知识请求者进行面对面互动，因此不容易发生面对面的对抗和争执。当一个人看不到他人的真实形象时，特别容易做出撒谎的行为。知识隐藏者隐藏知识的心理负担也比较小，他们不需要主动向知识请求者解释他们的隐藏行为。此外，虚拟团队中对于一些员工的监控有所下降，这种工作进度的不可见性，助长了底层员工向领导者隐藏知识的意愿和行为。员工还有可能基于自身利益得失的考量来进行知识隐藏。在虚拟环境下，如果某一些知识或者信息的共享可能会增加员工的个人工作量，或者由于某一位员工自身的惰性，那么员工就不愿意浪费自己的体力、时间和精力来处理虚拟环境下本来就不容易进行的知识分享，从而会做出更多的知识隐藏行为。

第二，数字倦怠。在虚拟环境下，工作和家庭之间的关系变得模糊，随时随地可以参与工作虽然是虚拟团队的一项重要的优势，但同时也对员工的工作和家庭平衡造成了影响。员工每天的工作时间增加了，而且工作的时间也不固定。在虚拟环境下，员工的这种没有固定工作时间的工作特点，再加上互联网、信息技术等基础设施和技术的问题，会使员工产生一些挫败感的负面情绪，阻碍他们分享三类知识：一是超出他们工作范围的知识，二是那些不能帮助员工获得激励或者产出的知识，三是那些使用或者具体运用还需要进一步的指导和帮助的知识。这是因为员工在虚拟环境下工作的同时，也不断地在工作和家庭之间奔波。对家庭环境的直接接触也增强了他们对其他责任的认识。

由于长期面对计算机屏幕工作，虚拟团队中的员工也放弃了大量的娱乐生活，产生了数字倦怠感。此外，他们更加愿意隐藏那些和新项目相关的各类知识。在新的项目开始时，为了高效地转移和使用知识，需要进一步解释、后续指导这些知识。因此，知识转移不是从知识提供者到知识请求者的快速转移，而是需要知识提供者进行各种形式的解释、指导和帮助。然而，随着员工数字倦怠的加剧，他们倾向于避免这种升级到承诺级别的知识分享，所以出现了更多的知识隐藏行为。这种承诺型的知识分享在传统团队中反而是较容易实现的，在传统团队中大家更容易使用各种工具来帮助知识的分享。在虚拟环境下，虚拟工具自身具有异步性特点，知识转移的难度瞬间升级，所以分享的难度也会显著提升。很多时候，人们不愿意分享自己的知识，或者刻意隐瞒自己的知识，往往是出于传递这些知识太困难。因此，在虚拟环境下，员工往往会采取一些特别的措施来处理知识分享：要么自己保留知识，拒绝分享；要么仅与一些关系好的或者聪明的人分享知识。

因此，我们在讨论虚拟环境下的知识隐藏时，需要厘清一个概念，即知识的转移不是一个快速发生的事件，而是一个缓慢进行的完整过程，涉及知识的提炼、转述、表达、捕获和运用。而知识转移的实现需要两个方面的决定性要素：一是知识转移者转移知识的数量、质量和转移知识的各种软硬件技能，二是知识请求者的获取知识技能和知识的吸收、理解和运用能力。因此，在数字倦怠发生时，知识转移者不愿意耗费大量的时间去转移知识，知识请求者没有足够的能力获取知识，这都是导致知识隐藏在虚拟环境下更容易出现的重要原因。

第三，失去控制。虚拟环境下另一个重要的隐藏知识的原因是，一般在虚拟环境下人们使用各种类型的共享文档或者协同工作工具来开展工作，这样团队的所有人都可以参看共享信息，导致了信息共享失去控制。比如，在虚拟环境下，人们沟通的每一个环节都被计算机记录下来，这样人们就担心组织中的其他人（对自己有竞争的人）可能会较为轻易地了解自己与他人沟通的具体内容。这种信息的失控感会产生信息泄露的风险，导致人们不愿意主动分享自己认为重要的知识或者信息。另外，有部分员工认为虚拟环境导致知识提供者对于知识意义的解释权失去了控制。在虚拟环境中，大多数的工作信息都是通过电子邮件或者即时通信工具来发送的，当人们不愿意分享知识时，更愿意主动忽略这些信息或者误解某些请求者的提问，从而避免分享这些知识。此外，在虚拟环境下人们很少有机会参与各种非正式的交流，比如喝茶闲聊、饮水机旁的交谈、一杯咖啡的交谈等，这些非正式的沟通途径是分享知识的重要渠道。这些渠道的丧失，不仅降低了人们之间产生信任的可能性，而且也降低了分享知识的机会。

除了上述三种原因之外，虚拟环境下员工更愿意使用的隐藏策略主要是合理隐藏。在虚拟环境下，人们更加容易出现合理隐藏知识。人们最常使用的借口就是虚拟环境自身的固有特性，比如基础设施或者信息技术等方面的问题。在传统的面对面环境下，人们往往不太容易找到合理的借口来隐藏知识，因为员工往往走到你的身边具体请教相关的问题、请求相关的知识。而在虚拟环境下，人们并不在你的身边，你可以告诉他"我刚才没有看到那条信息"或者"由于网络的原因你的信息我没有收到"等借口来合理隐藏自己的知识。

除了关于虚拟团队知识隐藏的研究之外，也有学者探讨了在虚拟网络环境中的知识隐藏。比如有学者研究了社交网络网站用户的知识隐藏行为，并开发了相应的测量量表（Zhai 等，2021）。学者指出社交网站（SNS）被广泛用于支持在线学习和知识交流，特别是在新冠疫情全球大流行期间。虽然数字基础设施能够实现即时通信，但社交网络并不总是有利于知识交流行为，例如学习者由于个人隐私和知识产权保护等方面的信任问题，不愿与在线同伴交流知识，导致在线用户隐瞒知识。学者认为网民在线知识隐藏主要包括以下几个方面内容：一是工作繁忙状态，即个体假装自己有很多工作要做，从而拒绝知识分享，主动隐藏知识；二是假装忽视，即个体假装自己不清楚网友讨论的主题，从而隐藏自己在相关主题方面的知识；三是表达策略，比如网友通过发送表情、图片、动图等内容来隐藏自己的知识；四是转移话题，比如网民提供大量不相关的内容，或者是主动转移话题来隐藏自己的知识；五是片面隐藏，向其他个体提供一些片面的信息或者是一些无关紧要的内容来隐藏真正有用的知识；六是外交策略，比如向请求者编造一些对方无法拒绝的理论来隐藏知识；七是延期讨论，向请求者提出改日再分享知识的请求；八是反问，即询问请求者大量的相关问题，导致其无法再向自己提出请求，从而隐藏自己的知识。

3.5.3　虚拟团队中知识分享和知识隐藏的影响因素理论模型

基于上述关于知识分享和知识隐藏的影响因素的分析、虚拟团队中知识分享的挑战分析以及虚拟团队中知识隐藏的研究现状，笔者给出了虚拟团队成员知识分享和知识隐藏的影响因素理论模型，如图 3－8 所示。

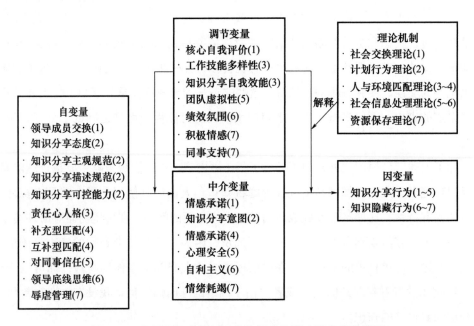

图 3－8　虚拟团队成员知识分享行为的影响因素理论模型

注：括号内的数字表示研究编号。

该模型是一个多重理论视角下的影响因素模型，主要基于五种不同的理论机制，构建了七个具体的研究假设框架。具体来说，本书的第一个研究是从社会交换理论的视角出发，研究分析了领导成员交换如何通过情感承诺的中介作用来影响知识分享，而且选取了内部控制源和一般自我效能感两种核心自我评价特质作为调节变量对整个影响机制进行调节。第二个研究是从计划行为理论视角出发，分析了知识分享态度、知识分享主观规范、知识分享描述规范以及知识分享可控能力如何通过影响知识分享意图来影响员工的知识分享行为。第三个和第四个研究基于人与环境匹配理论，分别构建了两个知识分享行为的影响因素模型。其中第三个研究探讨了尽责型人格特质与工作技能多样性、知识分享自我效能对知识分享行为的三相交互作用。第四个研究则分别分析了补充型匹配和互补型匹配对员工知识分享行为的影响。基于社会信息处理理论，笔者提出了第五个和第六个研究。其中，第五个研究分析了对同事的信任如何通过心理安全来影响员工的知识分享行为，并分析了团队虚拟性的调节作用。第六个研究了领导底线思维如何通过提升员工的自利感知来引发他们的知识隐藏行为，同时也分析了绩效氛围对这种影响机制的调节作用。最后，笔者基于资源保存理论，提出了本书的第七个研究，分析了辱虐管理如何通过提升员工的情绪耗竭来触发员工的知识隐藏行为，同时从环境层面和个体层面分别提出了两个调节变量——同事支持和个人积极情感。

第 4 章
社会交换理论视角下虚拟团队成员的知识分享

4.1　社会交换理论

　　社会交换理论（social exchange theory）可以被定义为一种用来解释人们在社会系统中各种关系的参考框架、一组有意义的命题或者一组有价值的假设，具体是指现实中各个实体之间的交换过程（Ekeh，1974；Chadwick‑Jones，1976）。社会交换理论是在 20 世纪 50 年代左右形成的，并且得到了迅速的发展，很快便被公认为一种独特的社会心理学和社会学理论（Emerson，1976）。但是如果要溯源这个概念第一次被正式提出的话，可以追溯到 20 世纪 20 年代左右（Malinowski，1922）。社会交换理论由蒂博（Thibaut）和凯利（Kelley）在他们 1959 年出版的著作中逐步演变而来的。蒂博和凯利对一个庞大的群体中的复杂的社会关系进行了实证检验。随后，霍斯曼基于前人的工作基础，正式确立并概述了该理论的关键原则（Homans，1958）。接着在 1964年，学者布劳（Blau）从功利主义的角度强调了社会交换理论的社会背景要素，包括社会融合、社会支持、社会权力以及社会动力等方面。尽管很多学者关于社会交换理论有自己的理解，但是有一部分观点是大家一致认同的，他们认为社会系统由相互依赖的交换过程组成，这些交换过程取决于所有参与者的行动，并受交换关系控制。

　　社会交换系统是两个或更多参与者的联合活动，每个参与者都拥有其他参与者认为有价值的东西，而且这些有价值的东西可以提供给其他人。每一个社会交换的参与者都是基于对他人行为回报的期望而自愿地创造、维持或者终止他们之间的社会关系。这意味着社会交换是基于一系列的"交易"或"交换"而组成的双向的、相互依存的、互利互惠的社会交互过程（Emerson，1976）。针对较小群体中成员的合作和互动活动来说，社会交换一般可以看作同一群体成员之间重复互动的基础（Molm，2006）。

社会交换必须有个体的参与，由相互关联的给予行为组成，为交换的接受者提供利益，并可能促使最终以某种形式的利益回报给参与交换的各方。由于社会交换是一种相互回馈的行为，人们参与这种交换的动机在于满足个人利益，因此，参与社会交换的人们往往会通过社会交换过程形成和维持一种持久的相互关系（Serenko 等，2016）。

社会交换理论是一种稳健的、牢靠的社会关系理论，它可以被应用于宏观和微观社会学层面。例如，在宏观层面，它被用来研究组织与其他组织之间关系的各个方面（Lambe 等，2001；Das 等，2002）。从微观层面来看，运用社会交换理论可以检验员工的组织支持感与领导成员交换之间的关系，理解顾客的购买行为，验证高绩效人力资源实践与企业家精神之间的关系，解释人力资源管理实践与个体绩效之间的关系以及探索新员工面临的各种社会化问题等（Alfes 等，2013；Zhang 等，2010；Korte，2009；Yi 等，2008；Zhang 等，2010）。因此，社会交换理论已成为从人力资源管理角度理解工作场所各类行为的一个有影响力的概念范式。

值得注意的是，目前社会交换理论已经被广泛应用于知识管理领域，主要用来解释员工为什么会分享自己的知识。有学者对 52 个实证研究进行了元分析，指出社会交换理论是解释知识分享行为各个方面的一个重要的理论工具（Liu 等，2012）。笔者对现有的相关文献进行了回顾，归纳了一些利用社会交换理论来研究知识分享影响因素的研究，如表 4-1 所示。

表 4-1 社会交换理论在知识分享领域的研究总结

研究文献	数据背景	主要结论
Bartol 等（2009）	信息产业	员工的组织支持感正向影响知识分享行为
Bock 等（2002）	普通组织	对报酬的预期对知识分享没有影响。知识分享态度是影响知识分享行为的关键因素
Jarvenpaa 等（2000）	协作电子媒体公司	是否利用协同电子媒体进行知识分享取决于任务相互依赖的程度
Hall（2003）	知识市场	社会交换理论可以有效地应用于信息科学领域
Hall 等（2010）	博客社区	社会交换理论是解释网络信息分享行为的有效工具。社会奖励，包括对群体成员身份的认可，都是知识分享行为的强有力激励措施
Kankanhalli 等（2005）	电子知识库	内在动机（例如知识自我效能感和乐于助人等）是影响知识分享的重要因素
Kim（2010）	员工的自我归档实践	利他主义即为他人提供利益的想法，是将自己的研究工作贡献给开放获取场所的关键原因
Kuvass 等（2012）	员工培训	感知培训强度与知识分享的关系取决于员工社会交换的感知水平
Liao（2008）	研发部门	奖励、专家权力和信任对知识分享行为有正向影响
Lin 等（2015）	医疗保健的知识员工	奖励制度是知识分享行为重要的促进因素
Staples 等（2008）	虚拟团队	信任与知识分享之间存在较强的正相关关系。知识分享可以提高虚拟团队的工作效率

虽然社会交换理论的理论贡献、科学价值以及在社会科学中的影响力是毋庸置疑的，但是该理论也存在如下的局限（Serenko 等，2016）。

（1）该理论仅仅关注了个体的行为。社会交换理论侧重于行为方面的解释，展示了 A 个体的行为如何影响 B 个体的行为，以及在互惠过程中 B 个体的行为如何影响 A 个体的行为。由于只关注个人行为，它没有从文化背景的视角下审视社会、群体之间的互动关系（Cook，2000；Molm，2006）。

（2）该理论忽视强制力的作用。社会交换理论没有考虑到强制性权力在非协商社会交换关系中的可能性（Molm，1997；Lui 等，2006）。例如，当 A 个体仅仅因为威胁、承诺、法律或组织政策而被迫对 B 个体采取行动，而没有期望得到回报时的情况。

（3）该理论专注于物质财富的交换。该理论最初是为了研究当一方必须牺牲有形价值的东西时物质财产的交换（Schaefer，2011）。知识可能比物质商品更有价值，因为它随后可能被转让给第三方，但却可以对以前的所有者保留全部或部分价值（Schaefer，2009），因此，这可能会限制社会交换理论在研究无形资产方面的解释力。

（4）该理论忽视了无形物品的主观价值。理性经济模型是社会交换过程的基础，它假设双方不断比较交换的财产的价值。但是一些无形资产的价值，例如，员工间交流中普遍存在的共享知识、专业建议和工作技巧等，这些无形的资产实际上是不可能得到客观衡量的。而这些无形的资产也应该是社会交换中需要考虑的一方面权重。

（5）该理论忽视了利他动机的作用。社会交换理论是基于互惠和双方利益的理论，但是在一些现实的交换过程中可能存在纯粹的利他动机的作用，并不是所有交换过程都是有互惠期望的（Heath，1976）。

（6）该理论专注于人与人之间的交互。社会交换理论关注的是人与人之间的交互，而不是人与群体之间的关系、群体凝聚力、人际信任、集体认同和重复交换等。

（7）该理论忽略了人际关系中的情感过程。社会交换理论忽略了人类情感的作用，而事实上，人类情感在社会交换中占据了主导地位（Lawler 等，1999）。在知识分享过程中，个体可能会表现出喜悦、愉悦、满足、归属、自信、兴奋、骄傲等感受，而不是获得外在的物质利益，这可能是影响人们知识交换决策更加重要的因素。

（8）该理论忽视了社会交换的方式对态度的影响。社会交换理论没有考虑到社会交换的方式可能会潜在地影响分享知识的态度。

以上这些局限均是在知识管理和知识分享领域中显现出来的。为了能够将社会交换理论更加恰当地应用在该领域，有学者提出了社会交换情感理论，该理论解释了微观社会秩序如何以及在何种情况下发展对交换关系和集体身份的承诺（Lawler，2006）。微观社会秩序（micro social order）是指一系列行动者之间反复出现的互动模式，从这种模式中，他们开始将自己视为一个单位（即一个群体），并对这个群体产生感情。社会交换情感理论解释了当社会参与者从自身获取价值时，社会互动如何促进参与者之间关系和参与者群体的产生和维持。这一理论对于研究员工间的知识分享活动非常有用。社会交换情感理论表明，在社会交往中产生的情感会影响个体与群体的关系，进而影响员工之间的知识分享行为（Thye 等，2011）。该理论假设社会交换的过程中会产生作为强化的积极情绪和作为惩罚的消极情绪，每一个个体都倾向于利用积极的个人情绪，避免消极的情绪。人们还可以通过相应的认知过程来理解各种情绪的来源或者产生原因，从而创造出二次情绪，并将这种二次情绪作用于交换过程中的其他交换参与者。因此，当他们产生积极的情绪时，会对组织产生情感依恋，进而将组织视为自身价值的一部分，促进知识分享的出现（Lawler 等，2006；Yoon 等，2006）。

现有的很多文献也证实了情感在知识分享中的作用。有学者提出知识密集网络中的社会互动会产生群体成员之间的情绪（Reus 等，2004）。有研究认为来自社会互动的情绪效应刺激了个体身份向集体身份的转变（Lawler，2003）。还有研究显示表现出积极情绪的团队成员不太可能欺骗他们的队友（Olekalns 等，2009）。有学者的研究证明积极情绪与团队成员交换有直接关系（Tse 等，2008）。有学者研究表明，享受知识分享的乐趣是知识分享行为最具影响力的内在激励因素（Oh，2012）。有学者指出当今的知识经济时代导致知识普遍被看作个人力量的源泉（Rechberg 等，2013），因此，知识所有权感会对员工的知识分享产生多种复杂的情绪，导致知识分享陷入进退两难的境地。一方面，员工可能很自然地想要帮助一名需要帮助的同事；另一方面，个体的自私感可能会让人很难分享他们的知识，除非这种分享行为最终会得到回报。

综上所述，社会交换理论可以用来解释员工为什么要分享自己的知识。基于社会交换情感理论，笔者在下文将构建两个理论模型来验证虚拟团队和虚拟社区的管理者如何通过营造良好的交换氛围，让员工产生积极的交换情绪，来促进员工分享自己的知识。第一个研究检验了领导成员交换对知识分享行为的影响。高质量的领导成员关系可以促使员工产生积极的情绪，对团队产生情感承诺，进而做出更多的知识分享行为。第二个研究检验了组织公平如何帮助虚拟社区的成员之间建立牢固的信任感，进而促进他们做出有利于团队的组织公民行为，最终促使他们愿意主动分享自己的知识。

4.2 领导成员交换与虚拟团队成员的知识分享行为

4.2.1 研究模型概述

在虚拟团队中分享知识往往会带来一种"分享两难"的状况：一方面，当个体分享自己独有的知识时，需要对知识进行编码，上传到虚拟环境中或者通过信息技术与虚拟团队成员进行互动，这将会消耗分享者大量的时间、精力和资源；另一方面，从自身知识所有权的角度来说，虚拟团队成员并不愿意主动分享自己的知识，因为能够加入某一个虚拟团队就是因为该成员具有一些独特的技能或者过人的知识，而知识分享可能造成他们本身竞争力的下降。因此，如何激发虚拟团队员工主动分享知识是一个具有挑战性的研究课题。企业想要员工主动分享知识就必须满足分享者的利益诉求，包括个人方面的利益（例如个人声望的提升、个人物质的回报等）、团队方面的利益（例如获得互惠行为、提升个人的人际关系）或者组织层面的利益（例如提升组织绩效、获得组织支持等）。

根据上述逻辑脉络，当前很多研究在社会交换或者互惠理论（例如领导成员交换，leader - member exchange，LMX）的框架下研究知识分享行为。事实上，研究人员很早就对领导力与知识分享行为之间关系的研究感兴趣了。不同类型的领导力或者不同水平的 LMX 关系可能会对知识分享产生不同的影响。例如，有些研究者发现赋权型领导能够通过影响员工的积极态度来激发员工分享知识（Xue 等，2011）。有学者（Liu 等，2018）的研究认为，团队目标承诺和团队认同感能够有效中介变革型领导和知识分享行为之间的关系。有学者研究发现辱虐型领导会影响员工分享知识的意愿（Lee 等，2018）。一些学者也发现不同水平的 LMX 关系对知识分享行为产生了不同的影响（Su 等，2013）。尽管目前已经出现了大量有关领导力和知识分享行为之间关系的研究，但是两者之间的关系还存在很多需要进一步研究的方向。首先，当前绝大多数的研究关注的是领导力和知识分享行为之间的简单直接关联，很少关注这种关系当中的心理行为等中间变量。其次，尽管高质量的 LMX 能够产生一种令人舒适的氛围，但是不同人格特质的员工对同样的氛围感知力是不同的（Kim 等，2017），因此，有必要从人员环境交互的视角出发进行相关研究（Hao 等，2019）。最后，目前大多数有关领导力和员工绩效方面的研究是在西方文化背景下进行的，但是同样的激励模型是否能够应用于中国的文化背景之下还值得研究。尤其是在中国，领导和下属之间还存在一个与西方文化不同的交际变量，即"关系"。因此，非常有必要进行进一步的研究来深入揭示 LMX 与知识分享行为之间的具体关系。

本研究笔者将选择情感承诺作为中介变量，两种相似的人格特质（一般自我效能感和内部控制源）作为调节变量。之所以选取情感承诺作为中介变量是因为：①情感承诺是组织承诺中被关注最多的一种承诺类型，它已经被作为中介变量广泛应用于组织行为学的相关研究中，尤其是关于领导力和员工行为的研究中（Gaudet 等，2017）；②基于常用的"体验—态度—行为"模型（Zhao 等，2007），积极的工作体验（如高质量的 LMX 环境）可以被看作一种事件发生器，相关的情感反应（例如情感承诺）可以看作对上述体验的一种态度反应，最终会带来高绩效的行为（例如知识分享行为），这样的理论脉络预示着情感承诺可以作为一种中介变量来解释 LMX 和知识分享行为之间的关系。

本研究将一般自我效能感和内部控制源作为调节变量是基于如下考虑：①目前有关大五类人格和知识分享行为的研究已经比较充分，但是有关其他人格特质构念的研究还很少，例如核心自我评价特质；②一般自我效能感和内部控制源是核心自我评价特质中的两个关键要素，而且很多研究表明这两种类型的人格特质能够影响员工对不同领导力的反应（Ehrhart 等，2001）；③根据自我决定理论（Swann，2011），尽管一般自我效能感和内部控制源是两种较为相似的积极倾向的变量，但是它们可能产生不同的影响，因此，笔者认为这两个相似的人格变量可能会对 LMX 与知识分享行为之间的关系产生不同的调节效应。

总的来说，为了能够更加深入地分析 LMX 和知识分享行为之间的关系，同时能够深化人员环境交互影响的相关研究，笔者构建了一个理论模型，在该模型中两种相似的人格特质（一般自我效能感和内部控制源）对 LMX 通过情感承诺影响知识分享行为的关系产生了截然不同的调节效应，如图 4-1 所示。

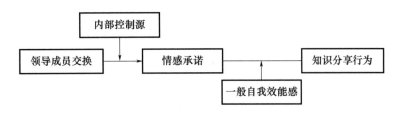

图 4-1 领导成员交换理论模型

4.2.2 研究现状与假设提出

4.2.2.1 LMX 和知识分享行为

知识分享行为一般不会在组织的工作规章中被详细列出，同时很难被衡量和正式奖励（Love 等，2008）。因此，在工作场景下，知识分享行为一般被看作一种类似组织公民行为的角色外行为。由于知识分享行为会消耗员工大量的时间和精力，同时还会对员工的竞争力造成影响，因此，员工一般拒绝主动分享自己的知识。为了解决分享困难的问题，很多学者提出可以从领导力的角度出发去解决员工对知识分享行为的抵制（Carmeli 等，2011）。他们指出，通过领导的行为能够在员工之间形成一种良好的社会情景，进而促进员工主动分享自己的知识。其中一种社会情境便是LMX 关系。在工作环境下，LMX 可以被界定为一种主管和下属的二元交换关系（Kim 等，2017）。LMX 最早是由学者格雷恩（Graen）和他的同事在 1977 年提出来的，随后，很多学者从互惠连续体的角度出发进行了研究。近年来，学者们开始从社会交换的视角研究 LMX 并把它分为"高质量"和"低质量"两种不同的交换类型。而这种区分的标准在于领导与员工之间的交互程度。低质量的 LMX 中，领导和员工几乎不进行交流，双方很难建立信任；而高质量的 LMX 中，领导和员工之间往往能够建立起一种社会交换关系，即高于雇佣合同的一种关系（Graen 等，1995）。高质量的 LMX 可以在领导和员工之间建立相互信任、相互激励和良好的工作氛围。此外，处于高质量 LMX 的员工通常涉及更多的决策过程、较少的任务相关问题，而且更倾向于承担组织责任（Carmeli 等，2011）。因此，高质量的 LMX 可以帮助员工产生积极的工作经验，促使他们做出更多超越工作需求的自愿性行为，如知识分享行为。同时，还有学者提出，高质量的 LMX 可以激励下属将组织目标进行内在化，即员工将关注集体利益而不是个人利益（Su 等，2013）。这些理论方面的论述同时也得到相关的实践证实。例如，有学者的研究表明，高质量的 LMX 可能会让员工感到更高的承诺感、忠诚感和集体主义，从而导致更愿意做出知识分享行为（Li，2014）。一些研究还指出，为了从高质量的 LMX 中获得想要的结果，员工可能会更加关注集体的利益，这可能会促使他们做出更多有益的行为，如知识分享行为（Sharifkhani 等，2016）。此外，安纳德认为员工为了回报领导给予的良好待遇，可能会表现出更多的自由裁量行为，如礼貌行为、利他行为或帮助行为（Anand 等，2018）。综上所述，笔者提出假设 H1：

H1：高质量 LMX 对知识分享行为具有显著的正向作用。

4.2.2.2　情感承诺的中介作用

情感承诺是指员工对组织的情感依恋、认同和参与（Meyer 等，1991）。对组织的高度承诺通常有助于员工认同组织的核心价值观和主要目标。通过这种认知过程，员工为成为组织的一员而感到自豪。员工对组织的情感依恋可以通过许多因素来增强。现有文献发现这些因素包括组织公平、支持性领导、工作设计以及内外部奖励等（例如，Karriker 等，2009；Currivan，1999；Joo，2010；O'Driscoll 等，1999）。这些要素中最显著的应该是领导力，确切地说是 LMX。研究者关于 LMX 和情感承诺之间关系的研究主要是基于以下两种理论脉络：①拥有高质量 LMX 的员工比其他人更容易从他们的领导和组织那里获得更多的情感和物质支持（Jeung 等，2017）。这种积极、优越的待遇可能会让下属产生一种感觉，觉得自己有义务回报他们所受到的良好待遇。根据社会交换理论和回报承诺理论，员工将通过与组织产生更大的情感纽带来"偿还"他们获得的良好待遇。②高质量的 LMX 能够满足员工的各种社会情感需求，如归属感、被尊重、被认可和情感支持，从而创造良好的工作氛围（Rhoades 等，2001）。在这种情况下，员工更倾向于将组织成员身份和角色身份融入他们的社会身份中，产生对组织的归属感，增强对组织的情感依恋。根据这些理论，笔者认为高质量的 LMX 能够积极促进员工产生情感承诺。

在本质上，知识分享行为是一种自愿活动，是很难从根本上被他人所控制的（Curtis 等，2018）。因此，组织通常不能对员工施加外部控制或要求他们分享知识，也就是说个人分享知识完全是出于自己想要或者愿意主动地帮助他人或者组织。具有较高情感承诺的个体往往倾向于将组织视为一个大家庭，将组织的问题看作他们自己的问题。因此，对组织具有强烈承诺感的人更加关注组织的目标和其他成员的集体福利，而不是仅仅强调自己的成本和收益，最终有助于克服上文提到的知识分享困境（Pee 等，2015；Cabrera 等，2002）。此外，一些学者还指出，当个人与组织建立起牢固的情感纽带时，他们甚至认为组织有权获取他们的知识（Jarvenpaa 等，2001）。之前很多研究都证实了上述这些观点。例如，有研究从承诺和信任的视角指出个人对组织的承诺会积极影响其分享知识的意愿（Hashim 等，2015）。也有学者的研究表明情感承诺是知识分享行为的一个重要前置因素（Van Den Hooff 等，2004）。

根据上述理论和实证结果，笔者认为，处于高质量 LMX 中的员工会对组织产生更强的情感依恋。因此，他们倾向于与同事分享他们的专业知识来帮助组织提升绩效。换句话说，笔者认为情感承诺在 LMX 和知识分享行为的关系中起到了中介作用。因此，笔者提出假设 H2：

H2：情感承诺在高质量 LMX 和知识分享行为之间的关系中具有中介作用。

4.2.2.3　一般自我效能感和内部控制源的调节作用

为了能够更加深入地揭示 LMX 和知识分享行为之间的复杂关系，笔者根据人与环境交互影响的视角（Hao 等，2019）研究了人格特质在 LMX 与知识分享行为关系中的调节作用。有学者（Judge 等，1997）在 1997 年提出了有关人格特质更加高阶的构念，即"核心自我评价特质"，并将之定义为对一个人的有效性、价值和能力的基本评价。这个经典构念包含自尊心、神经质（情绪稳定）、一般自我效能感和内部控制源四个确定的人格特质。在四个特质中，笔者研究重点关注的是一般自我效能感和内部控制源。这两个构念是较为接近的构念，它们都能够反映出个人对自己通过自身能力达到成功的认知和评价（Chen 等，2016）。尽管一般自我效能感和内部控制源具有上述共同点，但它们侧重的方向却是不同的。其中一般自我效能感强调个人相信自己有能力处理各种任务，而内部控制源关注的是个体内部因素（如坚韧、努力和天赋），而不是外部因素（如环境、运气和他人的帮助）决定了他们的表现（Rotter，1966）。

自我决定理论指出，个人非常倾向于接受与他们先入之见一致的经验，而往往会避免与自己想法不一致的经验。因此，不同类型的自我认知会产生不同的结果。一般自我效能感和内部控制源代表了两种不同类型的积极自我认知。一般自我效能感是与自我能力反馈相关的变量，而内部控制源是一种与自我喜欢反馈相关的变量。因此，笔者认为具有高水平一般自我效能感或内部控制源的人可能会关注 LMX 带来的影响中的不同方面，并生成不同类型的反馈。这些不同的自我验证过程会使得两者产生不同的调节作用。

1. 一般自我效能感的积极调节作用

正如上文中提出的假设，高质量的 LMX 可以增强员工与组织的情感纽带，从而为员工创造一个强大的"理由"（reason to）来分享自己的知识。然而，一些学者认为，只有一个分享知识的"理由"是不够的，员工是否做出知识分享行为还有另一个关键的决定因素，即"能做"（can do），指的是一个人能够做出这种行为的感觉（Hsu 等，2007）。而这种"能做"的感觉就是指个人的一般自我效能感。

一般自我效能感是一个较为稳定和异质性的构念，指的是一个人对他在各种情况下的整体能力或能力的信念（Judge 等，1997）。个体的选择行为、压力和焦虑的感觉、克服问题的努力和工作表现都受到一般自我效能感的影响。在这里，笔者认为一般自我效能感这个"能做"维度的构念可以加强"理由"这个维度的积极作用。因此，笔者认为尽管个体对组织产生了强烈的情感依恋，并真诚地希望做出更多的自由裁量行为，但如果缺少了"能做"这个因素，即如果他们怀疑自己成功执行这些活动的能力，个体将不太可能主动地表现出这种自主行为，例如知识分享行为。因此，对于一般自我效能感较低的员工，情感承诺对知识分享行为的影响将显著减弱。相反，具有较高水平一般自我效能感的潜在知识贡献者往往更少感到焦虑，更有能力和信心去分享自己的知识。自我验证理论认为，有自我效能感的人更关注其他激励因素，对它们的反应也更积极，表现出更有兴趣帮助组织成功的现象。根据这样的理论，那些高度参与组织活动并认同自己所在组织的员工，如果再配合上他们具有较高水平的一般自我效能感，那么他们将更愿意主动分享自己的知识。换句话说，笔者预测一般自我效能感高的个体，其情感承诺对知识分享行为的影响应该更强。因此，笔者提出假设 H3a：

H3a：员工一般自我效能感调节情感承诺与知识分享行为之间的正向关系。也就是说，员工的一般自我效能感水平越高，上述正向关系越强。

根据之前的文献（Edwards 等，2007），如果一个调节变量调节了自变量到中介变量或者中介变量到因变量之间的关系，那么它也调节了整个中介关系。在笔者的研究中，情感承诺到知识分享行为之间的显著正向关系被一般自我效能感调节，同时因为情感承诺还是 LMX 和知识分享行为之间关系的中介变量，因此，笔者的研究构建了一个典型的被调节的中介模型。

根据前文的论述，具有较高一般自我效能感水平的下属更有可能感知到高质量的 LMX 带来的积极心理状态，并作出更积极的反应。因此，高质量的 LMX 更有效地通过提升员工与组织的情感联系来激励他们做出更多的知识分享行为。也就是说，对于一般自我效能感高的员工来说，情感承诺在传递 LMX 对知识分享行为的影响方面起着更重要的中介作用。相反，一般自我效能感低的个体对良好的氛围或者心理状况的关注较少。即使他们与组织建立了牢固的情感联系，他们也可能表现出不想分享自己知识的情况。因此，笔者认为对于一般自我效能感低的员工来说，LMX 通过情感承诺对知识分享行为的积极作用可能会比较低。最终，笔者提出假设 H3b：

H3b：员工的一般自我效能感调节了 LMX 通过情感承诺正向影响知识分享行为的关系。也就是说，对于具有较高一般自我效能感的员工而言，上述关系也就越强。

2. 内部控制源的负向调节作用

控制倾向是指一个人相信他可以控制自己命运的程度。有学者（Rotter，1966）将这个构念分为了两个维度：内部控制源和外控倾向。内部控制源的个体通常相信他们可以控制自己的命运，并且能感知到自己的行为与其后果之间的强烈联系；而外控倾向的人则通常会感到无能为力，把自己身上发生的事情归咎于他们无法控制的因素。有研究团队（Ng 等，2006）的一个元分析指出内部控制源通常对个体的福利、动机、行为倾向具有积极的影响。但是，本研究却要反其道而行，侧重关注内部控制源的负面作用和影响，即内部控制源的个体往往会对外部环境或者外部影响产生"免疫"反应。这类个体往往认为自己能够取得一定的成绩完全是自己的功劳，和外部的环境（例如良好的 LMX）或者他人的支持帮助关系很小。

高质量的 LMX 意味着领导和下属之间的良好关系（例如，获得领导的支持、赞扬和认可）是影响下属结果的重要因素。这一信息与内部控制源的个体认为他们可以控制个人结果的信念相悖。根据自我验证理论，内部控制源的个体会忽视或免疫高质量 LMX 中包含的积极信息，从而减弱了 LMX 对其心理反应建立的（如情感承诺）影响。此外，内部控制源的个体往往认为他们能够控制自己的结果，他们可能会将自己的奖惩归因于自己的行为，而不是与领导的关系（Aubé 等，2007）。例如，他们可能把自己的晋升看作个人能力的证明，而不是来自领导的激励。因此，内部控制源可能会降低个体对组织的感激感和义务感，削弱高质量的 LMX 对情感承诺的积极作用。事实上，已经有研究表明，对于内部控制源的个体而言，一些积极的外部因素（如领导支持或者魅力型领导）会产生较少的积极影响，同时一些消极的外部因素（例如工作场景中的冲突和压力等）会产生较少的消极影响（Dijkstra 等，2011；Krause 等，1984）。因此，笔者认为内部控制源的个体较少受到高质量 LMX 带来的积极影响，从而降低了 LMX 对情感承诺的积极作用。

反过来说，具有外控倾向的人通常认为，事件超出了他们的控制，从而将自己置身于被动的外部环境之中（Ng 等，2006）。他们对外部因素更敏感，更喜欢把个人成就归功于环境或有权势的人，比如他们的领导。因此，这些人会更关注高质量 LMX 带来的影响，因为他们认为自己的成果取决于这些因素。当他们觉得自己与领导相处得很好时，他们很可能会对组织表示感激，并对组织产生更加深刻的情感承诺。在实证方面，有研究表明（Chiu 等，2005；Aubé 等，2007）内部控制源减弱了领导力与情感承诺之间的关系，而外控倾向加强了这种关系。根据这些理论，笔者提出假设 H4a：

H4a：员工内部控制源调节 LMX 与情感承诺之间的正向关系。也就是说，员工的内部控制源水平越高，上述正向关系越弱。

假设内部控制源调节了 LMX 和情感承诺之间的联系，也有可能内部控制源会有条件地影响 LMX 对知识分享行为的间接影响，就像 H3b 中描述的理论假设一样，表现出一个有调节的中介模型。正如之前的论述，内部控制源的个体可能会将他们的结果归因于他们自己的努力，而忽略了外部因素，例如高质量的 LMX，这将大大降低高质量的 LMX 对情感承诺的积极影响。由于他们与组织的情感纽带较弱，他们可能更少地做出一些有益的自由裁量行为，例如知识分享行为。相反地，外控倾向的个体倾向于对高质量 LMX 给予更多的关注和积极的反应，增强 LMX 通过情感承诺对知识分享行为的影响力。所以，情感承诺在 LMX 和知识分享行为之间起着更重要的中介作用。根据以上分析，笔者提出假设 H4b：

H4b：员工的内部控制源调节了 LMX 通过情感承诺正向影响知识分享行为的关系。也就是说，对于具有较高内部控制源的员工而言，上述关系也就越弱。

4.2.3　研究方法与数据分析

4.2.3.1　样本和调研过程

本研究的数据来自一个大型国有煤炭企业和其子公司的销售部门。由于该企业的子公司分布于全国多个省市，因此，企业建立了大量的虚拟团队来开展工作，以减少工作的出差成本。由于该企业特殊的工作性质，员工中3/4是男性员工，而且超过90%具有大学及以上学历。这些销售人员分为不同的虚拟销售小组，每个组内有1~2名主管和10~15名成员。这些团队的成员在一起工作，经常会进行在线相互交流。因此，每个组的主管对其组员的工作日常和工作情况非常了解。

笔者邀请该企业人力资源部门的负责人协助进行调研。首先，笔者向该负责人申请一份虚拟团队主管-下属的组合名单。一个团队的主管需要来评价多个员工。在发放问卷之前，笔者给每一对主管-下属组合分配一个随机的数字。同时，也向这些参加调研的个体说明了此次调研的目的、问卷结果的保密性以及问卷仅用于科研等情况。协调者帮助笔者把问卷发放到每一对组合中。其次，领导需要评价员工的知识分享行为，员工则需要自我评估LMX、情感承诺、一般自我效能感以及内部控制源的程度。笔者还将填写问卷的领导和员工分在两个不同的地点。当他们完成评分后，完成的问卷会被密封在信封里寄回。协调员分发了300份调查表。一个月后，笔者共收集了231份匹配的领导与下属的问卷，回复率为77%。领导样本的平均年龄为35.2岁（标准差 $SD = 7.34$），其中81.4%为男性；93.5%的受访者拥有学士或以上学位，平均在该企业任职11.2年（$SD = 4.71$）。下属样本平均年龄29.2岁（$SD = 5.47$），其中男性占68%；93.1%的受访者拥有本科及以上学历，平均任职时间为5.3年（$SD = 2.43$）。

4.2.3.2 测量工具

本研究用到的所有测量工具均来自已经发表在国际一流期刊的论文。除非另有说明，所有题项均采用李克特五分制评分，1分表示"非常不同意"，5分表示"非常同意"。笔者在附录A1中将会给出具体的问卷。LMX的测量工具于1995年发表（Graen等，1995）；情感承诺的测量工具于2001年发表（Rhoades等，2001）；一般自我效能感的测量工具于2001年发表（Chen，2001）；内部控制源的测量工具于1988年发表（Spector，1998），笔者对这个量表进行了小幅调整；员工的知识分享行为的问卷于2018年发表（Lee等，2018）。同时，根据之前的相关文献（Kim等，2017），笔者选取了年龄、性别、受教育程度和工作年限作为控制变量。

4.2.3.3 模型信效度检验

在检验假设之前，笔者首先检验了该模型的收敛效度和区分效度。结果如表4-2所示，因子负载范围为0.71~0.87；平均方差提取（Average variance extracted，AVE）最低为0.51；组合效度（Composite reliability，CR）最低为0.88；克朗巴哈系数（$Cronbach's\ \alpha$）的范围为0.83~0.93。此外，研究变量的均值、标准差和相互关系如表4-3所示。可以发现每个构念 AVE 的平方根都大于该构念的其他相关系数。根据福内尔（Fornell）和拉赫尔（Larcher）的研究和建议，笔者的模型具有较高的信效度和区分度。

表 4-2　信效度检验

构念	题项数目	因子负载范围	CR	AVE	Cronbach's α
LMX	7	0.71 ~ 0.81	0.90	0.53	0.87
AC	6	0.74 ~ 0.87	0.94	0.71	0.93
GSE	8	0.72 ~ 0.84	0.91	0.54	0.89
ILOC	8	0.71 ~ 0.78	0.88	0.51	0.83
KSB	7	0.78 ~ 0.84	0.93	0.64	0.90

注：$N = 231$。其中，AC 表示情感承诺，GSE 表示一般自我效能感，ILOC 表示内部控制源，KSB 表示知识分享。这些缩写同样适用于本章的其他表格。

表 4-3　构念之间的相关性

变量	均值	标准差	AVE	LMX	AC	GSE	ILOC	KSB
LMX[a]	3.71	0.62	0.53	(0.73)				
AC[a]	3.82	0.56	0.71	0.32**	(0.84)			
GSE[a]	3.97	0.89	0.54	0.25**	0.29**	(0.73)		
ILOC[a]	3.83	0.73	0.51	0.27**	0.28**	0.69**	(0.71)	
KSB[b]	3.68	0.69	0.64	0.30**	0.37**	0.35**	0.14**	(0.80)

注：$N = 231$；$^*p < 0.05$，$^{**}p < 0.01$，$^{***}p < 0.001$。括号内的数据为 AVE 的平方根，[a]表示这些变量由员工自己评估，[b]表示这些变量由主管来评估。

4.2.3.4　假设检验

分层回归的结果如表 4-4 所示（表中的 M 表示模型）。从表 4-4 可以看到，LMX 与知识分享行为具有显著的正向关系（M6，$\beta = 0.27$，$p < 0.01$），因此 H1 得到验证。笔者遵循三步检测法来验证情感承诺的中介作用（Baron 等，1996）。第一，H1 的结果显示自变量（LMX）显著促进因变量（知识分享行为）；第二，表 4-4 中 M2 显示，LMX 显著正向作用于情感承诺（$\beta = 0.33$，$p < 0.01$）；第三，当把 LMX 和情感承诺均加入回归方程中时，LMX 对知识分享行为的积极作用不再显著了（M7；$\beta = 0.06$，ns），但是情感承诺对知识分享的作用却显示显著（M7，$\beta = 0.35$，$p < 0.01$）。因此，检验结果说明，LMX 对知识分享的正向作用被情感承诺完全中介。为了进一步检验中介效应，根据相关研究的建议（Preacher 等，2008），笔者利用拔靴法来检验估计的间接效应的显著性。结果显示，LMX 通过情感承诺对知识分享行为的间接影响显著（$Estimate = 0.09$，$SE = 0.04$，$CI [0.03, 0.18]$）。因此，H2 得到验证。

表4-4　分层回归结果

变量		AC					KSB					
		M1	M2	M3	M4	M5	M6	M7	M8	M9	M10	M11
控制变量	Age	0.06	0.05	0.04	0.04	0.05	0.03	0.02	0.03	0.03	0.03	0.03
	Gender[a]	-0.03	-0.04	-0.02	-0.03	-0.02	-0.01	-0.02	-0.01	-0.02	-0.02	-0.02
	Education[b]	0.09	0.08	0.05	0.04	0.12**	0.07	0.05	0.07	0.07	0.07	0.07
	Tenure	-0.04	-0.03	0.01	0.02	-0.01	-0.01	-0.03	-0.01	-0.01	-0.01	-0.01
自变量	LMX		0.33**	0.24**	0.27**		0.27**	0.06				0.11*
中介变量	AC							0.35**	0.38**	0.21**	0.19**	0.22**
调节变量	GSE									0.24**	0.27**	0.25**
	ILOC			0.16**	0.11**							0.07
交互项	AC×GSE										0.22**	0.09
	LMX×ILOC				-0.19**							-0.17**
	R^2	0.02	0.11**	0.18**	0.28**	0.04*	0.12**	0.17**	0.15**	0.22**	0.28**	0.31**
	ΔR^2		0.09**	0.07**	0.10**		0.08**	0.05**	0.11**	0.07**	0.06**	0.03*

注:$N=231$。M 表示模型;Age 表示年龄,Gender 表示性别,Education 表示受教育水平,Tenure 表示工作年限。a Gender:男性=1,女性=0;b Education:高中及以下=1,本科学历=2,硕士及以上=3。*$p<0.05$,**$p<0.01$。

为了检验一般自我效能感的调节作用，笔者首先将所有预测变量平均居中以减少多重共线性。然后把控制变量、情感承诺、一般自我效能感和交互项（$AC \times GSE$）放入回归方程中，将因变量设置为知识分享行为。从表 4−4 的 $M10$ 可以看到，交互项（$AC \times GSE$）与知识分享行为正向相关（$\beta = 0.22$，$p < 0.01$），表明一般自我效能感有效增强了情感承诺对知识分享行为的作用。此外，为了更好地理解上述调节效果，笔者绘制了调节效应图，并进行了简单斜率分析。结果如图 4−2 和表 4−5 所示：当一般自我效能感较高时，情感承诺与知识分享行为之间正向显著相关（$B = 0.34$，$p < 0.01$）；而当一般自我效能感偏低时，情感承诺与知识分享行为之间的正向关系则不再显著（$B = -0.04$，ns）。因此，H4b 得到验证。

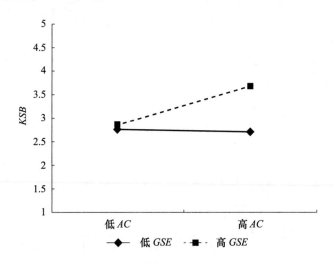

图 4−2　一般自我效能感的调节效应

表 4−5　简单斜率分析结果

调节变量的水平	B	SE	t	p
低 GSE	−0.04	0.03	0.88	0.381
高 GSE	0.34	0.07	4.23	< 0.001
低 $ILOC$	0.31	0.05	3.91	< 0.001
高 $ILOC$	0.03	0.02	0.76	0.449

注："低"表示比平均值低于一个标准差，"高"表示比平均值高于一个标准差，SE 表示标准误差。

笔者采用了同样的方法来检测内部控制源的调节作用。笔者将情感承诺作为因变量，将 LMX、内部控制源以及两者的交叉项作为自变量加入回归方程中，结果如表 4−4 中的 $M4$ 所示，交叉项与情感承诺之间出现了负向的显著关系（$\beta = -0.19$，$p < 0.01$）。这说明，内部控制源减弱了 LMX 对情感承诺的积极作用。笔者同样将该调节效应画图，并作了简单斜率分析。结果如图 4−3 和表 4−6 所示：当内部控制源较高时，LMX 和情感承诺之间的正向关系不显著（$B = 0.03$，ns）；而内部控制源偏低时，LMX 与情感承

诺之间的正向关系显著（$B=0.31$，$p<0.01$）。因此，H4a 得到验证。

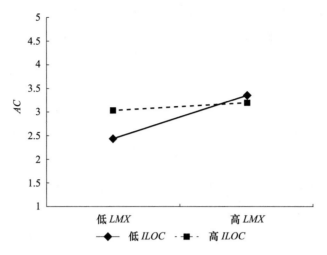

图4-3　内部控制源的调节效应

笔者采用了普里彻等（Preacher 等，2007）设计的 SPSS 宏来检验 *LMX* 通过情感承诺对知识分享行为的有条件的间接影响效果。笔者将调节变量的高水平和低水平分别设置为高于和低于每个调节变量平均值的一个标准差。结果如表 4-6 所示，*LMX* 通过情感承诺知识分享行为的间接影响取决于一般自我效能感和内部控制源的水平。当一般自我效能感较高和内部控制源较低时，间接影响更强（$Estimate=0.21$，$SE=0.06$，CI [0.09，0.45]；$Estimate=0.16$，$SE=0.04$，CI [0.06，0.38]）。而当一般自我效能感较低和内部控制源较高时，间接影响更加弱（$Estimate=-0.01$，$SE=0.02$，CI [-0.05，0.02]；$Estimate=0.03$，$SE=0.02$，CI [-0.03，0.07]）。因此，本研究提出的假设 H3b 和 H4b 均得到了验证。

表4-6　有调节的中介效应检验

调节变量的水平	有调节的间接效应	*SE*	95% *CI*	
			较低	较高
低 *GSE*	-0.01	0.02	-0.05	0.02
高 *GSE*	0.21	0.06	0.09	0.45
低 *ILOC*	0.16	0.04	0.06	0.38
高 *ILOC*	0.03	0.02	-0.03	0.07

注："低"表示比平均值低于一个标准差，"高"表示比平均值高于一个标准差。

4.2.4　研究小结和讨论

研究结果表明，*LMX* 是预测员工知识分享行为的重要决定因素，高质量的 *LMX* 能够显著促进员工分享更多的知识。而情感承诺完全中介了 *LMX* 与知识分享行为之间的正相关关系。此外，这一机制受到两种相似的员工特质（一般自我效能感和内部控制源）的不同调节。具体来说，一般自我效能感通过增强 *LMX* 通过情感承诺来促进知识分享行为的关系，而内部控制源则减弱了情感承诺的中介作用。

本研究在领导力、情感承诺以及员工特质方面具有一定的理论启示，主要表现在以下几个方面。

（1）虽然领导力一直被认为是影响员工知识分享行为的重要因素，但之前的大多数论文只强调了领导的重要作用，忽略了下属的反应。它们声称不同类型的领导可以构建不同的氛围，员工因此而表现出不同水平的知识分享行为。这个论点是有瑕疵的，因为如果追随者不能与领导进行全面的交流，他们可能无法准确地感知这种氛围，从而影响领导力对知识分享行为的作用。本研究强调了 *LMX* 的作用，不仅突出强调领导的行为，还强调了下属的反应。例如，在高质量的 *LMX* 关系中，领导者关注并支持下属，而下属则致力于产生对领导和组织的良好态度。在这样的情形下，员工会对组织表现出更多的角色外行为，尤其是知识分享行为。数据分析的结果支持了笔者的假设，高质量的 *LMX* 与知识分享行为之间存在显著的正相关关系。因此，笔者的研究对当前有关 *LMX* 的文献进行了有益的扩充，表现为更多地关注追随者的反应和增加关于 *LMX* 对各种工作结果的积极影响的新实证证据。

（2）之前的大多数研究较少关注领导力与知识分享行为之间关系的"黑箱"。笔者的研究结果揭示了员工与组织的情感联系（即情感承诺）完全中介了 *LMX* 对知识分享的积极作用，为上述"黑箱"提供了一种合理的解释。尽管现在有研究表明 *LMX* 对情感承诺具有积极作用，而情感承诺会促使员工分享知识，但是将这两个机制连在一起，形成中介效应的研究却很少。根据社会交换理论，笔者认为高质量 *LMX* 会引起员工对组织产生较高的情感承诺，而员工为了回馈领导给予的这种良好待遇和氛围，更加倾向于做出更多的角色外行为，例如知识分享行为。上述研究结果可以加深我们对为什么高质量 *LMX* 关系中的员工比低质量 *LMX* 关系中的员工对组织贡献更大的理解。此外，笔者的研究也揭示了情感承诺和知识分享行为之间的直接正相关关系。据笔者所知，目前很少有研究调查心理因素是如何影响知识分享行为的。因此，笔者的研究也为未来研究情绪或者心理因素如何影响知识分享行为提供了一定的参考。

（3）尽管现在很多研究者强调研究人员与环境交互影响的视角，但是在知识分享领域很少有研究者这么做。当前有关知识分享的研究绝大多数是选取个体或者环境方面的变量进行单向的直接关系研究。本研究的贡献在于分析了两种相似的人格特质是如何对同一种环境要素（*LMX* 产生的氛围）产生影响的。结果显示，具有较低内部控制源和较高一般自我效能感的员工会更加积极地对 *LMX* 产生的良好氛围作出反应，从而表现出更好的绩效。因此，笔者的研究对人与环境交互作用的研究视角进行了有益的扩展，将该视角应用于知识分享领域。

（4）研究结果表明，一般自我效能感和内部控制源虽然是两个相似的积极的自我评价特质，但是两者对同样的环境变量却产生了不同的调节效应。在之前的研究（Judge 等，2001）中，学者们发现自尊、一般自我效能感、内部控制源和情绪稳定均对工作绩效产生了正面的影响。但是本研究提出了内部控制源可能会带来的负面作用，而且通过实证研究证实了笔者的理论分析。因此，本研究拓展了人们对内部控制源的认知，更加具体地阐释了相似的人格特质可能会因为自我认知过程的不同而产生相反的作用。

第5章
计划行为理论视角下虚拟团队成员的知识分享

5.1 计划行为理论

计划行为理论（Theory of planned behavior，TPB）是一种广义的理论，在社会心理学中被广泛应用于研究个体行为。目前，该理论在预测行为的意愿和行为自身方面的有效性已经在许多研究中得到了广泛的证实（Cooke 等，2008）。TPB 指出某种行为的意愿是由三个层面的构念所决定的：行为态度、主观规范和行为控制感。意愿是指准备执行某种行为的意愿，而这种意愿对行为具有重要的预测作用。换句话说，意愿表明一个人在特定时间内执行特定行为的可能性（Ajzen，1991）。根据 TPB，态度是指一个人对某一行为的积极或消极评价。态度越积极，参与某一特定行为的意愿就越强。主观规范，即感知到的社会压力，指的是一个人对他重要的人认为他应该或不应该执行某一行为的感知（Ajzen，1991）。感知到的社会压力越强，执行某种行为的意愿就越强。行为控制感即行为知觉控制是指一个人对某一行为的可感知的轻松或困难。感知到的行为控制越强，执行特定行为的意愿就越强。该理论还表明，想要执行某一行为的个体可能缺乏执行该行为的控制/资源。因此，TPB 假设感知行为控制可以直接影响行为（Ajzen，1991）。TPB 的模型如图 5-1 所示。

TPB 是理性行为理论（Theory of reasoned action，TRA）的拓展和丰富。如图 5-2 所示，在 TRA 的理论模型中包括态度和主观规范作为意愿的决定因素，但不包括行为控制感。TRA 的假设是个体对特定行为具有意志控制。因此，一个人会在他想做的时候做一个行为，而不会在他不想做的时候做这个行为。除了一个额外的因素——行为控制感外，TPB 与早期的 TRA 相似。之所以 TPB 要把行为控制感纳入自己的框架中，是要用其来解释当个人无法完全控制自己行为时的情况。

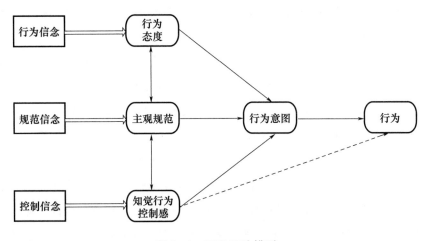

图 5 - 1　TPB 理论模型

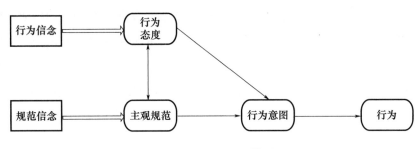

图 5 - 2　TRA 理论模型

　　TPB 的两位提出者更新了 TPB 和 TRA 的框架，并提出了理性行动方法（Fishbein，2010）。合理的行动方法包括行为信念、规范信念、控制信念、态度、主观规范、知觉行为控制、意愿、行为和背景因素。理性行动方法中的背景因素包括个人因素、社会因素和信息因素。个人因素包括个性、情绪和过去的行为。社会因素是文化和人口统计变量，包括年龄、性别、教育、收入和文化。信息因素包括知识、技能和媒体影响。这些背景因素通过对信念的影响来影响意愿和行为（Ajzen，2002）。

　　TPB 已被广泛应用于不同的学科，以了解个体的意愿和行为，如癌症筛查、运动、投票、减肥、慈善捐赠、献血、食物消费、道德行为、休闲选择、回收利用、上课、戒烟、作弊、科技使用等（Armitage 等，2001；Rutter，2000；Fortin，2000；George，2002；Francis 等，2004）。其中大多数研究使用 TPB 来确定人类社会行为的决定因素。这些研究采用的方法是访谈和调查。例如，康纳等（Conner 等，2002）调查个人对健康饮食的意愿。他们发现，TPB 提出的所有构念（态度、主观规范和行为控制感）都是影响因素。有研究表明，行为控制感显著影响青少年戒烟意愿（Murnaghan 等，2009）。同时，一些元分析也证实了 TPB 的作用。有研究对 185 项研究进行了综述发现，TPB 分别解释了 39% 和 27% 的意愿和行为变异（Armitage 等，2001）。最近的一项元分析也证实了 TPB 的有效性，并指出 TPB 模型占个体行动方差的 23.9%（McEachan 等，2011）。

在知识分享理论中，TPB 也得到了相应的应用。有研究采用 TPB 或 TRA 来了解不同专业群体之间的知识分享。例如，有研究以韩国医院外科医生为样本，研究了 TPB 对知识分享行为的影响（Rye 等，2003）。他们发现态度和主观规范会影响 26 名医生的知识分享意愿，主观规范对意愿的影响大于态度，而行为控制感对知识分享意愿的影响最小。他们也研究了 TPB 在理解高管鼓励知识分享意愿方面的适用性（Lin 等，2004）。他们发现，高管的态度、主观规范和行为控制感影响他们鼓励知识分享的意愿。有学者利用 TPB 并通过外部激励因素、社会心理力量和组织氛围因素对其进行补充，研究了促进或阻碍知识分享意愿的因素（Bock 等，2005）。他们对韩国 27 个机构的 154 名经理进行了调查。他们发现，外部奖励会抑制知识分享良性态度的产生和发展。相反，员工对知识分享的态度在很大程度上受到与知识分享相关的预期互惠关系的影响。研究进一步表明，组织文化是影响知识分享的重要因素，知识分享文化不仅影响知识分享主观规范的形成，而且直接影响员工的知识分享意愿。康奈利等（Connelly 等，2009）检验了行为控制感是否会影响知识分享意愿。他们认为行为控制感包括能力、机会和时间。他们开展了一项实验，当机会和能力两个变量被控制时，时间对意愿的影响是显著的。也就是说，一个人拥有的时间越多，他就应该能够做更多的分享。有学者考察了高中教师的知识分享意愿，发现态度、主观规范、行为控制感会影响知识分享意愿（Chen，2011）。

对现有的文献进行回顾之后，笔者发现 TPB 在知识分享领域的应用主要集中在传统的工作环境下，缺乏在虚拟环境下的应用。因此，笔者将 TPB 应用于虚拟团队成员知识分享行为的研究中，探讨分享意愿、分享态度、分享规范以及分享控制等对虚拟团队成员知识分享行为的影响。

5.2　行为信念、 规范信念、 控制信念与知识分享行为

5.2.1　研究背景

当前有关知识分享的研究多是从技术角度来开展的，学界和业界广泛存在这样的观点：对知识分享技术的投资一定能够促进组织的知识分享。但是这样的观点忽视了知识分享的人、社会和交流等方面的因素。尽管新的工具和技术为克服空间和时间障碍以及增加信息获取的范围和速度提供了独特的机会（Hendriks，1999），但它们并不总是能够保证成功的知识分享实践。有学者认为，信息技术可以激发知识，但不能传

递知识（McDermott，1999）。甚至有学者指出，在知识分享的具体实践中，人的作用占到90%，而技术的作用仅占10%（Zack，1999）。有学者指出，知识分享从根本上而言是社会性的，成功的知识分享实践不仅需要相应的技术支撑，而且需要对社会和心理方面的广泛理解（Tuomi，2000）。根据布雷拉等（Cabrera 等，2002）的研究，知识分享可以被概念化为一种社会困境，在这种困境中，个人理性导致集体非理性。这种将知识分享作为一种社会困境的说法揭示了社会中人们之间合作和协同的问题。

在传统的工作环境下，知识分享可能受到技术的影响相对较小，但是在虚拟环境下，技术和人的因素究竟如何影响人们的分享意愿，最终导致人们做出或者拒绝知识分享行为非常值得深入研究。虽然知识被描述为黏性和难以转移的（Szulanski，2000），而且很多研究也指出人类倾向于囤积而不是分享知识（Davenport 等，1998），但当涉及虚拟环境，尤其是虚拟社区或者虚拟团队时，这些描述可能不太正确。在虚拟社区或者虚拟团队中，成员往往会产生一种自然而然地愿意和渴望分享知识的状态，尤其是在专业的虚拟社区或者以知识性产品为主的虚拟团队中（Chiu 等，2006）。虽然人们已经注意到个人参与虚拟团队或者虚拟社区的意愿，但是很少从理论视角研究到底是什么因素促进他们愿意分享自己的知识（Wasko 等，2000）。因此，本研究将采用社会心理学领域的 TPB 理论模型来更好地理解虚拟环境中的成员如何以及为什么分享他们的知识，并挖掘出背后真正的分享动机。

5.2.2 研究现状和假设提出

根据 TPB 理论模型，如图 5 - 1 所示，笔者将从分享意愿、分享信念（态度信念、规范信念以及控制信念）两个方面来探讨虚拟团队成员的知识分享。

5.2.2.1 分享意愿与知识分享行为

意愿是行为最重要、最显著的一个预测变量。有学者的研究认为（Fishbein 等，1976），意愿可以被看作"捕获"行为动机因素的有机变量，是人们愿意或者准备做出某种行为的一个指标。因此，个体分享知识的意愿在很大程度上决定了其与他人分享知识的行为。研究表明，预测一个人是否会做出某一特定行为的最好方法是问一个简单的问题，即他是否打算做出该行为。因此，笔者提出假设 H1：

H1：个体分享知识的意愿越强，他就越有可能与其他个体分享他的知识。

5.2.2.2 分享信念与知识分享行为

根据 TPB 模型，一个人的意愿是特定信念导向行为本身的功能。信念是根据直接观察或从外界获得的信息形成的。这些信息最终将帮助个人将一个对象与各种属性关联起来。一个人的信念的总和是最终决定他的态度、意愿和行为的信息基础。因此，这种方法认为人类本质上是理性的有机体，他们利用所掌握的信息作出判断和决定。

有三种常见的信念可以用来预测人们的行为意愿：一是关于行为可能结果的信念和对这些结果的评价，即行为信念；二是关于他人规范期望的信念和遵守这些期望的动机，即规范信念；三是对可能促进或阻碍行为表现的因素的存在和力量的感知信念，即控制信念。

（1）分享态度（行为信念）

态度是指一个人对一件事物的有利或不利的评价（Fishbein 等，1976）。态度，作为一种一般的行为倾向，仅通过影响一些与行为密切相关的因素，间接地对特定行为产生影响（Ajzen，1991），而这些因素中最常见的便是个体执行某一种行为的意愿。因此，个人对与他人分享知识的态度决定了他实际实施这种行为的意愿。以往的研究表明，个体对知识分享的态度与其对他人分享知识的意愿之间存在显著的关系，态度可以很好地解释知识分享意愿的统计量变异（Kuo 等，2008）。基于上述考虑，笔者提出假设 H2：

H2：个体对知识分享实践的态度越积极，他分享知识的意愿越强。

（2）主观规范（规范信念）

相关研究表明，在一定的环境下，特定的指称对象对某一事物的态度会导致规范性压力，促使个体遵从这些指称对象的态度（Connelly 等，2012）。有关虚拟社区知识分享的研究表明，团队成员对管理支持知识分享的感知是形成知识分享文化的重要预测因素（Connelly 等，2012）。同样的，有研究也发现管理支持对个人自主分享知识动机的积极影响（Harder，2008）。有学者考察了管理者社会权力，发现管理者社会权力对知识分享行为有显著影响（Liao，2008）。员工感知到管理者和重要同事对知识分享的接受和鼓励，会产生积极的知识分享行为，因为这种力量能够改变或影响员工对知识分享的行为和态度。因此，笔者提出假设 H3：

H3：个体对知识分享实践的主观规范感知越强，他分享知识的意愿就越强。

（3）描述规范（规范信念）

描述规范关注的是个体对他人行为或态度的感知。因此，其他人的行为或他们对这些行为的态度提供了个人在决定自己该做什么时可能使用的信息（Rivis 等，2003）。尽管 TPB 模型强调了"重要人物"的主观规范对个体遵守特定行为的重大影响，但描述规范在个体行为预测方面的重要性也逐渐显现出来。在一项元分析研究中，研究者假设描述规范对个人的行为意愿有显著作用，结果显示描述规范可以作为 TPB 模型的额外预测因素（Rivis 等，2003）。事实上，他们的研究表明，当描述规范被纳入研究模型之后，TPB 的预测效度有显著提高。基于上述研究，笔者也将描述规范作为知识分享行为的一个重要预测变量，并提出假设 H4：

H4：个体感知到的知识分享实践的描述规范越强，他分享知识的意愿就越强。

（4）分享可控性（控制信念）

分享可控性是指一个人对于分享知识的控制信念，基于个体可用的所有资源，如何做出相关的行为完全取决于个人的意愿（Bandura，1994）。分享可控性与个体自身的能力和可用资源有关。假设个体对分享知识的方便性感知越强，他分享的意愿就越强。也就是说，一个人对自己行为的控制感会导致他具体开展相应的行动。因此，笔者提出假设 H5：

H5：个体对其知识分享能力的控制程度越高，其在虚拟团队中分享知识的意愿就越强。

本研究提出的理论模型如图 5-3 所示。

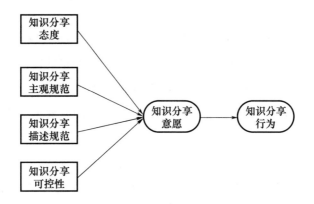

图 5-3 基于 TPB 的知识分享理论模型

5.2.3 研究方法与数据分析

5.2.3.1 样本和程序

本研究采用网络数据获取的方式进行数据收集。笔者调研的企业是一家大型国有服务型企业，该企业在全国 24 个省区市设有分公司。由于自身发展和节约工作成本的需要，该企业从 2015 年之后成立了大量的虚拟团队来完成相关的产品研发工作。笔者通过该企业总部的人力资源部门的领导，对该企业的 26 个虚拟团队，共计 392 名员工进行三阶段调研。第一阶段邀请参与者填写个人的人口统计学信息（年龄、性别、学历和在虚拟团队的工作年限）、知识分享态度、知识分享主观规范、知识分享描述规范以及知识分享可控性。一个月之后，笔者开展了第二阶段的调研，邀请第一阶段中有效问卷的回复者回答他们关于知识分享的意愿。又一个月之后，笔者使用同样的方法开展了第三阶段调研，获取相关参与者的知识分享行为数据。最终，笔者收到 223 份有效问卷（详见附录 A2），最终问卷的有效率为 56.9%。在所有有效数据中，男性参与者有 137 人，占总人数的 61.4%。所有参与者中本科以上学历的人数最多，达到了 214 人，占比为 96%。所有参与者的平均年龄为 36.3 岁（$SD=6.34$）；在虚拟团队中的平均工作年限为 3.2 年（$SD=1.31$）。

5.2.3.2　变量测量

笔者采用了之前国际一流期刊发表的论文中的量表来测量相应的变量，如果没有特别说明，所有的问题均是用李克特 7 点量表来测量，从 1 到 7 分别表示"非常不同意"到"非常同意"。

知识分享意愿的测量采用的是波克等人在 2005 年研究医生知识分享意愿的研究中的量表（Bock 等，2005）。笔者将这个量表中的题目与本研究的实际情况进行了对应，将工作环境变为了虚拟团队。这个量表有 3 个条目，举例条目为"我打算将自己的知识分享给虚拟团队中的其他成员"。

笔者采用了波克等人的 6 个条目问卷来测量虚拟团队成员的知识分享态度（Bock 等，2005）。举例条目为"如果我在团队中分享了自己的知识，我会感觉很好"。

关于知识分享主观规范的测量，笔者同样使用了波克等人的 3 个条目量表（Bock 等，2005）。举例条目为"大多数对我很重要的团队成员都认为我应该与其他成员分享我的知识"。

关于知识分享描述规范的测量，笔者采用了诺曼等人开发的量表（Norman 等，2005）。举例条目为"我们团队中的大部分成员都会与其他成员分享他们的知识"。

笔者采用艾奇森（Ajzen，2002）开发的 2 个条目的量表来测量知识分享可控性。举例条目为"是否分享我的知识主要取决于我自己"。

知识分享行为的测量采用了有 5 个条目的量表（Hsu 等，2007）。举例条目为"在过去的一个月里，你与团队中成员分享工作方面的观点或经验的频率如何"。采用了李克特 7 点量表来测量，从 1 到 7 分别表示"频率非常低"到"频率非常高"。

5.2.3.3　共同方法偏差

因为笔者使用的是自我报告的量表对变量进行测量，共同方法偏差可能会对该研究结果产生一定的影响。为了解决这个潜在的问题，笔者使用了哈尔曼（Harman，1967）的单因素检验。根据之前研究的建议，如果其中一个因素解释了超过整体方差变异的 50%，共同方法偏差就是一个显著的问题（Podsakoff 等，2003）。该研究的探索性因子分析结果显示，没有一个单一因子可以解释总方差变异的 35.89% 以上。这表明共同方法偏差在目前的研究中并没有构成严重的问题。

5.2.3.4　模型信效度检验

根据之前研究的建议（Fornell 等，1981），符合以下指标的模型具有较好的信效度：①Cronbach's α 系数和 CR 均大于 0.7；②所有的因子载荷均大于 0.7；③AVE 大于 0.5；④各因子 AVE 值的平方根大于因子之间的相关系数。

从表 5 - 1 和表 5 - 2 的结果可以发现，本研究的模型的相关数据完全满足上述信效度检验的指标，因此，本研究的模型具有较好的信效度。

表 5 - 1　变量的信效度分析结果

变量	条目数量	因子负载范围	CR	AVE	Cronbach's α
IN	3	0.91 ~ 0.96	0.95	0.88	0.93
AT	6	0.68 ~ 0.90	0.92	0.65	0.89
SN	3	0.78 ~ 0.92	0.91	0.76	0.84
DN	2	0.90 ~ 0.90	0.90	0.81	0.75
CON	2	0.94 ~ 0.95	0.94	0.89	0.84
KSB	5	0.63 ~ 0.93	0.93	0.72	0.90

注：$N = 223$。IN 表示知识分享意愿，AT 表示知识分享态度，SN 表示知识分享主观规范，DN 表示知识分享描述规范，CON 表示知识分享可控性，KSB 表示知识分享行为。这些缩写同样适用于本章的其他内容。

表 5 - 2　变量之间的相关系数

变量	1	2	3	4	5	6
IN	(0.94)					
AT	0.53**	(0.81)				
SN	0.56**	0.44**	(0.87)			
DN	0.51**	0.64**	0.40**	(0.90)		
CON	0.14*	0.21**	0.05	0.13	(0.94)	
KSB	0.61**	0.28**	0.43**	0.30**	0.06	(0.84)

注：$N = 223$。$^* p < 0.05$，$^{**} p < 0.01$。括号内的数据是 AVE 数值的平方根。

5.2.3.5　假设检验

笔者使用多元线性回归方法来检验提出的假设。首先，将知识分享行为作为因变量，知识分享意愿作为自变量加入回归方程，得到知识分享意愿能够显著预测知识分享行为（$\beta = 0.613$，$p < 0.001$），因此 H1 得到证实。其次，笔者将知识分享意愿作为因变量，知识分享的态度、主观规范、描述规范和可控性作为自变量，分别加入回归方程，得到最终的结果如图 5 - 4 所示（知识分享态度：$\beta = 0.045$，$p = 0.58$；知识分享主观规范：$\beta = 0.338$，$p < 0.001$；知识分享描述规范：$\beta = 0.261$，$p < 0.01$；知识分享可控性：$\beta = 0.035$，$p = 0.69$）。

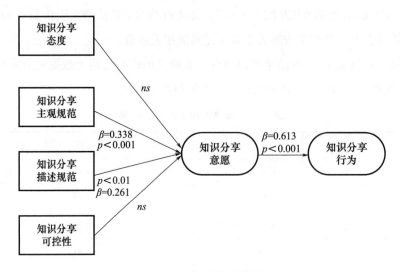

图 5 - 4 假设检验结果

5.2.4 研究小结和讨论

虚拟环境下的组织正面临着通过分享和交换知识来激励其成员参与组织建设的挑战。在虚拟环境下，一个团队想要取得成功，维持自身竞争力，成员必须不断添加、更新和修改他们的知识和专业知识基础（Cheung 等，2007）。本研究采用社会心理学的视角对虚拟团队成员知识分享行为进行研究。笔者的研究基于 TPB 理论，该理论的核心观点是：一个人的行为是由他执行该行为的意愿决定的，而这一意愿又受到其他直接和间接影响变量的调节和影响（Fishbein 等，1976）。本研究在预测个体具体行为意图的变量中，重点考虑了态度、主观规范、描述规范和可控性的影响。

本研究的假设大部分得到了验证。第一，研究结果表明，组织中的"其他重要人物"的影响（即主观规范）会显著影响虚拟团队成员的知识分享意愿。根据 TPB 模型，个人在虚拟团队中分享知识的意愿会受到某种信念的影响。影响知识分享行为的主要信念具有规范性，是指人们认为某人应该或不应该分享他的知识。规范信念和遵守的动机导致规范压力。规范压力的总和可以被称为"主观规范"。本研究表明一个人遵从给定指示物的动机会随着该指示物对他的影响力的增加而增加。主观规范对人的影响在之前的研究中也被广泛证实。例如，有研究者认为主观规范与组织中的"权力"有关，"权力"被定义为个人改变或控制个人行为、观点、态度、目标或需求的能力（French 等，2001）。他们确定了五种可能决定个人-参照关系进而影响个人行为的权力基础：奖励权力、强制权力、合法权力、专家权力和参照权力。除了组织中有权力的个人会产生主观规范，团队的文化和价值观也会对成员产生规范性的压力。另外，还有学者指出当一个人被某个人或某个群体吸引时，他会有动力分享他的知识，以获得这个人或群体的认可，进而能够有利于加入这个群体之中。因此，当认同感增加，个人的归属感就会增强，这样该个体就会表现出参照群体中个体的行为。因此，对参照群体的认同感越强，参照群体中个体行为的影响就越大。

第二，笔者的研究结果表明描述规范同样能够增强团队成员的知识分享意愿。这个结果对于 TPB 模型中规范成分的拓展具有建设性的意义。本研究中发现的描述性规范的作用也支持了早期的研究。这些研究已经证明了社会和群体规范的重要性。社会和群体规范对成员行为的影响来源于以下理论解释：对于一个人来说，要扮演一个特定的角色，并被确定为群体中的一员，这个人必须学习群体的规范、价值观和期望的行为，并且必须遵守它们。认同感被定义为个体对与某些人类群体的同一性或归属的感知（Ashforth 等，1989）。以往的研究侧重于认同感对群体规范和价值观采纳的影响，进而影响个体的知识分享水平。在一个不断变化的网络虚拟环境中，对群体规范的承诺是影响个人行为的重要因素，尤其是在知识分享方面。然而，一个人并不是为了自己而遵循社会规范的。这就给团队自身施加了压力，一个团队想要维持它们在组织中的地位，就需要不断地激励团队成员进行沟通交流，刺激他们参与到知识分享中。本研究的上述发现具有重要的实际意义，特别是对于如何激励个体在虚拟团队中主动分享自己的知识。笔者的研究结果建议虚拟团队的管理者可以通过各种有效的手段增强团队成员的团队认同感，进而激励员工做出更多的知识分享行为。有调查结果显示，在虚拟环境中工作 4 年以上的人比工作 3 年以下的员工更愿意分享自己的知识和工作技能。

第三，本研究探讨知识分享可控性对个人在虚拟团队分享知识和专业技能意愿的影响。本研究的假设是，个体对其知识分享行为的控制感知越强，其分享意愿就越强。也就是说，一个人对自己行为的控制感会导致他实际行动起来。实际行为控制的重要性建立在证据的基础上。根据 TPB 模型，一个人所拥有的资源和机会在一定程度上决定了行为成就的可能性（Ajzen，1991）。在知识分享环境中，个体分享知识能力的控制信念基于个体对其控制知识呈现、检索和重用手段能力的感知（Hansen 等，2005）。任何抑制这些控制因素的条件都会影响个体对知识分享行为的感知控制。虽然在本研究中知识分享可控性被假设为预测分享知识意愿的动机因素，但似乎对预测个人在网络社区分享知识的意愿没有任何显著影响。尽管超过 85% 的样本回应说，他们相信他们有很多控制实际的知识分享行为，是否分享知识主要是由成员自己决定的，认为可控性的力量没有显著预测他们在虚拟团队分享知识的意愿。这一结果证实了先前的研究结果，即与信息技术使用相关的感知轻松或困难并不在成功的知识管理实施中发挥核心作用（Kuo 等，2008）。因此，笔者的研究指出在虚拟环境中，个体社会规范的影响可能胜过个体在虚拟团队中对其知识分享行为的感知控制的影响。

第 6 章
人与环境匹配理论视角下虚拟团队成员的知识分享

6.1　人与环境匹配理论

人与环境匹配（person‑environment fit，P‑E fit）的概念最早是由古希腊哲学家柏拉图提出来的，后来逐步被达维斯等职业心理学家发展和完善。这个概念源自于交互心理学，其认为个体的态度和行为是由他们的人格特质和周围环境共同决定的（Kaplan，1950）。从一般意义上来说，人与环境匹配是指个人与环境之间的一致、匹配、相似或对应。人与环境匹配的核心观点是当个体和他们所处的环境相兼容的时候，他们更加倾向于作出积极的反应（态度和行为）。相反地，当两者不匹配时，会出现失调的态度和行为。

有学者指出有两种常见的人与环境匹配类型，分别是补充型匹配（supplementary fit）和互补型匹配（complementary fit；Muchinsky 等，1987）。当一个人在一个环境中"补充、修饰或者拥有与他人相似的特征时"，就会产生补充型匹配。为了确定是否符合补充型匹配，人们通常会对一个环境中的其他人进行评估，然后决定是否与他人兼容。当员工认为他们与组织中其他人的价值观、规范、文化、气氛或者目标相一致时，他们会感到补充型匹配（Kristof‑Brown，1996）。这些方面往往会决定关于理想行为和最终状态的信念。它们会指导人们对行为的选择，并且超越特定的事件或对象（Cable 等，2004）。补充型匹配通常会用于研究员工与组织之间价值观或者文化方面的契合度。人与环境匹配框架表明，员工会觉得在一个组织中工作很舒服，因为组织中对员工很重要的价值观对其他成员也很重要（O'Reilly 等，1991）。这是因为分享共同的价值观能使人更有效地与他人沟通，更好地预测社会互动的效果。

当一个人的需要或欲望被环境满足时，互补型匹配就会出现，反之则不然（Muchinsky 等，1987）。良好匹配的基础是人与环境之间相关特征的互补模式。因此，互补型匹配往往意味着组织能够提供个人想要的奖励或资源，或者员工拥有组织需要的技能。在人与环境匹配的相关研究中，互补型匹配一般是以满足员工的心理需求为主要研究对象。员工在工作中的一种重要的心理需求是"体验意义"，即一份工作是否值得或有价值的程度，是由个人的理想或标准来评价的（May 等，2004）。一般来说，人们在工作中寻找意义的动机是首要的，一个被员工体验为有意义的工作设计应该促进他们的个人成长，以及激发他们积极的工作态度和行为（May 等，2004）。相反，在工作中缺乏意义会导致消极的态度和行为，如消极怠工或者离职等行为。

根据需求的一方是环境还是个体的不同，互补型匹配还可以从两个层面进行深入理解。需求主要来自环境层面是指来自工作任务、工作角色或者更广泛的社会背景对个体的需求。一个人的知识、技能、能力和资源（如时间、精力）满足这些需求的程度表明需求与能力匹配（demands – abilities fit，D – A fit；Kristof，1996）。需求主要来自个体层面是指个体对周围环境是否能够满足他们作为生物生存的需求或者一些更高层次的心理、动机和目标需求等（French 等，1974）。人的需求在多大程度上被环境中的供给所满足，就代表了需求与供给的匹配程度（needs – supplies fit；Kristof，1996）。

虽然人与环境匹配被广泛分为补充型匹配、需求与能力匹配、需求与供给匹配三种基本形式，但是这种分类往往会被研究者在研究过程中忽略。例如，研究者询问受访者一个人在多大程度上适合一份工作或一个组织时，并没有明确这种匹配到底是补充型匹配还是互补型匹配（Adkins 等，1994；Kristof‐Brown，2000）。还有一些职业适合度调查的设计中，往往会将员工的能力和员工的需求放在同一个量表中（Assouline 等，1987）。当用于衡量个人与职业匹配时，这个分数有可能会混淆需求与能力匹配和需求与供给匹配。这些类型的匹配应该被区分开来，因为它们在概念上是不同的，并且对结果有不同的影响。

人与环境匹配在环境层面上可以有不同的划分。对于补充型匹配来说，环境是指在某一环境中的其他个体，也就是说，环境水平是指人在环境中不同程度的聚集。因此，补充型匹配的相关研究主要是检验这个人与其他个体（例如领导、下属和同事）之间、个人与社会集体（如特定职业的群体）之间、工作团队中的成员之间的相似性等（Edwards 等，2007）。

对于互补型匹配中的需求与能力匹配来说，需求可以是个人经验所特有的，也可以是所有在职人员或工作组、部门、组织或行业的成员所共有的（Edwards，1996）。虽然个人面临的需求可能被同一工作的其他人所共享，但本研究并不试图将需求普遍化到个人层面之外。另一些研究考察的是工作层面的需求，比如求职者对自己的能力与所面试工作的需求之间的契合度进行评估（Kristof‐Brown，2000）。对于需求与供给匹配来说，供应可以按照类似需求的水平来确定。通常情况下，供应是在个人层面上构思的。因此，需求与供给匹配中的供应是指可提供给某一特定人员的资源，而不管这些资源是否可提供给其他人（Edwards，1996）。

人与环境匹配的相关研究表明，当员工与其所处的环境相匹配时，他们可能会产生更加积极的态度和行为，如强烈的组织承诺、较高的工作满意度和做出更多的亲社会行为（Kristof‐Brown 等，2005）。相反，不匹配会导致有害的态度和行为。从员工的角度来看，不匹配主要有两种情况：环境水平低于员工的期望水平或环境水平超过员工的期望水平。人与环境匹配框架认为当环境不佳时，员工的态度和行为可能会产生负面影响。然而，当环境超过了员工的期望水平时，员工的态度和行为可能会开始消极发展、保持不变或继续积极发展（Harrison，1978）。当过度产生压力时，员工的态度和行为可能会向消极发展。例如，当一个组织的合作规范超过了一个人的期望水平，它可能会阻碍一个人的独立性需要；当一份工作所要求的技能多样性超过了员工所能承受的水平时，员工可能会在满足需求的过程中感到压力。

目前，针对人与环境匹配的研究主要集中在两个方面。第一类研究是对人与环境匹配理论本身的研究。第二类研究是对人与环境匹配在组织行为中作用的研究。学者们提出并验证了人与环境匹配作为前因变量在预测个体的工作态度、工作满意度、离职倾向、创新行为、组织公民行为以及团队绩效等方面的有效性（例如，Ahmad，2010；Gregory 等，2010；Moynihan 等，2008）。虽然知识管理学界的很多学者也提出从人与环境匹配视角来研究知识分享行为是该领域未来研究的主要趋势（例如，Cabrera 等，2005；Pee 等，2017；Wang 等，2010），但相关的研究成果却非常少，尤其是针对虚拟环境下知识分享行为的实证研究更是凤毛麟角。笔者认为虚拟团队由于线上交流方式的自身缺陷，其成员之间难以实现面对面交流，进而较难建立信任，容易缺乏安全感，成员与环境之间的匹配性、一致性和适应性在很大程度上会决定其是否愿意将知识分享给他人。因此，本章选取人与环境匹配作为理论视角，从个体因素和环境因素的交互和匹配入手，深入挖掘虚拟团队成员知识分享行为的影响机制，构建相应的理论模型并进行实证检验，希望能够对不同组织虚拟团队的顺利、高效运作提供有益的借鉴和启示。

6.2 人格特质、工作特征、自我效能对知识分享行为的三相调节作用[1]

6.2.1 研究背景

随着计算机技术和在线交流工具的飞速发展以及组织规模的不断扩大，虚拟团队成为目前组织应对全球化和商业竞争的重要组织架构。虚拟团队能够在没有时空限制的前提下，将组织内的知识工作者连接在一起，从而实现组织知识资源的均匀分布（Pangil 等，2014）。有数据显示，在 80 个国家的 1372 名受访者中，有 85% 的员工认为虚拟团队的引入对其工作具有重要的意义（RW3 Culture Wizard，2016）。然而，仅仅引入虚拟团队并不能保证员工能够进行有效的知识分享。同时，虚拟团队成员间的知识分享障碍往往是导致其绩效大打折扣的主要原因。研究表明，由于成员间没有充分的知识分享，接近 50% 的虚拟团队最终以失败告终（Zakaria 等，2004）。与此同时，有学者指出，相较于传统的面对面环境，在虚拟环境下进行知识分享的难度更大，主要表现在三个方面（Ardichvili 等，2003；Pangil 等，2014）。第一，在虚拟环境中，面对面交流的参与度可能会降低。这可能会使成员之间建立基于人格的信任变得更加困难，进一步阻碍了知识分享，因为人们往往倾向于与自己信任的人分享知识。第二，在线知识分享行为在很大程度上可以被看作"一种额外的、亲社会的组织公民行为，而不是一种强制性的工作责任"（Pee 等，2015）。基于这样的考虑，再加上复杂的和不可靠的技术，在虚拟环境中自发地参与知识分享行为可能会花费更多的时间和精力。第三，缺乏知识分享的信心和能力被公认为阻碍知识分享的关键因素（Ardichvili 等，2003）。在虚拟环境中，信息流动迅速而广泛，这可能会使人们更加容易产生丢脸、让同事失望或误导他人的焦虑。因此，如何发掘和找到虚拟环境下知识分享行为的影响因素，如何采取相关措施来促进虚拟团队成员的知识分享是一项紧迫而艰巨的任务。

要想有效促进员工的知识分享行为，需要先深入挖掘阻碍知识分享行为的障碍因素。目前，有关虚拟团队成员知识分享行为的障碍因素的研究主要从三个方面展开（Ardichvili 等，2003；Pangil 等，2014；盛东方等，2016）。第一是信任的缺乏。在虚拟环境下，员工之间很少有机会面对面交流，从而导致成员之间很难建立起较强的信任感，而人们更加倾向于向自己信任的人分享知识。第二是知识分享的成本问题。知识分享作为一种"角色外行为"，并不是员工分内的工作，同时虚拟环境中员工需要

---

[1] 该研究的部分内容已经发表于《科技进步与对策》，2019 年第 7 期，第一作者为郝琦。在征得该论文合作作者的同意之后，将该研究成果添加入本书中。

面临复杂且不可靠的计算机技术，因此，实施有效的知识分享需要消耗大量额外的时间和精力。第三是知识分享的自信心问题。在虚拟环境下，信息传播的速度快、范围广，这样可能会增加员工在知识分享过程中出现丢面子、让同事失望或者误导他人的焦虑感，从而降低员工的知识分享意愿。

目前，有关如何提升成员之间的信任来促进知识分享行为已经得到了较为广泛和深入的研究（翟东升等，2009）。同时，笔者发现现有的虚拟团队成员知识分享行为影响因素的研究还存在一个明显的不足之处，即现有文献过多关注影响因素与知识分享行为之间的简单关联，而忽略了这些因素之间的交互作用对知识分享行为的影响。根据人与环境匹配理论，笔者认为虚拟团队成员之所以能够主动做出知识分享行为，仅仅从环境或者个体因素单方面是不能够完全解释的，需要从人与环境交互的视角来进行探讨。因此，本研究引入尽责型人格作为自变量、工作技能多样性需求作为环境调节变量、知识分享自我效能感作为个体调节变量，来研究个体因素和环境因素之间的交互对虚拟团队成员知识分享行为的影响，如图6-1所示。

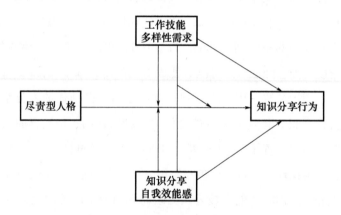

图6-1　人与环境匹配理论模型一

本研究选取尽责型人格作为自变量的原因主要有以下几点。①根据以往的研究，尽责型人格与知识分享行为之间的关系还不确定，主要表现在：一些学者认为两者之间存在强烈的正相关关系（Gupta，2008），或者是有轻微的积极关系（Anwar，2017），或者是两者之间没有关系（Marouf 等，2015；Pei - Lee 等，2011）。这表明有必要进一步检验两者关系中的调节变量。②在大五类人格特质中，尽责型人格被认为是工作绩效最显著的预测因素（Barrick 等，1991）。这表明尽责型人格可能是工作场景下最重要的人格特质。③之前的一项研究表明，尽责型人格在工作环境中，与人与环境匹配理论最为相关（Shaffer 等，2013）。

工作技能多样性需求来源于哈克曼和奥尔德姆（Oldham）于1976年提出的工作特征模型（Job characteristic model，JCM），指的是员工在工作过程中运用不同技能的程度。本研究选取工作技能多样性需求作为环境调节变量的理由有两点：一是目前在研究影响知识分享行为的环境变量时，很少有学者关注到工作设计的作用（Abbott 等，2006；Chen 等，2009）；二是责任心强的员工往往工作认真、负责、勤奋，而且具有很强的成功欲望，因此，很可能与工作技能多样性需求产生显著的交互作用（Barrick 等，1991）。

自我效能感是指"一种影响决定采取何种行为的自我评估形式"（Hsu 等，2007）。知识分享自我效能感是自我效能感和知识分享概念的结合，指的是个体做出知识分享行为的信心和能力（Lin 等，2009）。本研究选取知识分享自我效能感作为个人调节变量的理由如下：一是现有研究认为缺乏知识分享的自信和能力是阻碍员工分享知识的重要因素（Ardichvili 等，2003）；二是社会认知理论指出，自我效能感是决定人们对社会环境作出何种反应的前提条件（Bandura，1977），因此，可能与工作环境产生显著的交互作用；三是责任心强的员工具有负责任、小心谨慎以及风险规避等特征（Barrick 等，1991），可能影响员工知识分享的自信和能力。

6.2.2　文献回顾和假设提出

6.2.2.1　尽责型人格与虚拟团队成员知识分享行为

大量心理学和管理学的文献均指出人格对员工工作行为具有显著预测作用。目前研究者大多采用"大五类"人格（包括开放性、责任心、外倾性、宜人性和神经质五类）来开展相关研究。其中"尽责型人格"被认为是工作情景之下最值得研究的人格特质，该人格往往与认真负责、工作努力、谨小慎微以及较强的成功欲望等特质相关联（Marouf 等，2015；Zhou，2015）。在虚拟团队中，具有较高尽责型人格的成员，往往具有较强的团队精神，倾向于与他人合作来完成工作（Gupta，2008；Marouf 等，2015；Pei－Lee 等，2011）。在团队合作的过程中尽责型人格的成员由于具有认真负责的态度和较强的成功欲望，他们更愿意主动做出有利于团队成功的行为。知识分享行为是一种典型的有利于组织的组织公民行为（Pei－Lee 等，2011），因此，责任心强的成员可能会更愿意主动分享自己的知识，从而帮助提升团队的整体工作绩效。另外，有研究也证实，高责任心的员工往往能够与同事建立较高的人际信任（Gupta，2008），而人际信任能够有效预测员工之间的知识分享行为已经得到了较为广泛的证实。综上所述，笔者提出假设 H1：

H1：尽责型人格对虚拟团队成员知识分享行为具有显著正向作用。

6.2.2.2　工作技能多样性需求与虚拟团队成员知识分享行为

JCM 可以影响员工的知识分享行为已经在很多研究中被提到或者证实（Foss 等，2009）。目前，工作的需求与资源模型（Bakker 等，2003）一直是解释 JCM 和知识分享行为之间关系的主要方法。根据工作需求资源模型，工作特征可以分为工作需求和工作资源两种类型（Pee 等，2015）。工作需求是指"需要持续的身体和/或心理努力或技能的工作的身体、心理、社会或组织方面"（Bakker 等，2007）。长期高水平的工作要求消耗人的精神和体力资源，从而导致精力衰竭，甚至产生健康问题（Bakker 等，2007）。由于技能的多样性反映了工作要求的一个核心方面，需要多种技能的工作需要更多的脑力劳动，使工作变得更加繁重，从而增加了工作压力。高程度的精神紧张会降低员工对组织的情感承诺，从而阻碍员工主动参与到知识分享中。然而，工作需求并不是只有消极的方面。例如，有学者指出任务认同（工作需求的一种形式）与工作的投入呈正向关系，进而可以促使员工做出更多的组织公民行为（Chen 等，2009）。一些研究也发现，当某项工作对技能的需求较低时，员工可能会感到无聊、沮丧和失落（Fullagar 等，2009）。因此，通过工作轮换等管理实践来提高工作技能多样性需求被认为是提高员工情感承诺的有效方法，进而也能够促进员工做出知识分享行为（Pee 等，2015）。

这些关于工作技能多样性需求影响的争论表明工作技能多样性需求和知识分享之间的关系仍然不清楚。笔者在这里倾向于同意前一种观点，即高度的工作技能多样性需求阻碍知识分享行为。在虚拟团队中，要想成功实施知识分享需要额外的时间和精力来应对虚拟环境带来的潜在挑战，这些挑战包括建立信任的困难、复杂和不可靠的技术，以及让他人准确理解的漫长过程（Dulebohn 等，2017）。如前所述，感知时间和能量消耗是 KSB 的潜在障碍（Ardichvili 等，2003）。因此，当面对一份需要多种技能的工作时，人们往往专注于提高自己的工作技能，从而没有多余的时间去做知识分享等角色外行为。基于这样的考虑，笔者提出假设 H2：

H2：工作技能多样性需求对虚拟团队成员知识分享行为具有显著负向作用。

6.2.2.3　知识分享自我效能感与虚拟团队成员知识分享行为

有研究指出在虚拟环境下，仅仅拥有知识分享的欲望对于员工做出知识分享行为是不够的，他们还需要拥有知识分享的自信和能力（Hsu 等，2007）。而知识分享自我效能感恰恰是指个体对自己开展知识分享行为的自我评估。社会感知理论认为，自我效能感是个体做出与其所处环境相对应行为的基本前提（Hsu 等，2007）。当员工具有较高的知识分享自我效能时，他们会认为自己有能力去分享对他人有用的知识，这种对自己分享知识的正向评估，有利于其更加自信地做出知识分享行为。相反，当员工缺乏分享知识的自信和能力时，他们会怀疑自己分享的知识是否正确，害怕自己的分享行为会导致自己丢面子或对他人产生误导，从而不愿意去主动分享自己的知识。另外，有研究从另一个角度指出，当员工认为自己给他人分享了有用的知识时，会增强自己分享知识的信心，从而促使他们分享更多的知识，最终形成分享知识的良性循环（Bock 等，

2002；Kankanhalli 等，2005；Lin 等，2009）。综上所述，笔者提出假设 H3：

H3：知识分享自我效能感对虚拟团队成员知识分享行为具有显著正向作用。

6.2.2.4　双相交互假设

尽管目前的研究表明尽责型人格和知识分享行为之间存在一定的关联，但这种关系似乎取决于其他环境或个人因素。笔者认为工作技能多样性需求是一个有效的环境调节因素，可能会影响尽责型人格和知识分享行为之间的关系。知识分享行为需要对知识进行编码和详细的解释（Kankanhalli 等，2005）。在虚拟团队中，成功实施知识分享行为要求知识的提供者克服技术复杂性、语言问题、文化差异等挑战（Dulebohn 等，2017）。每一项挑战都需要花费大量的时间和精力。之前有研究表示，人们往往不太可能分享他们的知识，因为分享过程通常要求他们承担"不收费的时间，或放弃他们的个人时间"的风险（Kankanhalli 等，2005）。高度尽责的人，由于他们有责任心、有条理以及合作性的天性，可能愿意参与知识分享，即使这可能会占用他们的私人时间。然而，这种意愿的前提是他们有额外的时间和精力。当遇到工作技能多样性需求水平高的工作时，责任心强的人往往没有多余的时间或精力主动分享自己的专业知识。由于他们的勤奋和追求成就的天性，他们反而专注于提高自己的工作技能，以满足工作要求和完成任务。因此，笔者提出第一个双相交互假设 H4：

H4：工作技能多样性需求在尽责型人格与知识分享行为之间的关系中具有负向调节作用。具体来说，两者之间的正向关系会在工作技能多样性需求较高时变得更弱。

从个体的调节因素来看，笔者认为知识分享自我效能感是影响尽责型人格与知识分享行为之间正相关关系的个人调节因素。高度尽责的人通常会对组织利益和团队规范表现出一定的顺从性（Matzler 等，2008）。此外，如果他们同时还拥有较高的知识分享自我效能感，他们可能会认为高效的知识分享可以帮助接受者解决与工作相关的问题，从而提高整个团队和组织的绩效。因此，知识分享自我效能感可以放大尽责型人格对知识分享行为的积极影响。相反，在知识分享自我效能感较低的情况下，潜在的知识贡献者可能会担心他们分享的内容可能不值得发布，或者可能不是绝对正确的，或者可能不是很相关（Ardichvili 等，2003）。这些怀疑和不确定性可能会增强高度尽责个体的负面特质，如高自尊和规避风险，进而降低他们做出更多的知识分享行为的意愿。因此，笔者提出第二个双相交互假设 H5：

H5：知识分享自我效能感在尽责型人格与知识分享行为之间的关系中具有正向调节作用。具体来说，两者之间的正向关系会在知识分享自我效能感较高时变得更强。

6.2.2.5　三相交互假设

结合上文的论述，基于人格特质理论、工作需求资源模型以及人与环境匹配理论，笔者进一步提出了三相交互假设。笔者认为对于高尽责型人格的虚拟团队成员而言，当他们面临较高的工作技能多样性需求时，是否分享更多的知识取决于他们的知识分享自我效能感。当员工的工作技能多样性需求较高时，他们需要投入大量的时间和精力来满足工作需求。高尽责型人格员工具有的努力工作和成功导向的特质，使得他们会尽最大努力来提升工作技巧和能力。虚拟团队可以在没有时空限制的情况下把最好的员工聚集在一起，为员工提供一个绝佳的相互学习和获取工作技能的舞台。然而，在虚拟环境中存在一个有趣的现象，即人们往往倾向于帮助那些同样经常分享知识的人，而不愿意将知识分享给那些只获取而不付出的"搭便车者"。因此，当高尽责型人格的员工同时具有较高的知识分享自我效能感时，他们分享知识的自信和能力以及想从虚拟团队中获取更多工作技能的期望，会促使他们努力分享自己的知识，从而得到他人的帮助。然而，当他们缺乏分享知识的自信和能力时，在虚拟团队中他们会被认为是"搭便车者"，从而很难从其他成员那里获得知识和技能。因此，他们需要耗费额外的时间和精力通过其他途径获取工作技能。这样他们更加无暇在虚拟团队中分享知识，从而形成恶性循环。

当高尽责型人格的员工面临较低的工作技能多样性需求时，他们拥有足够的时间和精力做出对组织有利的"角色外行为"。现有文献提出两种促进员工分享知识的因素：一是为了团队的利益而主动分享知识，二是为获得他人尊重而主动分享知识。这两种因素恰恰符合高尽责型人格员工高合作性、成就导向以及较高自尊心的特质。因此，笔者认为在工作技能多样性需求较低时，高尽责型人格的员工会主动分享自己的知识。同时，上文提出知识分享自我效能感对知识分享行为具有正向影响，因此，具有较高知识分享自我效能感的员工会具有比较低知识分享自我效能感的员工做出更多的知识分享行为。因此，笔者提出三相交互假设 H6、H6a 和 H6b：

H6：尽责型人格、工作技能多样性需求、知识分享自我效能感对虚拟团队成员的知识分享行为具有三相交互作用。

H6a：当工作技能多样性需求和知识分享自我效能感均较高时，尽责型人格对虚拟团队成员的知识分享行为具有显著正向作用；当工作技能多样性需求较高而知识分享自我效能感较低时，尽责型人格对虚拟团队成员的知识分享行为具有显著负向作用。

H6b：当工作技能多样性需求较低时，无论知识分享自我效能感处于何种水平，尽责型人格对虚拟团队成员的知识分享行为均具有显著正向作用，同时上述正向作用在知识分享自我效能较高时更加显著。

6.2.3 研究方法与数据分析

6.2.3.1 样本与程序
研究数据来自国内一家 IT 企业。由于该企业的分公司遍布全国，为缩减成本，大部分项目是通过虚拟团队来完成的。在该企业人力资源部门领导的支持下，研究者对该企业参与虚拟团队的员工进行了两阶段调研。为尽量降低社会赞许偏见对结果的影响（Podsakoff 等，2003），在开展调研之前向被调研者说明了本研究的目的、被调研者的自愿性、数据的保密性以及数据仅用于科学研究等。同时研究者为每份问卷分配了一个独有编码，要求员工在第一次填答问卷时记住该编码，并将之填写在第二次调研的问卷中。这样，可以方便将两次调研的填答人对应起来。

第一阶段调研主要获取被调研者的社会人口学信息（包括性别、年龄、受教育程度、工作年限以及成为虚拟团队成员的时间）、尽责型人格、工作技能多样性需求以及知识分享自我效能感的数据。4 个月之后，开展第二次调研，主要获取员工知识分享行为的数据。最终，第一阶段从 310 名被访者中获取 271 份有效数据；第二阶段得到 219 份有效问卷（详见附录 A3），有效回收率为 71%。样本的人口统计特征如表 6-1 所示。

表 6-1　样本的人口统计特征

人口统计特征		数量/人	占比/%
性别	男	136	62
	女	83	38
年龄	<21 岁	19	9
	21~30 岁	81	37
	31~40 岁	91	42
	41~50 岁	21	10
	>50 岁	7	3
受教育程度	高中及以下	16	7
	学士学位	167	76
	硕士学位	30	14
	博士学位	6	3
工作年限	<1 年	22	10
	1~5 年	81	37
	6~10 年	87	40
	11~15 年	19	9
	>16 年	10	4
成为会员的时间	<6 个月	26	12
	6~11 个月	39	18
	1~2 年	102	46
	>2 年	52	24

注：$N=219$。

6.2.3.2 变量测量

为了保证变量测量的信度，本研究选取的量表均来自国际一流期刊文献开发的量表。由于这些量表均为英文量表，为了减少语义偏差，本研究采取"回译"方法开发了中文版本量表。

本研究采用精简版本的"大五类人格"测试量表来测量被访者的尽责型人格（Hahn 等，2012）。该量表有 3 个条目，被访者需要回答他们在多大程度上（1 = "极不同意"到 5 = "非常同意"）同意量表中的相关陈述。举例条目为"我认为自己做工作非常认真负责"。

本研究采用测量被访者工作技能多样性需求高低的量表（Pee 等，2017）。该量表有 3 个条目，被访者需要回答他们感知自己工作技能多样性需求的程度（1 = "根本不"到 5 = "很大程度上"）。举例条目为"您的工作需要使用一些复杂的或高层次的技能"。

本研究采用测量被访者知识分享自我效能高低的量表（Lin 等，2009）。该量表具有 3 个条目，被访者需要回答他们在多大程度上（1 = "极不同意"到 5 = "非常同意"）同意量表中的相关陈述。举例条目为"我有信心为本虚拟团队中的其他成员分享有价值的知识"。

本研究采用测量被访者参与知识分享行为强度的量表（Lin 等，2009）。该量表具有 3 个条目，被访者需要回答他们在多大程度上（1 = "极不同意"到 5 = "非常同意"）同意量表中的相关陈述。举例条目为"我通常会花费大量时间参与本虚拟团队的知识分享活动"。

根据之前文献的建议，本研究将年龄、性别和受教育程度设置为控制变量（Edú - Valsania 等，2016）。

6.2.3.3 共同方法偏差

因为笔者使用的是自我报告的量表对变量进行测量，共同方法偏差可能会对本研究的结果产生一定的影响。为了解决这个潜在的问题，笔者使用了哈尔曼（1967）的单因素检验。根据之前研究的建议，如果其中一个因素解释了超过整体方差变异的50%，共同方法偏差就是一个显著的问题（Podsakoff 等，2003）。该研究的探索性因子分析结果显示，没有一个单一因子可以解释总方差变异的23.89% 以上。这表明共同方法偏差在目前的研究中并没有构成严重的问题。

6.2.3.4 模型信效度检验

通过检测模型的 $Cronbach's\,\alpha$ 系数和组合效度 CR 来衡量问卷的信度。根据之前文献的建议（Fornell 等，1981），$Cronbach's\,\alpha$ 系数和组合效度 CR 均大于 0.7，表示模型的信度较好。通过检测聚敛效度和区分效度来衡量模型的效度。根据之前的文献（Pi

等，2013），有 4 项指标可以保证模型具有较好的效度：①所有的因子载荷均大于 0.7；②组合效度 CR 大于 0.7；③平均方差抽取量 AVE 大于 0.5；④各因子 AVE 的平方根大于因子之间的相关系数。

从表 6-2 和表 6-3 可以看到，所有的因子载荷、$Cronbach's\alpha$ 以及 CR 均大于 0.7；AVE 均大于 0.5；AVE 的平方根均大于因子之间的相关系数。

表 6-2 测量指标的信度和聚敛效度检验

变量	条目	因子载荷	CR	AVE	$Cronbach's\alpha$
尽责型人格	C_1	0.72	0.77	0.52	0.74
	C_2	0.73			
	C_3	0.72			
工作技能需求	SV_1	0.86	0.83	0.62	0.82
	SV_2	0.78			
	SV_3	0.71			
知识分享自我效能感	SE_1	0.79	0.84	0.63	0.82
	SE_2	0.79			
	SE_3	0.80			
知识分享行为	KSB_1	0.84	0.85	0.66	0.84
	KSB_2	0.78			
	KSB_3	0.81			

注：$N=219$。C 表示尽责型人格，SV 表示工作技能多样性需求，SE 表示知识分享自我效能感，KSB 表示知识分享行为。这些缩写也适用于本章的其他内容。

表 6-3 变量的描述性统计信息以及区别效度检验

变量	均值	方差	AVE	C	SV	SE	KSB
C	3.70	0.61	0.52	(0.72)	0.29***	0.56***	0.44***
SV	3.97	0.64	0.62		(0.79)	0.22**	0.29***
SE	3.72	0.70	0.63			(0.79)	0.55***
KSB	3.66	0.70	0.66				(0.81)

注：$N=219$。$^*p<0.05$，$^{**}p<0.01$，$^{***}p<0.001$。括号内的值为 AVE 的平方根。

6.2.3.5 假设检验

假设检验均是在 Jamovi 统计软件（版本 0.9.1.3）中进行多重线性回归来完成的。首先是对主效应进行检验，结果如表 6-4 所示。从该表中可以看到，尽责型人格、工作技能多样性需求以及知识分享自我效能感均对知识分享行为具有显著的正向预测作用（尽责型人格：$\beta=0.44$，$p<0.001$；工作技能多样性需求：$\beta=0.29$，$p<0.001$；知识分享自我效能感：$\beta=0.55$，$p<0.001$）。因此，本研究的假设 H1、H3 得到支持，而 H2 被拒绝。

表6-4　各变量对知识分享行为的主要效应总结

变量	B	SE	β	95% 置信区间		t	p	ΔR^2
				较低	较高			
C	0.50	0.07	0.44	0.36	0.64	7.18	<0.001	0.19
SV	0.32	0.07	0.29	0.18	0.46	4.43	<0.001	0.08
SE	0.56	0.06	0.55	0.44	0.67	9.68	<0.001	0.30

注：主效应的数据来自三个独立的回归模型。

为了检验本研究提出的两个双相交互假设，笔者使用了两个独立的调节变量检验模型，结果如表6-5所示。从该表中可以看到，尽责型人格和工作技能多样性需求的交叉项并不显著（$C \times SV$，$\beta = -0.04$，$p = 0.749$），表明工作技能多样性需求在尽责型人格和知识分享行为之间并没有起到调节作用，因此，H4被拒绝。

从表6-5还可以看到，尽责型人格和知识分享自我效能感的交叉项显著（$C \times SE$，$\beta = 0.16$，$p = 0.002$），表明知识分享自我效能感显著调节了尽责型人格和知识分享行为之间的关系。为了进一步分析知识分享自我效能感的调节机制，笔者绘制了该双相互作用，并进行简单斜率分析。结果显示如图6-2和表6-5所示：当知识分享自我效能感较高（高于均值1个标准差）时，尽责型人格与知识分享行为之间显著相关（$B = 0.43$，$p < 0.001$）；相反，当知识分享自我效能感较低（低于平均值1个标准差）时，尽责型人格与知识分享行为之间的关系不再显著（$B = 0.07$，$p = 0.403$）。

表6-5　双相交互假设检验

变量	B	SE	β	95% 置信区间		t	p	ΔR^2
				较低	较高			
$C \times SV$	-0.04	0.11	-0.02	-0.25	0.18	-0.32	0.749	<0.001
$C \times SE$	0.26	0.08	0.16	0.09	0.42	3.07	0.002	0.03

注：数据来自两个独立的回归模型。

根据相关文献的建议（Kwong等，2002），本研究利用以下四个步骤来检验三相交互作用：①将所有的控制变量加入回归模型中；②将自变量和调节变量加入回归模型中；③将所有的两相交互项加入回归模型中；④将三相交互项加入回归模型中。结果如表6-6所示。可以看到三相交互项（$C \times SV \times SE$，$\beta = 0.11$，$p = 0.037$）与知识分享行为显著相关，同时可以额外解释1%知识分享行为的变异（$\Delta R^2 = 0.01$，$p = 0.037$）。

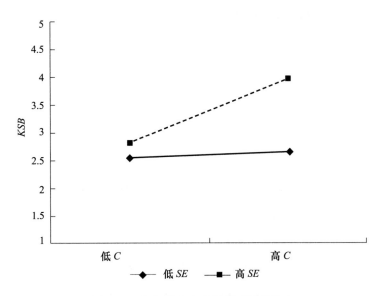

图 6 - 2　知识分享自我效能感调节效应

表 6 - 6　三相交互作用检验

步骤	变量	B	SE	β	95% 置信区间		t	p
					低	高		
1	*Gender*	-0.03	0.08	-0.02	-0.19	0.14	-0.34	0.735
	Age	-0.07	0.07	-0.10	-0.21	0.06	-1.12	0.266
	Education	0.02	0.05	0.03	-0.08	0.11	0.37	0.715
2	C	0.21	0.08	0.18	0.05	0.36	2.63	0.009
	SV	0.08	0.07	0.08	-0.05	0.22	1.20	0.232
	SE	0.41	0.07	0.41	0.28	0.55	6.09	<0.001
3	$C \times SV$	-0.12	0.12	-0.07	-0.37	0.12	-1.00	0.321
	$C \times SE$	0.17	0.09	0.11	-0.01	0.35	1.91	0.058
	$SV \times SV$	0.14	0.10	0.09	-0.05	0.33	1.43	0.154
4	$C \times SV \times SE$	0.28	0.13	0.11	0.02	0.54	2.09	0.037

注：*Gender* 表示性别，*Age* 表示年龄，*Education* 表示受教育程度。其中，步骤 1：$R^2 = 0.01$，$\Delta R^2 = 0.01$；步骤 2：$R^2 = 0.36$，$\Delta R^2 = 0.35$（$p < .001$）；步骤 3：$R^2 = 0.39$，$\Delta R^2 = 0.03$（$p = 0.018$）；步骤 4：$R^2 = 0.40$，$\Delta R^2 = 0.01$（$p = 0.037$）。

为更深刻地理解三相交互作用，本研究对其进行了简单斜率分析并绘制了效应图。结果如图 6 - 3 和表 6 - 7 所示。可以看到：①当工作技能多样性需求较高时（+1 方差），如果知识分享自我效能感也较高，则尽责型人格与知识分享行为为正相关关系（$B = 0.37$，$p = 0.004$）；但是如果知识分享自我效能感较低，尽责型人格与知识分享行为为负相关关系（$B = -0.26$，$p = 0.019$）；②当工作技能多样性需求较低（-1 方差）时，无论知识分享自我效能感较高（$B = 0.24$，$p = 0.046$），还是较低（$B = 0.29$，$p = 0.034$），尽责型人格与知识分享行为均为正相关关系。因此，本研究提出的假设

H6a 得到了支持，而 H6b 被部分支持。

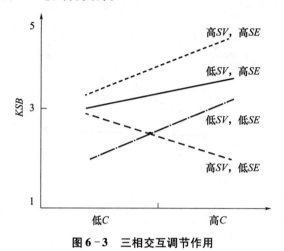

图 6-3　三相交互调节作用

表 6-7　三相交互作用的简单斜率分析

调节变量的水平	B	SE	t	p
$SV + SD_1$；$SE + SD_2$	0.37	0.13	2.89	0.004
$SV + SD_1$；$SE - SD_2$	-0.26	0.12	-2.71	0.019
$SV - SD_1$；$SE + SD_2$	0.24	0.11	1.87	0.046
$SV - SD_1$；$SE - SD_2$	0.29	0.13	2.14	0.034

注：SD_1 表示工作技能多样性需求的方差，SD_2 表示知识分享自我效能的方差。

6.2.4　研究小结和讨论

6.2.4.1　研究结果汇总

本研究的目的在于挖掘哪些因素能够促使虚拟团队中高责任心的成员做出更多的知识分享行为。基于个人与环境交互的视角，本研究构建了一个以尽责型人格为自变量、工作技能多样性需求为环境调节变量、知识分享自我效能感为个人调节变量的三相交互调节模型来分析知识分享行为的影响因素和边界条件。最终本研究提出的假设大部分得到了验证。①尽责型人格、工作技能多样性需求以及知识分享自我效能感均对虚拟团队成员的知识分享行为具有正向预测作用。②双相交互效应的验证结果表明，知识分享自我效能感正向调节尽责型人格与知识分享行为之间的关系，当知识分享自我效能感较高时，尽责型人格与知识分享行为之间的正向关系更加强烈。③上述三个变量可以联合影响虚拟团队成员的知识分享行为，具体来说：当工作技能多样性需求和知识分享自我效能感均较高时，高尽责型人格的成员将会做出最多的知识分享行为；当工作技能多样性需求和知识分享自我效能感均较高，或当工作技能多样性需求较低时，尽责型人格对知识分享行为具有显著的正向作用；当工作技能多样性需求较高，而知识分享自我效能感较低时，尽责型人格对知识分享行为具有显著的负向作用。

6.2.4.2 研究理论贡献

本研究对现有的相关文献具有如下的理论贡献。

（1）与传统环境下的研究结果相同（Anwar，2017；Gupta，2008；Matzler 等，2008），本研究证实了高尽责型人格与知识分享行之间具有正向关系。这一发现不仅是对已有文献结论的验证，同时进一步说明无论是在传统环境下还是在虚拟环境下，高尽责型人格的员工都会做出更多的知识分享行为。

（2）从现有的相关文献来看，有关工作技能需求与知识分享行为之间关系的研究还非常少。本研究对这方面的文献进行了扩充，同时提供了实证结果。虽然研究结论拒绝了本研究的假设，表明工作技能需求与知识分享行为之间具有正向作用，但是该研究结果存在一种合理解释，即本研究过多关注了工作技能需求的消极方面，而忽略了它对员工的积极作用。例如，有学者指出较高的工作技能需求可以增加员工的工作投入，从而促使员工做出更多像知识分享这样的组织公民行为（Chen 等，2009）。

（3）以往的研究表明，自我效能感在个体的动机和行为中起着至关重要的作用（Chen 等，2010；Hsu 等，2007）。作为这些研究的延伸，本研究结果通过证明知识分享自我效能感对知识分享行为的积极影响，进一步证实了自我效能感理论的价值。知识分享自我效能感不仅能够积极预测虚拟团队成员的知识分享行为，而且成员的自我效能感也可以通过不断向其他成员贡献专业知识而得到加强。这种良性循环对促进团队内部的知识分享具有显著作用。

（4）虽然许多先前的研究强调了情境因素和个体因素对个体行为的重要作用（Chen 等，2010；Lin 等，2009），但是据笔者所知，很少有人将这些因素结合起来考察情境因素和个人因素对虚拟团队成员知识分享行为的联合影响。基于人与环境匹配理论，笔者构建了两个双相交互模型。研究结果否定了工作技能多样性需求负向调节尽责型人格与知识分享行为之间关系的假设。这种拒绝可能是来自工作技能多样性需求和知识分享行为之间意想不到的积极关系。大多数研究在考虑工作技能多样性需求的影响时均关注了其对知识分享行为的负面影响，例如，时间消耗、产生疲惫感和工作紧张感等（Bakker 等，2007；Xie 等，1995）。然而，研究结果表明工作技能多样性需求的积极作用（例如增加工作投入、情感承诺和知识分享的内在动机）可能是拒绝本研究提出的两个关于工作技能多样性需求假设的根本原因（Chen 等，2009；Pee 等，2015）。笔者的研究结果也表明，可能存在其他的调节因素（例如个体因素）会对这种调节关系产生二次调节作用。

（5）就知识分享自我效能感的调节作用而言，如预测的那样，知识分享自我效能感正向调节尽责型人格与知识分享行为之间的关系。此外，简单斜率分析显示，尽责型人格与知识分享行为是否显著正相关取决于知识分享自我效能感，即知识分享自我效能感较高时，尽责型人格与知识分享行为之间显著正相关。尽管许多先前的研究已经证明了尽责型人格对于知识分享行为具有积极的预测作用，但是很少有研究者考虑两者关系中的边界条件（Anwar，2017；Gupta，2008；Matzler 等，2008）。因此，笔者的研究为尽责型人格与知识分享行为之间关系的研究提供了一些新的认识，拓展了两者关系中边界条件的研究。

（6）本研究的结果证实了笔者提出的三相交互调节模型。通过对现有相关文献的梳理发现，目前还没有相关文献通过实证研究证实人格、工作特质和自我效能对知识分享行为具有交互影响。本研究的结论表明，对于高尽责型人格的虚拟团队成员而言，较高的工作技能需求可能会在分享知识的过程中扮演"双刃剑"的角色。当这些员工同时具有较高的知识分享自我效能感时，他们会做出最多的知识分享行为；但当这些员工缺乏分享知识的自信和能力时，较高的工作技能需求会消耗他们大量的时间和精力，从而阻碍其做出更多的知识分享行为。另外，三相交互作用的部分结果也出乎了笔者的意料。本研究假设当工作技能需求较低时，相较于低知识分享自我效能感的员工，具有较高知识分享自我效能感的员工，其尽责型人格与知识分享行为之间的正向作用会更加显著。但研究结果却与上述假设相反，可能合理的解释为：尽责型人格与知识分享行为之间的关系比较脆弱，容易受到其他调节因素的影响，例如信任、认同、公平等。

6.3 补充型匹配、 互补型匹配与知识分享行为

6.3.1 研究背景

知识分享是一种自愿的、亲社会行为，从个体和环境来看，很多不同的因素可以促进知识分享行为。当前研究存在的问题是大部分的相关研究关注这些因素的独立直接影响。例如，集体主义是一个组织文化方面的影响因素，有学者提出集体主义是促进组织成员做出知识分享行为的一种重要推动力量（He 等，2009）。但是有关交互心理学或者特质激活方面的研究（Terborg，1981）却指出不同的员工对环境刺激的理解和反应可能不同。喜欢独立工作的员工可能会对加强合作的政策作出负面反应。这个例子说明如果想要深入研究知识分享行为的个体与环境影响因素，需要考虑个体与环境之间的一致性或者匹配问题。知识管理的研究人员已经认识到理解人与环境匹配效应的重要性。一个关于知识分享研究的综述（Wang 等，2010）指出，以往的研究主要关注的是独立效应，基于交互心理学和特质激活视角来研究个体与环境因素之间的

关系对今后的研究具有很重要的启示。有学者指出人与环境的匹配性可以有效预测组织中知识管理的绩效（Argote 等，2003）。还有学者指出根据员工与组织的匹配度招聘员工可以有助于创建一个更加重视学习和知识发展的社区（Cabrera 等，2005）。有研究认为，组织应该强调"组织文化和雇用合适的员工之间的契合性"，以此来促进组织内知识管理的成功实施（Edvardsson，2008）。尽管很多学者从理论的角度提出了人与环境匹配在知识管理方面的重要作用，但是有关人与环境匹配和知识分享行为之间的实证研究却非常匮乏。

基于人与环境匹配的理论框架，笔者分别研究了补充型匹配和互补型匹配对知识分享行为的影响。其中，补充型匹配是指员工与组织之间在价值观、规范等方面的一致性，而互补型匹配是指员工的心理需求在工作中得到满足的程度（Muchinsky 等，1987）。此外，基于对知识管理和人与环境匹配文献的回顾，笔者同时还假设情感承诺是人与环境匹配效应的重要中介因素。

6.3.2 研究现状与假设提出

6.3.2.1 补充型匹配：突显知识管理的价值

由于笔者研究的因变量是知识分享行为，笔者在本研究中关注的两个重要的补充型匹配类型是合作规范和创新精神。

合作规范是指一个成员在组织中希望能够与他人合作或者投入团队工作中的程度（Kankanhalli 等，2005）。互惠是维持合作的一个重要因素，而投机取巧往往被看作一种破坏合作的不良行为（Gächter 等，2009）。许多知识管理方面的研究人员均指出了合作规范在促进知识分享方面的重要作用（Jones 等，2006；Zakaria 等，2004）。合作规范可以促进员工之间的交流，从而导致知识分享行为的出现。当组织具有较强的合作规范时，员工也可能较少为分享知识所需要的努力而烦恼，因为其他人也同样以互惠的方式分享知识（Kankanhalli 等，2005）。很多之前的研究发现合作规范或者合作氛围能够有效促进知识分享行为，但是也有相关研究指出两者之间的关系并不显著（Pee 等，2017）。出现这种不一致结果的一个合理解释便是合作规范是否能够发挥作用可能决定于其他的因素。笔者试图研究合作规范是否发挥作用取决于其是否与个体的信念或者价值向契合。

创新精神是指组织成员被期望具有创造性、强调学习、接受相互矛盾的观点、参与实验和承担风险的程度（Kankanhalli 等，2005）。创新精神的显著特点是欢迎新的观点，主要包括对多样化的尊重、对实验失败的容忍以及员工可以自由提出新的观点（Hurley 等，1998）。创新精神在本质上将离不开知识强度和知识分享。创新精神还通过灌输知识分享作为一种"工作方式"来促进知识分享，这是组织追求其目标的一种方式，因此，当组织具有创新精神时几乎不需要明确地提出促进知识分享的措施（McDermott 等，2001）。

6.3.2.2 互补型匹配：员工的心理需求

在互补型匹配的相关研究中将体验意义确定为员工在工作中寻求满足的一种重要的心理需求。工作的体验意义由工作的技能多样性、任务同一性和工作自主性所决定（Hackman 等，1975）。

技能多样性是指在工作中开展活动所需要的技能和人才的多样性（Hackman 等，1975）。技能多样性高的工作通常被员工视为更具挑战性，因为所需技能的范围更大，员工会有更强的能力感。技能的多样性也可以缓解由于重复活动而造成的单调。相比之下，技能多样性低的工作通常会让人感到无聊，让人觉得毫无意义。

任务同一性是指员工完成一项"整体"的、可识别的工作的程度，即从头到尾完成一项工作并获得可见的结果（Hackman 等，1975）。具有较高任务同一性的工作允许员工遵循主要阶段提供一个完整的产品或服务单元，而不仅是一个难以区分的部分。

工作自主性是指在安排工作和确定开展工作程序时的自由、独立和自由裁定的程度（Hackman 等，1975）。在高度自治的工作中，工作结果更多地取决于员工的努力、主动性和决策，而不是取决于主管的指示是否充分或是否遵守标准的操作程序。高自主性的工作给员工一种主动控制环境的感觉，使环境不那么具有威胁性，反而更有回报。这让他们在工作中体验到自己的角色是更有价值和更有意义的。

6.3.2.3 人与环境匹配和人与环境不匹配的影响

人与环境匹配的相关研究表明，当员工与其所处的环境相匹配时，他们可能会产生更加积极的态度和行为，如强烈的组织承诺、较高的工作满意度和做出更多的亲社会行为（Kristof–Brown 等，2005）。相反，不匹配会导致有害的态度和行为。从员工的角度来看，不匹配主要有两种情况：环境水平低于员工的期望水平或环境水平超过员工的期望水平。人与环境匹配理论认为当环境不佳时，员工的态度和行为可能会产生负面影响。然而，当环境超过了员工的期望水平时，员工的态度和行为可能会开始消极发展，保持不变或继续积极发展（Harrison，1978）。当过度产生压力时，员工的态度和行为可能会下降。例如，当一个组织的合作规范超过了一个人的期望水平，它可能会阻碍一个人的独立性需要；当一份工作所要求的技能多样性超过了员工所能承受的水平时，员工可能会在满足需求的过程中感到压力。

6.3.2.4 情感承诺的中介作用

人与环境匹配理论指出人与环境匹配可以影响员工的态度和行为。外部环境变量可以通过影响员工的态度来影响员工的行为。因此，笔者假设人与环境匹配会首先影响员工的态度，进而影响员工的知识分享行为。在人与环境匹配的框架下，员工的态度通常包含组织承诺、工作满意度以及离职倾向（Kristof-Brown 等，2005）。其中，组织承诺是直接影响员工知识分享行为的一个很重要的前置变量，尤其是情感承诺。在线分享的知识类似一种公共产品，任何其他员工都可以利用它，不管他们是否为其提供了帮助。分享的知识可能被其他不被信任的成员所获得的，分享者也很难得到相关的回报。同时，在线分享的知识是通过电子方式存储的，并且在发布后很长一段时间内仍然可以访问，因此，员工会认为自己知识竞争优势受到了很大的损失。另外，知识分享还涉及大量成本，例如时间和编码工作。因此，员工可能只在他们对组织有归属感的时候才会分享（Mowday 等，1979）。

已有研究表明，情感承诺通过组织公民行为激励员工为组织的发展作出贡献。这些自愿行为既不是员工角色要求的一部分，也不在组织的正式奖励的范围内（Organ 等，1995）。知识分享在很大程度上是一种自愿的组织公民行为，是不能被组织强迫执行的。当前有很多实证研究表明情感承诺可能与在线知识分享有关。例如，有学者指出员工的情感承诺对其分享自己的工作体验、经验、知识、绩效等方面具有重要促进作用（Lin，2007）。还有学者的研究表明情感承诺通过塑造心理所有权来影响员工的知识分享行为（Jian 等，2015）。因此，笔者提出假设 H1：

H1：员工的情感承诺中介了人与环境匹配和知识分享行为之间的显著关系。

6.3.2.5 补充型匹配的影响

协作规范是指组织中的成员相互合作和参与团队合作的程度（Kankanhalli 等，2005）。对于那些重视并喜欢与他人合作的员工来说，在一个缺乏合作规范的组织中工作可能会受到限制，因为他们几乎没有机会与他人合作。因为在这样的组织中，协作是一种例外而不是常态，重视协作的员工可能不得不约束自己，以避免违背普遍接受的工作方式。相比之下，在一个具有强大协作规范的组织中工作，重视合作的员工会产生强烈的情感承诺，因为这样的组织正好是他们参与有目的协作的合法环境。协作和团队合作需要协调、有效沟通和解决冲突等人际交往技能。这些都是具有挑战性的，当他们超过员工的期望水平时，员工就会感到紧张。有学者的研究指出团队成员之间的冲突常常导致对团队的负面情绪、沮丧和压力（Barczak 等，2003）。这些感觉反过来经常影响个体成员的态度，如士气和对团队的承诺。他们还观察到，团队合作对个体成员来说可能是有压力的，当有人相互指责时，个体不得不承担超出他们专业领域的任务。同时，当其他成员没有"尽其所能"时，个体也会感受到压力。这表明协作和团队合作可能是员工压力的来源，特别是对于那些不太喜欢协作和团队工作的人。因此，笔者提出假设 H2：

H2：员工在合作规范方面人与环境匹配的程度与其情感承诺呈正相关关系。

在创新精神低于期望的组织中工作的员工可能会感到他们的创造力和学习能力受到了抑制。已有证据表明，员工与组织创新精神之间的匹配度与情感承诺相关。例如，有学者认为人与组织文化之间的契合度（主要包括创新精神）对于员工的情感承诺具有显著影响（O'Reilly 等，1991）。然而，由于创新工作往往需要解决复杂的问题，且具有很高的不确定性，当员工的创新能力超出了员工的期望水平时，就会迅速转化为一种需求。与此同时，对创新性和员工幸福感的研究表明，创新性会增加员工的工作量，促进员工倦怠的发展。因此，笔者提出假设 H3：

H3：员工在创新精神方面人与环境匹配的程度与其情感承诺呈正相关关系。

6.3.2.6 互补型匹配的影响

当技能多样性超过员工的期望水平时，他们很可能产生心理负荷和工作压力。这种心理压力会降低情感承诺。当任务同一性超过员工的期望水平时，他们也可能感到压力，因为他们对自己的工作结果比他们想要的更负责。当工作自主性超过员工的期望水平时，他们的工作往往更加无组织，他们需要花费更多实践来决定如何开展工作。关于授权的研究表明，这可能导致较高的不确定性感，从而产生压力（Menon，1995）。先前的研究为这些效应提供了一些支持。例如，有研究发现，在工作要求和自身能力之间感知到不匹配的员工比那些感知到更匹配的员工会产生更多的压力（Xie 等，1995）。此外，还有研究发现，当员工的工作复杂性出现不匹配现象时，员工更容易出现情绪低落、压抑的情况（Shaw 等，2004）。上述研究表明，互补型领导时，员工的情感承诺会比较低。因此，笔者提出假设 H4、H5 和 H6：

H4：员工在技能多样化方面人与环境匹配的程度与其情感承诺呈正相关关系。

H5：员工在任务同一性方面人与环境匹配的程度与其情感承诺呈正相关关系。

H6：员工在工作自由性方面人与环境匹配的程度与其情感承诺呈正相关关系。

6.3.2.7 补充型匹配效应和互补型匹配效应的比较

人与环境匹配的相关文献表明，补充型匹配对情感组织承诺的影响可能强于互补型匹配的影响。补充型匹配关注的是价值观的一致性，而互补型匹配强调需求和供给的匹配度。人与环境匹配的相关研究认为，与工作相关的因素相比，组织相关的因素与情感承诺等组织态度的关系更紧密（Kristof – Brown 等，2005）。因此，从这个角度来看，价值一致性比工作相关的因素对情感承诺具有更强的影响。具体来说，价值观和规范通常由组织中的成员共享和维护，例如，员工是否愿意彼此合作，而工作意义则因工作和员工的不同而不同。因此，价值一致性对组织的情感承诺具有更强的影响。因此，笔者提出假设 H7：

H7：补充型匹配对情感承诺的影响比互补型匹配对情感承诺的影响大。

结合上述理论和假设，笔者得到本研究的理论模型如图 6-4 所示。

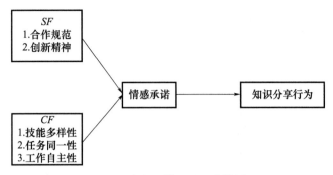

图 6 - 4　人与环境匹配理论模型二

6.3.3　研究方法与数据分析

6.3.3.1　数据收集

数据来自一个家国内的大型 IT 公司和一家文化传播类的创业企业。上述公司员工在交流工作方面的事务时主要是利用微信群和电子邮件。因此，主要的知识分享形式是线上知识分享。在两家企业人力资源部门领导的支持下，研究者对企业参与虚拟团队的员工进行了两阶段调研。为尽量降低社会赞许偏见对结果的影响，在开展调研之前向被调研者说明了本研究的目的、被调研者的自愿性、数据的保密性以及数据仅用于科学研究等。同时研究者为每份问卷分配了一个独有编码，要求员工在第一次填答问卷时记住该编码，并将之填写在第二阶段调研的问卷中。这样，可以方便将两次调研的填答人对应起来。

第一阶段调研主要获取被调研者的社会人口学信息（包括年龄、性别、受教育程度、工作年限）和员工的合作规范、创新精神、技能多样性、任务同一性以及工作自主性数据。2 个月之后，开展第二阶段调研，主要获取员工的情感承诺和知识分享行为的数据。最终，第一阶段从 310 名被访者中获取 271 份有效数据；第二阶段得到 218 份有效问卷（详见附录 A4），有效回收率为 71%。人口统计学数据如表 6 - 8 所示。

表 6 - 8　样本的人口统计学数据

变量		人数/人	占比/%
年龄	20 ~ 29 岁	23	10.5
	30 ~ 39 岁	85	39.0
	40 ~ 49 岁	73	33.5
	>50 岁	37	17.0
性别	女	82	37.6
	男	136	62.4

续表

变量		人数/人	占比/%
受教育程度	博士学位	78	35.8
	硕士学位	48	22.0
	学士学位	92	42.2
工作年限	0～1年	38	17.5
	2～4年	94	43.1
	5～9年	60	27.5
	10年以上	26	11.9

注：$N = 218$。

6.3.3.2 测量工具

本研究用到的测量工具均来自已经发表在国际一流期刊的量表，具体问卷详见附录。其中，有关合作规范和创新精神的量表于2005年发表（Kankanhalli等，2005）；技能多样性、任务同一性以及工作自主性的量表于2010年发表（Morris等，2010）；情感承诺的问卷和研究一的问卷一样，于2001年发表（Rhoades等，2001）；知识分享行为的问卷于2007年发表（Hsu等，2007）。

所有的量表均采用李克特7点形式。为了测量人与环境匹配的程度，笔者在量表的最后增加了"和我想要的非常不符合"到"和我想要的非常符合"。

6.3.3.3 模型信效度评估

在检验假设之前，笔者首先检验了该模型的收敛效度和区别效度。结果如表6-9所示，AVE最低为0.66；CR最低为0.87；Cronbach's α 的范围为0.78～0.89。此外，研究变量的相互关系如表6-10所示。笔者发现每个构念AVE的平方根都大于该构念的其他相关系数。根据福内尔和拉赫尔的研究和建议，笔者的模型具有较高的信效度和区分度。

表6-9　信效度检验

构念	均值	标准差	CR	AVE	Cronbach's α
SV	3.32	1.22	0.90	0.75	0.84
TI	2.88	0.99	0.88	0.71	0.81
JA	3.46	1.32	0.92	0.79	0.87
NC	3.45	1.17	0.90	0.74	0.82
IN	3.69	1.18	0.91	0.72	0.87
AC	3.48	1.14	0.92	0.66	0.89
KSB	4.03	1.23	0.87	0.69	0.78

注：$N = 218$。SV表示技能多样性，TI表示任务同一性，JA表示工作自主性，NC表示合作规范，IN表示创新精神，AC表示情感承诺，KSB表示知识分享。这些缩写同样适用于本章的其他内容。

表6-10 构念之间的相关性

变量	SV	TI	JA	NC	IN	AC	KSB
SV	(0.87)						
TI	0.42	(0.84)					
JA	0.41	0.38	(0.89)				
NC	0.18	0.30	0.26	(0.86)			
IN	0.39	0.37	0.34	0.38	(0.85)		
AC	0.37	0.39	0.45	0.34	0.66	(0.81)	
KSB	0.48	0.28	0.46	0.38	0.46	0.51	(0.83)

注: $N = 218$。括号内的数据为 AVE 的平方根。

6.3.3.4 假设检验

本研究采用层次回归分析对假设进行检验。首先是检验补充型匹配和互补型匹配对情感承诺的直接效应，其次是检验了情感承诺对知识分享行为的直接效应，同时将补充型匹配、互补型匹配和情感承诺加入以知识分享行为为因变量的方程之后，合作规范、工作一致性以及工作自主性的显著性消失，而创新精神、技能多样性的显著性下降，说明合作规范、工作一致性和工作自主性的人与环境匹配程度对知识分享行为的作用被情感承诺完全中介，而创新精神、技能多样性的人与环境匹配程度对知识分享行为的作用被情感承诺部分中介。因此，H1 ~ H6 全部得到验证。同时，笔者研究还发现，补充型匹配中创新精神的人与环境匹配程度对情感承诺的效应最大，互补型匹配中的工作自主性的人与环境匹配程度对情感承诺的效应次之。因此，假设 H7 得到部分验证，结果如图6-5所示。

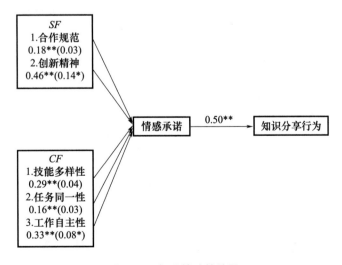

图6-5 假设检验的结果

注: $*p < 0.05$，$**p < 0.01$；括号内的数值是加入中介变量之后的效应值。

6.3.4　研究结果与讨论

本研究发现补充型匹配和互补型匹配对员工对组织的情感承诺具有不同程度的显著效应，情感承诺可以有效预测员工的知识分享行为。研究结果表明，补充型匹配和互补型匹配可以通过增强员工的情感承诺来促进他们做出更多的知识分享行为。同时，研究结果表明，补充型匹配并不像预测的那样一定比互补型匹配对员工情感承诺的正向作用强烈，而是部分强烈。本研究具有以下重要的理论价值。

（1）本研究建立的模型扩展了我们关于环境因素和个体因素对个体知识分享行为的理解。笔者的研究指出个体与环境之间的交互和匹配关系对知识分享的影响要远远大于它们单独对知识分享的影响。这样的研究设计更加符合现实情境，不是仅仅从理论角度关注个体与环境的单独影响，而是认为一个人的行为是个人特征和环境相互作用的结果。笔者认识到，同一个环境可能会以不同的方式影响其内部的所有个体，这也解释了为什么在同一个组织环境中工作的员工会因为个体特质的不同而做出不同程度的知识分享行为。笔者的研究还为人与环境匹配和知识分享行为之间的关系提供了实证证据，有效回应了之前一些学者关于人与环境匹配和知识分享行为之间关系的理论分析（例如，Cabrera 等，2005；Edvardsson，2008）。

（2）这些发现也为之前研究中一些不一致的发现提供了合理的解释，比如那些与合作规范的影响相关的研究结果。笔者的研究结果表明，当组织的合作规范高于或者低于员工的预期时，合作规范均会产生负面影响。这说明当前研究中的不一致性是由于研究人员忽略了员工与环境的契合效应而造成的。

（3）本研究进一步对补充型匹配和互补型匹配进行了理论和实证方面的区分。笔者为补充型匹配的效应大于互补型匹配的效应提供了一定的实证证据，从而有效扩充了现在有关人与环境匹配和知识管理方面研究的文献。

（4）笔者提出的模型解释了人与环境匹配如何通过情感承诺影响知识分享。通过对人与环境匹配和知识管理的研究，明确了情感承诺的中介作用，并得到一个切实的实证结果。作为知识分享的一个重要前因变量，情感承诺被纳入笔者的模型之中，且其中介作用得到检验，由此可以有效解释为什么很多研究考虑把人与环境匹配纳入知识管理的研究中。

第 7 章
社会信息处理理论视角下
虚拟团队成员的知识分享

7.1 社会信息处理理论

社会信息处理理论（social information processing theory）是组织管理研究中的一个重要的理论机制（Salancik 等，1978）。该理论的一个重要的前提是把个体看作一个具有适应性的"有机体"。因此，个体可以适应他们的环境，适应他们自己过去和现在的各种行为和情况的基本情况，通过对这些内容的分析对个体的态度、行为和信念进行相应的调整。这样的前提必然导致了以下结论：人们可以通过研究行为发生的信息和社会环境来了解个体的行为。很多需求理论的研究者也认识到人们适应环境的潜力，但是这些适应能力往往会被贴上心理防御机制的标签。

社会信息处理理论指出，个体在表达态度或者需求时，会根据其所获得的信息来发展出相应的态度或者表达相应的诉求。这种诉求的形式和内容会受到态度、目的以及产生该态度的人的相关信息的影响。这种影响具有显著性和相关性两种特征。显著性表示个体能够立即意识到相关信息的存在，相关性是指个体对信息的评价与某一特定的态度存在或多或少相关的可能性。

社会信息处理理论提出个人信息的重要来源是一个人的直接社会环境。社会环境提供了个体用来建构和解释自己遇到的事件的线索。它还提供了一个人的态度和意见应该是什么样的信息。此外，社会背景信息也会或多或少涉及一个人过去的行为、活动、状态和想法，同时也提供了一些对过去行为合理化过程的规范和期望。社会背景对于态度和需求表述有两个一般化的影响机制：一是它通过引导社会可以接受的信念、态度和需求以及可接受的行动理论，提供了有意义的直接构建，对个体的表现产生直接的影响；二是它将个体的注意力集中在某些信息之上，使这些信息显得更加突出，并提供对个人行为及其逻辑结果的期望，可以理解为一种间接的影响。

7.2 对同事的信任与虚拟团队成员的知识分享行为

7.2.1 研究模型概述

随着基于计算机媒介交流的不断盛行，激烈的外部竞争环境、动态的商业环境以及新冠疫情的威胁，很多组织选择了虚拟团队作为一种新型的工作方式来进行应对。虚拟团队可以跨越时空限制，不受组织边界的阻碍，在全球范围内雇用最为适合的人才，实现全天候的工作机制，大大降低了开展工作的成本。虚拟团队的不断流行也给管理者带来一个新的研究课题，即如何促进虚拟团队成员的知识分享行为。有研究指出虚拟团队成员的知识分享能力是决定其有效性的一个重要指标（Pangil 等，2014）。目前关于虚拟团队知识分享行为已经有一些研究识别出很多知识分享行为的影响因素，例如人格特质、自我效能、个人动机、信任、组织支持、团队特征以及工作设计等。在这些影响因素中，多数学者认为虚拟团队中的信任建立是能否有效分享知识的关键。针对信任的研究也是虚拟团队研究的一个重点，很多学者研究了不同类型的信任是如何影响知识分享的。但是，对这些文献进行系统回顾之后，笔者发现目前虚拟团队中有关信任的研究大多数是针对组织中垂直关系的研究（例如对组织领导、组织本身的信任），对于组织中横向的信任关系（例如对同事的信任）的研究比较少。

这个研究的局限引起了笔者的重视，随着虚拟团队的流行，工作任务正变得越来越相互依赖。之前也有研究表明，来自身边同事的社会信息可以为员工观点、态度和行为的塑造提供重要的线索（Lau 等，2008）。鉴于值得信任的同事可以为员工创造开放、舒适和明确的社会环境，因此笔者计划使用社会信息处理理论来探索对同事的信任与虚拟团队成员知识分享行为之间的关系。社会信息处理理论的核心观点是个体往往会通过获取和分析他们直接环境中的各种社交信息来构建和解释现实的情况，尤其是在周围环境比较模糊和不确定时（比如笔者提到的虚拟环境），这种信息的获取和分析更加重要。因此，基于社会信息处理理论，笔者预计对同事的信任会对虚拟团队成员的知识分享行为产生重要的积极作用。同时，为了能够更加深入地理解两者之间关系，笔者提出了两个重要的问题：一是对同事信任与知识分享关系中是否存在重要的干预机制或者中介机制，二是这两者关系之中是否存在一些边界机制。

为了回答第一个问题，笔者对两者关系中可能的心理机制进行深入分析。根据社会信息处理理论，笔者认为员工同事释放出来的社会信息可以帮助员工塑造对组织工作环境的感知。当一名员工的周围都是值得信任的同事时，他将不会顾虑自己的行为可能造成的影响，从而促使他产生较高的心理安全。心理安全可以被界定为："人们感觉可以大方地展示自我，而不用担心对自己的自我形象、地位或者职业生涯产生负面影响"（Kahn，1990）。在组织行为学的研究中，心理安全通常被看作一种连接信任和其结果变量的重要心理机制。之前相关的研究表明，心理安全与员工的建言行为（Frazier 等，2015）、信息共享、知识隐藏等都有明确的关联。因此，笔者认为对同事的信任可以提升虚拟团队员工的心理安全，进而促进他们更加愿意主动分享自己的知识。

为了回答第二个问题，笔者进一步拓展了之前假设的"同事信任到心理安全再到知识分享"的模型，从团队层面识别出一种可能造成该路径发生变化的调节变量——团队虚拟性。社会信息处理理论指出，人们的态度、行为和信念等不仅会受到来自周围重要个体的信息的影响，还可能受到工作环境的特点传达的信息的影响。因此，笔者认为不同的工作环境可能会提供一些不同的社会信息来促进员工的处理和分析。换句话说，笔者认为同事信任对心理安全的影响和对后续知识分享的影响可能在不同的工作情境下发生波动。在虚拟环境情境下，最关键的一个工作环境特征就是团队的虚拟程度。团队的虚拟程度可以被理解为"一个团队的员工在多大程度上使用信息技术来进行跨地区、跨组织和跨边界的沟通"（Bierly Ⅲ 等，2009）。根据社会信息处理理论，不同程度的团队虚拟性可能对员工释放出不同的社会信息，从而改变他们做出行为的方式。具体来说，笔者认为较高虚拟程度的工作环境释放出来的社会信息，比如不可靠的、复杂的远程信息技术要求，团队成员之间较少的非正式交流，合作风险和数据安全方面的考虑等，可能扭转员工的注意力，使他们更加愿意从周围的员工来获取社会信息，而这些信息的处理结果更加能够帮助他们来塑造自己的态度和行为。因此，在虚拟程度较高的工作环境下，虚拟团队成员更加倾向于处理来自周围可以信任的员工的信息，进而能够激发更高的心理安全，最终愿意主动与同事分享知识。

总的来说，基于社会信息处理理论，笔者构建了一个跨层次的调节中介模型来解释复杂而动态的"同事信任和知识分享"之间的关系。在这个模型中，心理安全起到了调节作用，团队虚拟性则是一个团队层面的调节变量，影响整个关系路径的走向，具体可以参见图7-1。

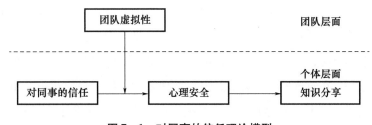

图7-1　对同事的信任理论模型

7.2.2 研究现状和假设提出

7.2.2.1 对同事的信任与知识分享

信任是一种隐含的信念，认为对方不会采取投机取巧的行为，不会利用自己去满足对方的欲望等（Ridings 等，2002）。信任在很多领域都得到学者们的广泛研究，比如在电子商务领域、知识资产管理以及知识管理领域等。之前的研究指出，信任是网络交互、组织价值创造、工作满意度、组织承诺和知识分享行为等的重要前因变量。尽管目前已经有了大量的研究，而且对于信任的重要作用也具有一定的共识，但是之前的研究大多数是从垂直信任的视角出发的，较少考虑横向的信任。在工作场景中，员工往往倾向于从自己周围的同事或者他们的工作环境中寻求和利用社会信息来塑造他们对自己面对的现实的认知，进而通过这种认知来决定做出何种行为。根据社会信息处理理论，笔者提出在虚拟团队中研究同事信任是非常重要和迫切的。首先，目前越来越扁平化的组织形式更加强调团队成员之间的横向沟通。组织成员之间的横向沟通情况可以被视为员工做出某一种行为的重要社交线索。其次，目前团队的任务大多数需要团队成员的通力合作来完成，个人英雄主义式的单打独斗往往是无法完成任务的。因此，团队的赏罚标准一般是以团队整体的表现来制定的，很少会单独针对个人制定相应的考核。因此，这样的社会信息同样会给团队成员这样的暗示，即个人能否得到组织的奖赏不仅取决于自己的表现，更重要的是团队中其他员工的表现。因此，团队信任对于员工是否能够做出某种行为显得更加重要。最后，社会信息处理理论也指出，当一个个体从某一个其他的和自己很相似的人那里获得了社会信息时，这些信息将会更加显著。由于同事之间的社会地位相差不大，相较于和领导的交流来说，同事之间的横向交流更加坦诚、顺畅。因此，团队成员的态度和行为更加有可能受到同事释放出的社会信息的影响。

员工对同事的信任往往是起源于他们和自己同事之间交流的质量。如果一名员工发现他的同事拥有和值得信任相关的属性，比如能力、仁慈、正直等的时候，他更加愿意信任这名同事（Mayer 等，1995）。基于社会信息处理理论，对同事的信任能够正向影响虚拟团队成员知识分享行为的原因可以从以下两个角度来解释。第一，分享知识的一个显著的障碍是人类天生不愿意参与有风险的活动。分享个人的知识可以看作一个与同事分享权力的行为，人们往往天生不愿分享知识。但是，如果个体被周围值得信任的同事围绕时，他们可能有这样的社会信息，即他们的行为可能会导致有利的或者无害的结果。在对这样的社会信息进行处理之后，员工会构建一个相对安全的认知，降低他们对不确定性的感知，消除各类不利于自己的可能的任何机会主义行为，进而促使他们愿意做出冒险行为。之前的一项研究表示，对同事的信任可以有效防止虚拟团队成员的地理距离变为心理距离，从而增强他们参与协作行为的程度（Jarven-paa 等，2000）。第二，根据社会信息处理理论，人们的某些行为不是凭空产生的，而是会受到某些特殊环境的影响。一般来说，知识分享可以被看作一个角色外行为，它并没有出现在组织的正式规定中，也很难对其进行衡量和评价。之前有研究指出，对同事的信任可以被看作一种重要的主观规范，可以取代保证员工执行预期活动的正式或者法律制度。这种社会信息通过意义建构过程决定了执行某种特定行为的可接受性和适当性。因此，对同事的信任可以提升员工做出自主行为（如知识分享）的可能。基于上述论证，笔者提出假设 H1：

H1：对同事的信任可以显著正向影响虚拟团队员工的知识分享行为。

7.2.2.2　心理安全的中介作用

心理安全可以描述个体与人际经验相关的心理状态，反映员工对周围人际环境风险水平的感知和信念（Edmondson 等，2004）。当员工拥有较高水平的心理安全时，他们很可能相信自己的行为或者活动不会产生不良的后果。因此，他们更愿意提出问题、提出新的观点、征求反馈意见、表达自己以及分享自己的工作经验和知识等。由于心理安全具有上述重要的价值，如何能够帮助员工营造出心理安全的状态成为相关领域研究的核心问题。之前的研究表示，人格特质、领导行为、人际信任、组织支持和工作设计等都有可能促使员工产生心理安全。

在虚拟团队中，团队成员的态度和行为特别容易受到信任的影响。社会信息处理理论认为社会背景可以转移员工对某些信息的注意力，同时也使某些信息显得更加显著。虚拟团队成员通常无法面对面地交流和视觉暗示，他们几乎没有共同的工作经验，而且很大程度上会出现文化、语言的差异。这些社交线索可以帮助个体把注意力集中在其他的信息来源上，比如周围的同事。在这种情况下，如果虚拟团队的成员之间互相缺乏信任，他们可能陷入一个具有威胁性的人际环境，显著降低他们的心理安全。相反，当人们处于一个信任的工作环境中时，他们可能尝试更多的活动，而不用担心这些活动可能造成的后果，因为他们获得的社会线索帮助他们构建这样的信念，即来自同事的任何反馈都是友好的和具有建设性的。因此，笔者认为对同事的信任可以降低员工对于他们行为可能造成负面影响的心理负担，从而进一步增强员工的心理安全。

之前的研究表明，在虚拟团队中不分享知识的一个重要障碍是知识提供者害怕丢脸、提供的知识错误或者不完善（Ardichvili 等，2003）。由于心理安全可以最大限度减少表达想法或者犯错误的潜在不良后果，心理安全水平高的员工更愿意主动分享自己的知识和技能。此外，较高程度的心理安全可以帮助人们建立一种较少受到他人评判的感知，这样可以促进员工之间的频繁互动。员工之间频繁、顺畅的沟通可以培养良好的分享氛围，从而促进知识分享的发生。因此，笔者认为个体的心理安全是其分享知识的重要前因变量。

将上文中的理论进行综合，笔者发现对同事的信任可以触发员工的心理安全状态。在心理安全较高的时候，员工可能感到周围同事的友善，认为他们的任何批评都是建设性的、善意的。因此，员工愿意主动表达自己，与他人交流互动，主动分享自己的知识和技能。基于此，笔者提出假设 H2：

H2：员工的心理安全中介了对同事的信任与知识分享之间的关系。

7.2.2.3 团队虚拟性的调节作用

团队虚拟性的概念来源于日益流行的虚拟团队，是描述团队虚拟程度的变量。信息和通信技术在工作团队中的广泛使用导致我们很难去辨别一个团队到底是纯虚拟的团队还是传统的团队。因此，很有必要将团队虚拟性作为一个固有的团队属性进行研究，而不是简单对团队进行虚拟团队和传统团队的二元对立分类。之前的研究采用了不同的标准来衡量团队的虚拟性。大多数学者将团队虚拟性看作一个多维的变量，例如有学者用三个维度来衡量团队虚拟性：一是团队分布情况，二是工作场所的流动性，三是实践的多样性（Chudoba 等，2005）。还有学者根据以下三个标准来判断一个团队的虚拟性：一是团队成员对虚拟工具的依赖程度，二是在线数据和信息对团队有价值的程度，三是同步交互发生的程度（Kirkman 等，2005）。

除了对于团队虚拟性的测量研究之外，之前的研究也重点强调了团队虚拟性对信息分享行为和团队协作能力等方面的影响（Mesmer－Magnus 等，2011）。这些研究认为较高的团队虚拟性可能具有"双刃剑"效应。一方面，高虚拟性的工作环境可能会减少社会规范和团队压力的影响，通过即时通信工具更加方便地接触团队成员，易于记录各种交互信息，有足够的时间考虑和消化其他成员分享的信息和知识；另一方面，较高的团队虚拟性可能会因为缺乏非语言线索、难以协调、沟通脱节、技术门槛较高等缺点而对协作行为产生负面影响。

在本研究中，笔者认为团队虚拟性可能会与对同事的信任产生交互影响。根据社会信息处理理论，员工可能会同时处理来自重要的个体和工作环境中有显著特点的社会信息来建构现实的意义，进而产生特定的态度和行为。具体来说，当工作环境中存在"不确定性、模糊性、复杂性"等特点时，团队成员可能更加依赖来自个体的信息来确定他们的个人信念、态度和行为。换句话说，工作环境的特征可以使来自个体的社会信息更加显著。在笔者的研究中，当员工在较高虚拟程度的团队中工作时，他们高度依赖电子工具，很少能够进行非正式交流，缺乏社交暗示，容易产生各种冲突问题，比如信息的延迟反映、忽略重要信息等，进而增加了他们对合作风险的感知。这些团队成员可能会面临角色模糊和场所错误归因等问题。在这样混乱的环境之下，值得信任的同事可以提供强有力的社会信息，暗示员工可以在这样的同事面前不受约束地做回真我，进而更加愿意参与到人际交往之中（Men 等，2020）。相比之下，虚拟性程度较低的团队（比如说传统团队）的成员有更多机会进行各种非正式的交流，比如在咖啡机旁边的偶然对话等。这些非正式的互动都是促使工作环境更加清晰、透明的重要因素，进而能够降低对同事的信任对心理安全的影响作用。因此，笔者认为高虚拟性工作环境下的员工比低虚拟性环境下的员工具有更强的风险感知，意味着需要增强对同事的信任的作用。反映在笔者的研究中，表现为在高虚拟性环境中，对同事信任和心理安全之间的关联性更强。因此，笔者提出假设 H3：

H3：团队虚拟性可以调节对同事的信任和心理安全之间的关系，也就是说，相较于较低团队虚拟性来说，较高团队虚拟性的工作环境中对同事的信任对心理安全的影响更加强烈和显著。

有学者研究认为（Edwards 等，2007），如果一个变量在自变量和中介变量之间起到了调节作用，那么这个变量也会调节整个中介模型，即构建一个有调节的中介模型。本研究中，笔者认为团队虚拟性调节了整个"对同事信任到心理安全再到知识分享"的中介路径。具体来说，当员工处于虚拟性较高的团队中，会产生较高的合作风向，从而提升了对同事的信任在营造员工心理安全方面的重要性，在这种情况下，这些员工由于心理安全提升而愿意主动分享自己的知识。也就是说，当团队虚拟性较高时，对同事的信任会发挥更重要的作用，使得员工产生更加强烈的心理安全和随后的知识分享行为。因此，笔者提出调节中介假设 H4：

H4：团队虚拟性能够调节对同事的信任通过心理安全来影响知识分享的中介路径。也就是说，相对于较低的团队虚拟性，在较高团队虚拟性的工作环境中，心理安全的中介作用更加显著。

7.2.3 研究方法与数据分析

7.2.3.1 样本和程序

本研究的数据来源于 3 家中国的互联网公司。这 3 家公司在国内外拥有大量的分公司，而且大部分员工在相应项目团队或者研发团队中工作，这些团队具有不同程度的虚拟性。由于这些团队的工作任务都是知识密集型的，因此他们的成员之间往往需要通过频繁的知识交流来完成任务。所以，这样的样本对于本研究的内容是非常适合的。调研主要是在每家公司选取的协调员的帮助之下完成的。笔者总共开展了两个阶段的调研，中间间隔了 2 个月。这样做可以在一定程度上降低横截面研究带来的共同方法偏差的可能性。

在第一阶段调查中，笔者请协调员给所有可能参加调研的员工发送了一封电子邮件（共计 401 人）。这封邮件包含以下三部分内容：一是关于调研背景的介绍以及调研的保密性等内容；二是一个能够链接到笔者问卷的网络地址；三是一个唯一的随机编码，这样通过每一个人的特定编码可以把两次数据的问卷整合在一起。在第一阶段调研中，笔者让所有的参与者填写了自己的人口统计学信息（年龄、性别和受教育程度）、团队的名称、团队的大小、评估对同事的信任、心理安全以及团队虚拟性的水平。在这个阶段笔者收到了 371 份问卷。2 个月之后，笔者将第二阶段问卷发给了第一次收回的有效问卷的填写者。这次让参与者评估自己的知识分享水平。最终，笔者收集到了一个双层嵌套数据，在个体层面有 282 人，嵌套在 37 个团队中。最终的问卷有效回收率为 68.8%。参与调研的员工的平均年龄为 29.4 岁（$SD = 5.22$）。其中大部分是男性，占到 73.6%。95.4% 的员工拥有本科以上学历。关于团队的规模来看，最小的团队有 5 人，最大的团队有 14 人，平均规模为 7.62（$SD = 2.31$）。

笔者还进行了独立样本 t 检验，以此来调查参与两个阶段调研员工和不参与两个阶段调查的员工之间是否存在显著差异。结果显示，女性员工更愿意放弃调研（$t = 3.31$，$p > 0.05$），其他的主要研究变量之间无显著差异。

7.2.3.2　测量工具

本研究使用的测量工具都是之前国际一流期刊发表的相关论文中使用或者开发的工具。笔者对这些问卷进行了细微的改动，以适应调研背景。同时，笔者用了反译技术对问卷进行了完善，以保证在中文环境下这些问卷的题项能够被填写者较好地理解。除了特别说明之外，所有问卷都采用的李克特 5 点式量表，从 1（非常不同意）到 5（非常同意）。各量表分别为：①对同事的信任的 5 个条目的量表（Lin，2007）；②心理安全的 5 个条目的量表（Liang 等，2012）；③团队虚拟性的 12 个条目的量表（Chudoba 等，2005），该量表包括三个不同的测量维度，一是团队的分布（4 个条目），二是工作地点的移动性（5 个条目），三是实践的多样性（3 个条目）；④知识分享的 3 个条目的量表（Lin 等，2009）。具体问卷参见附录 A5。

7.2.3.3　共同方法偏差

由于笔者的数据都采用了自报告量表来获取，可能会出现共同方法偏差问题。笔者使用单因素检验来处理这个问题。研究结果显示没有一个单一的因子能够解释超过 29.4% 的总变异量，因此笔者认为共同方法偏差在本研究中并不是一个显著的问题。

7.2.3.4　模型信效度检验

笔者通过计算模型的 CR、AVE 以及 $Cronbach's\ \alpha$ 来分析模型的信效度。结果如表 7-1 所示：组合效度的最小值为 0.84，平均变异抽取量最小值为 0.58，$Cronbach's\ \alpha$ 的最小值为 0.85。这些指标都符合之前研究提出的标准，表明笔者的模型具有较好的信效度。同时，笔者还计算了平均变异抽取量的平方根，这些平方根都大于每两个变量之间的相关系数，如表 7-2 所示。另外，笔者计算了异质—单质比率值（Heterotraitmonotrait ratio，*HTMT*），所有的 *HTMT* 值都小于 0.85，如表 7 - 2 所示。因此，笔者的变量之间也具有较好的区分度。

表 7 - 1 模型的信效度分析

构念	条目数量	因子负载	*CR*	*AVE*	*Cronbach's α*
TC	5	0.72 ~ 0.85	0.90	0.64	0.89
PS	5	0.71 ~ 0.87	0.90	0.65	0.91
TV	12	0.70 ~ 0.83	0.94	0.58	0.85
KSB	3	0.78 ~ 0.84	0.84	0.66	0.87

注：*TC* 表示对同事的信任，*PS* 表示心理安全，*TV* 表示团队虚拟性，*KSB* 表示知识分享。这些缩写同样适用于本章的其他内容。

表 7 - 2 变量描述性信息、变量间的相关性以及 *HTMT* 值

变量	均值	标准差	*TC*	*PS*	*TV*	*KSB*
TC	3.77	0.61	(0.80)	0.31 * *	− 0.10	0.27 * *
PS	3.73	0.64	**0.45**	(0.81)	− 0.02	0.38 * *
TV	3.59	1.01	**− 0.17**	**− 0.03**	(0.76)	0.12 *
KSB	3.91	0.81	**0.40**	**0.58**	**0.26**	(0.81)

注：* $p < 0.05$，* * $p < 0.01$。括号内的数值为每个变量 *AVE* 的平方根，粗体数值为变量之间的 *HTMT* 值。

7.2.3.5 假设检验

由于笔者的数据是两层嵌套数据，笔者采用 HLM 8.0 作为分析工具来验证本研究的假设。在检验这些假设之前，笔者首先把个体层面测量的团队虚拟性数据聚合到团队层面。笔者计算了组内一致性 *ICC*1、组间一致性 *ICC*2 以及 $R_{wg(J)}$ 值。数据显示 *ICC*1 和 *ICC*2 分别为 0.23 和 0.59，$R_{wg(J)}$ 的范围为 0.71 ~ 0.96。这说明笔者的数据可以有效地进行团队层面的聚合。表 7 - 3 显示了所有模型的检验结果。从该表中可以看到，对同事的信任显著正向影响了员工的知识分享（*M*5；$\gamma = 0.22$，$p < 0.01$），因此 H1 得到证实。

笔者采用了三步法检验了心理安全的中介作用（Baron 等，1986）：第一步，从 H1 的验证可以得到，对同事的信任显著正向影响员工的知识分享；第二步，笔者发现对同事的信任也显著正向影响员工的心理安全（*M*2；$\gamma = 0.22$，$p < 0.01$）；第三步，笔者将对同事的信任和心理安全放入对知识分享行为的回归方程中，发现对同事信任对知识分享的影响作用变得不再显著了（*M*6；$\gamma = 0.08$，*ns*），而心理安全的效应仍然显著（*M*6；$\gamma = 0.34$，$p < 0.01$），因此，可以初步推断，心理安全完全中介了对同事的信任对知识分享的正向影响作用。为了更好地验证这种中介作用，笔者作了 95% 置信水平的自举法（Bootstrapping），结果显示对同事的信任通过心理安全对知识分享的间接效应为 0.12，置信区间为 *CI* [0.05，0.21]，不包括 0。这些结果表明，H2 得到验证。

　　为了验证团队虚拟性的调节作用，笔者将对同事的信任和团队虚拟性以及两者的交叉项加入针对心理安全的回归方程中，结果显示交叉项的作用显著（M3；$\gamma = 0.19$，$p < 0.01$），表示团队虚拟性发挥了调节作用。为了更清晰地表示这种调节作用，笔者制作了调节作用图，如图7-2所示。同时笔者还计算了在不同团队虚拟性水平之下函数的斜率。结果表明，当团队虚拟性较高（比均值高一个标准差）时，对同事的信任可以显著影响心理安全（$B = 0.37$，$p < 0.01$）；但是当团队虚拟性较低（比均值低一个标准差）时，对同事的信任对心理安全的影响的显著性明显下降（$B = 0.11$，$p < 0.05$）。因此，笔者提出的 H3 得到验证。

表7-3　实证检验结果

变量		PS		KSB			
		M1	M2	M3	M4	M5	M6
截距		3.73 * *	3.73 * *	3.74 * *	3.91 * *	3.92 * *	3.93 * *
个体和团队层面控制变量	Age	0.05	0.03	0.03	0.05	0.03	0.04
	Sex	-0.02	-0.01	-0.01	-0.02	-0.01	-0.02
	Education	0.08	0.06	0.05	0.11 *	0.09	0.08
	Team Size	0.02	0.02	0.01	-0.02	-0.02	-0.02
自变量	TC		0.26 * *	0.24 * *		0.22 * *	0.08
中介变量	PS						0.34 * *
调节变量	TV			0.07			
交叉项	TC × TV			0.19 * *			
R^2		0.03	0.12 * *	0.20 * *	0.05 *	0.15 * *	0.24 * *
ΔR^2			0.09 * *	0.08 * *		0.10 * *	0.09 * *

　　注：Age 表示年龄，Sex 表示性别，Education 表示受教育水平，Team Size 表示团队规模。* $p < 0.05$，* * $p < 0.01$。

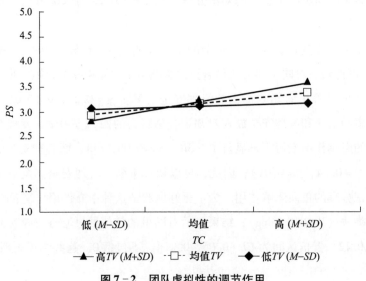

图7-2　团队虚拟性的调节作用

关于调节中介假设的检验，笔者使用 Mplus 7.0 计算了不同团队虚拟性水平下，对同事的信任通过心理安全对知识分享行为的条件间接效应。笔者计算了这些效应的 95% 置信区间。结果显示，当团队虚拟性较高（比均值高一个标准差）时，间接效应显著（$Estimate = 0.15$，$SE = 0.04$，$CI\ [0.06,\ 0.29]$）；当团队虚拟性较高（比均值低一个标准差）时，间接效应不再显著（$Estimate = 0.04$，$SE = 0.02$，$CI\ [-0.05,\ 0.08]$）。因此，这些结果支持了假设 H4。

7.2.4　研究的理论和实践启示

7.2.4.1　主要研究发现

本研究基于社会信息处理理论探讨了虚拟团队中对同事的信任是如何影响员工的知识分享行为。笔者构建了一个跨层次的调节中介模型，将心理安全作为两者关系的中介心理机制，而且从团队层面识别出一种调节变量，即团队虚拟性。笔者利用一个跨层次嵌套数据对相关的假设进行实证研究，最终的数据分析结果完全支持了笔者的假设。具体来说，首先，虚拟团队中对同事的信任是影响员工是否分享知识的显著要素。其次，这种影响关系完全受到心理安全的中介作用，也就是说，对同事的信任首先增强了员工的心理安全感，然后进一步激发员工乐意分享自己的知识。最后，笔者的研究结果证实团队虚拟性可以有效调节对同事的信任对心理安全的作用，同时也调节了整个中介模型。也就是说，当团队的虚拟性较高时，对同事的信任对心理安全的积极作用更加显著，而且心理安全的中介作用也更加显著。

7.2.4.2　理论启示

笔者的研究为本领域的相关文献提供了重要的理论启示。第一，与之前的研究一致（例如，Fang 等，2010；Pangil 等，2014；Zhang 等，2010），笔者的研究再一次确认了信任可以有效地激发虚拟环境下团队成员的合作行为，例如知识分享等。但是笔者的研究与之前的一些研究也有不同之处。因为之前的研究大多数将信任看作一个整体性的、一般性的构念，没有专门研究不同的被信任主体的影响。尽管有一些研究考虑了信任目标的区分，但是他们更加关注垂直领域的信任，较少关注横向的组织信任（Tan 等，2009）。笔者拓展了这方面的研究，重点关注了在组织中员工对同事的信任是如何影响团队成员知识分享的。这样的关注点具有非常重要的价值，因为现在的团队组织形式更加扁平化，任务依赖性更强，员工需要与自己的同事进行大量的交流与协作。而且据笔者所知，目前虚拟团队的研究还是首次将对同事的信任引入其中，所以笔者的研究具有一定的开创性价值。

第二，笔者的研究揭示了对同事的信任与知识分享行为之间的干预机制。大多数的研究在研究信任与知识分享之间的关系时往往选取社会交换理论作为理论机制。比如，有学者指出，信任可以维持员工之间较高质量的社会交换，从而促进知识分享行为的发生（Chiu 等，2006）。有研究指出，信任本身就是社会交换关系的重要组成要素，良好的信任关系是知识分享行为的基本前提（Wu 等，2009）。不同于这些研究视角，笔者从社会信息处理的角度出发，提出员工对自己周围可信任同事释放出来的社会信息进行处理，可以产生较高的心理安全，进而做出更多的知识分享行为。具体来说，对同事的信任影响知识分享行为的具体作用机制可以解释为两个层面：一方面，当虚拟团队成员在一个合作性的社会氛围内，比如说周围都是可以信任的同事，他们更加倾向于对这些同事释放出来的社会信息进行处理，产生放松、惬意和安全的感知，增强他们的心理安全；另一方面，心理安全较高的员工愿意做出更多的知识分享行为，因为他们认为自己的分享行为不会带来负面的结果和反馈。这种解释信任与知识分享关系的角度具有一定的理论价值：首先，它提供了一个令人信服的解开信任和知识分享关系"盲盒"的机制；其次，它指出团队成员释放出来的信息可以作为其他成员做出行为的重要社会线索。此外，笔者关于信任和心理安全的研究也回应了学者埃德蒙森等（Edmondson 等，2003）关于区分信任和心理安全的号召。埃德蒙森的研究指出信任一般强调是否关注他人的行为（Edmondson 等，2003），而心理安全较高的个体更关注自己的行为和后果。笔者的研究也指出信任可以营造一种适宜的团队氛围，降低员工对自己行为后果的负面认知。因此，笔者的研究从概念层面对这两个"心理内部状态"构念进行了区分。

第三，笔者的研究也识别出信任到心理安全再到知识分享行为关系的边界机制。笔者认为团队虚拟性可能会影响上述中介模型。根据社会信息处理理论，个体在处理社会信息时，不仅会考虑来自周围重要的个人释放的信息，而且要考虑自己所处工作环境的特征释放出来的社会信息。更重要的是，如果员工从环境中获得了不确定的、模糊的社会信息，那么他们更加愿意去处理那些确定的信息来源（比如周围可信任的同事）释放的信息。笔者认为当团队的虚拟性较高的时候，这种高虚拟性环境带来的模糊的、不确定的、复杂的环境信息可能会将人们的视线转移到其他更加重要的信息上。也就是说，在高虚拟性环境下，人们更加倾向于处理可信任的同事释放出来的信息，进而提升自己的心理安全，从而做出更多的知识分享行为。该研究的发现和之前学者的观点一致，都认为较高的团队虚拟性带来的不确定性感知、误解、冲突的可能性以及合作的风险性等特征，都可能会使团队中信任的作用更加突出，进而增强信任对心理安全的积极作用（Breuer 等，2016）。但是笔者的研究结果与之前的研究结果相反（Bierly Ⅲ 等，2009），该研究认为较高的团队虚拟性可能降低信任对于团队成员合作的影响。一个可能的解释是上述研究认为较高虚拟性的团队工作环境增加了团队任务的独立性，促使团队成员之间较少交流。而笔者的研究环境是虚拟团队，团队成员是为了一个统一的目标而共同合作的，这样的假设基础不同，可能导致结果不同。因此，笔者的研究为虚拟团队研究中团队虚拟性的调节作用提供了一个新的实证证据。

7.3 领导底线思维与虚拟团队成员的知识隐藏行为

7.3.1 研究模型概述

知识隐藏无论是对个人还是企业都具有显著的负面作用。从个体层面来看，可能会阻碍个体的知识创新、增加个体的离职倾向、破坏个体和同事之间的互动关系。从组织层面来看，知识隐藏会降低组织的竞争力，不利于组织的长期发展和成长。因此，找到组织成员知识隐藏的关键影响因素不仅非常关键，而且迫在眉睫。

在过去的十年中，关于知识隐藏的研究已经取得了一定的成果，很多学者从不同的角度、层次提出了各种知识隐藏的前因变量。在这些研究中，有关领导力和知识隐藏关系一直是学者们研究的重点。学者们研究了不同的领导力类型和知识隐藏的关系，包括辱虐型领导、道德型领导、授权型领导、变革型领导等（Hao 等，2022；Men 等，2020，Lin 等，2020）。但是这些研究主要关注的是领导力的类型，很少考虑领导的思维模式。从理论进展的视角来看，仅仅揭示领导力类型和知识隐藏的关系是远远不够的，领导的思维模式也会对员工的态度和行为产生重要的影响（Greenbaum 等，2012）。为了填补这样的研究空白，本研究探讨了领导底线思维和知识隐藏之间的关系。

领导底线思维是一种一维思维模式，拥有这种思维模式的领导认为恪守效益底线是最重要的事情，其他任何事情都可以忽略。之前的很多研究表明领导的底线思维对员工的工作相关态度和行为会产生不良的影响。因此，笔者初步提出领导底线思维可能会造成员工的知识隐藏行为。由于具有底线思维的领导可以向他们的下属提供强烈且清晰的社会信息，因此社会信息处理理论可以作为理论基础来解释领导底线思维和员工知识隐藏之间的关系。社会信息理论的核心思想是人们通常会根据他们对社会背景信息的解释和理解来适应和调整自己的观点、态度和行为。具有底线思维的领导倾向于向自己的员工释放只有保证底线效益才是最重要的社会信息，导致员工可能会为了完成底线目标而不计代价，不考虑道德、关怀等方面的事宜，从而更加倾向于做出知识隐藏行为。

此外，为了更好地理解领导底线思维和知识隐藏之间的关系，笔者还研究了为什么以及什么时候两者之间会发生关系。具体来说，笔者将员工的自利主义假设为两者关系的中介变量，绩效氛围作为两者关系的边界机制。自利主义是指个体只愿意做那些能够满足自己需要的事情，完全忽略他们的行为可能会对他人造成的负面影响。具有底线思维的领导会向下属释放出保护自己的底线是最重要的事情的信息。根据社会信息处理理论，员工会对上述信息进行社会化处理，激发他们的交易本性，提升他们的自利主义（Babalola 等，2020）。知识一般被看作个人赢得短期表现的一种有价值的资源。之前很多研究都指出，具有较高自利主义的员工可能不愿意去分享他们的知识或者战略性地隐藏自己的知识，以确保他们自身利益的最大化。因此，笔者认为高底线思维的领导会向下属释放硬的底线是唯一目标的信息，进而促使他们的下属产生较高的自利主义，最终导致下属的知识隐藏行为。

社会信息理论指出，个体不仅会获取和利用周围重要同事释放出来的信息，同时也会收集和感知周围工作环境的特征信息。具体来说，员工在不同的工作环境中会采用不同的方式来处理自己获取的社会信息。因此，笔者认为领导底线思维通过自利主义对知识隐藏的影响机制会受到不同的工作环境的影响。在本研究中，笔者将工作中的工作氛围—绩效氛围作为上述关系中的一个边界机制来进行探讨。绩效氛围是一种激励氛围，这种氛围的主要特征是强调社会比较、组内竞争和社会认可（Nerstad 等，2013）。这种氛围特征可能会促使员工更加倾向于比自己的同事表现得更好，这种重视绩效结果的工作氛围与领导底线思维的"保护底线是最重要的事情"想法是一致的。因此，根据社会信息处理理论，当员工工作在绩效氛围高的环境中时，更愿意获取、处理和理解底线思维领导释放出来的社会信息，进而产生更高水平的自利主义，最终导致员工做出更多的知识隐藏行为。

综上所述，本研究构建了一个跨层次的调节中介模型来完成三个研究目标，如图 7-3 所示：第一，实证检验领导底线思维和知识隐藏之间可能存在的作用机制；第二，检验自利主义在领导底线思维和知识隐藏关系中的中介作用；第三，找到领导底线思维和自利主义之间以及领导底线思维通过自利主义影响知识隐藏关系中的边界条件，即绩效氛围。

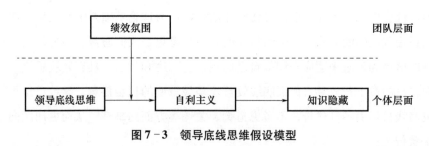

图 7-3　领导底线思维假设模型

7.3.2　研究现状和假设提出

7.3.2.1　领导底线思维与知识隐藏的关系

人才、效益和文化是企业保持生存活力的三个重要支柱。底线结果只要反映了效益方面的内容，而其他两个方面分别面向人力资源和工作环境，比如道德规范、员工福利、社交关系质量或者组织公平性等内容（Lin 等，2022）。高底线思维的领导倾向于将他们的视线集中在"效益"层面，完全忽略其他两个方面的内容。他们坚持的信念是只有赢得底线结果才能够称为"获胜"，获得其他任何的结果都被视为"失败"（Mesdaghinia 等，2019）。由于确保底线与组织的生存有着直接的关联，因此有学者提出领导底线思维可能会带来一些积极影响，比如促进员工绩效的改善。但是，组织不是一个一元系统，而是一个多元的系统，包含多种目标和价值。因此，仅仅追求单一目标（比如底线效益目标）可能会出现问题，导致一系列不良的影响。之前的研究表明领导底线思维可能会导致员工的各种不道德行为（例如亲领导不道德行为、亲组织不道德行为、客户导向的不道德行为等）、同事阻抑行为、道德推脱、辱虐管理等，也有研究表示领导底线思维不利于员工做出更多的组织公民行为（Eissa 等，2019）。尽管目前关于领导底线思维消极作用的研究已经开展得如火如荼，但是很少有研究将领导底线思维构念引入知识管理领域。本研究拟弥补上述研究空白，将领导底线思维引入知识管理领域，基于社会信息处理理论来探讨它对知识隐藏的触发作用。

　　社会信息处理理论认为每个个体是一个可以调整和具有适应能力的"有机体"。人们可以通过对周围社会信息的获取和处理来对现实进行解读，进而塑造自己的态度、观念和行为。换句话说，人们可以通过观察和学习一种行为发生和适应的社会信息和环境来理解这种特定的行为（Salancik 等，1978）。具体来说，员工往往倾向于从周围领导或者同事的行为模式、工作环境或者组织氛围中获取信息，通过对这些信息进行处理和加工来建构自己对现实工作情况或者组织行为规范、组织期望等方面的理解，进而帮助他们来塑造相应的态度、感知、信念和行为。在工作场景中，领导往往具有较高的地位、声誉、奖惩权力、资源分配权力以及和下属直接交互的行为等，他们一般被看作一种重要的社会信息来源。因此，员工倾向于从他们的领导那里收集社会线索（比如，他们的领导在想什么、说什么或者做什么），以此来更好地理解组织中到底什么样的行为是可以被接受和容易被奖励的。当员工在高底线思维领导的带领之下工作时，他们可能会得到这样的社会暗示：实现底线结果是赢得底线游戏的唯一路径。这些员工会对这样的社会信息进行处理加工，并产生这样的观点：只有赢得底线才能够被视为成功进而获得奖赏。因此，员工会形成高度的竞争思维，倾向于相信他们的同事获得成功就会将自己置身于失败的境地。工作相关的知识是非常珍贵、稀缺、难以复制和替代的，对于员工的自身竞争具有举足轻重的作用。在这样的情况之下，员工通常会选择故意隐瞒自己的知识或者提供给请求者错误或者无关的知识来误导他们或者降低他们的工作效率，进而凸显自己的成功。之前的研究指出，员工在高底线思维领导的带领下往往会做出更多的同事阻抑行为，较少做出组织公民行为和帮助他人的行为。因此，基于上述理论和实证研究结果，笔者提出假设 H1：

H1：领导底线思维正向影响员工的知识隐藏行为。

7.3.2.2　自利主义的中介作用

自利主义是一种认知状态，在这种状态之下，人们只关注自己是否能够满足自身利益，完全不会考虑他人。这些自身利益可以是有形的，比如金钱、福利、职业生涯；也可能是无形的，比如声誉、个人信誉、自豪感等。在本研究中，笔者认为员工如果感受到领导的底线思维会导致他们产生较高的自利主义感知，进而提高他们做出知识隐藏行为的可能性。根据社会信息处理理论，员工在高底线思维的领导下工作时，他们获得了仅仅完成底线目标是最重要事情的信息，进而认为其他的一切事情都可以忽略。他们对这些社会信息进行处理之后，会产生一种不赢则输的游戏比赛思维，进而可能通过成本效益计算的方法来选择做出行为。员工在这种情况下倾向于分析和评估如何来赢得底线游戏，进而最大化他们的个人利益。此外，当员工聚焦于底线思维并且获得相应的利益时，可能会产生自我满足感，从而忽略与他人之间的人际关系。因此，底线思维的领导会强调工作环境中的交易本质，进而触发员工关注自身利益，降低自身与他人之间的依赖性，最终表现为较高的自利主义感知。

之前的研究表明，具有自利主义的个体通常会通过比较个人的得失来最大化自己的利益。在笔者的研究中，员工拥有知识时具有绝对的权力来决定自己是否分享或者隐藏这些知识，而且这种决定基本上是由最大化自身利益来驱动的。因此，自私自利的员工可能会根据隐藏知识能否给自己带来利益而评估是否做出隐藏知识的行为。笔者认为，自私自利的员工会选择隐藏知识，主要有三个方面的原因。第一，相对于隐藏知识来说，分享知识需要消耗员工大量的时间和精力来对知识进行编码、传递和解释。自私自利的员工倾向于最大化自身的利益，他们肯定不愿意付出大量的时间和精力在他人身上。第二，与工作相关的知识是员工在组织内部生存、晋升和发展的关键资源，自私自利的人会通过隐藏自己的知识来破坏那些请求者的绩效，进而将自己置于有利的地位。第三，自私自利的人往往会为了达成自己的目的而做出违背道德准则的行为，他们为了满足自身的利益，不惜做出有害于他人的行为，比如知识隐藏行为。因此，笔者提出假设 H2：

H2：自利主义中介了领导底线思维对知识隐藏行为的影响作用。

7.3.2.3　绩效氛围的调节作用

绩效氛围是组织激励氛围的一种，另一种激励氛围是掌控氛围。不同的激励氛围对于一个团队中成功和失败的定义标准有所不同，进而可能会影响人们对一个工作环境特征以及在这个环境中什么是重要的、什么是组织所期望达到的等的理解（Nerstad

等，2013）。绩效氛围与组织内部的成功导向、强迫性的社会比较、组内竞争以及热衷于得到社会认可和优越感等密切相关。当员工工作在这样的环境中，他们往往关注自己是否能够取得业绩、能否在竞争中获得胜利。他们认为只有获得最高成果的人才能够被视为成功的。而且绩效氛围充斥着各种各样的比较相关的信息，比如口头比较、能力分组等。这些都会向员工释放这样的信息：比其他人业绩更好是非常重要的。因此，在这样的环境中人们更加倾向于竞争而不是协作。绩效氛围和很多的不良结果有直接的关系，比如较低的绩效水平、降低激励效果、工作场所的焦虑和压力、员工的离职倾向、寻求简单的工作以及更加容易半途而废等。在本研究中，笔者认为绩效氛围可能会影响领导底线思维对员工态度和行为的作用。

社会信息处理理论指出，员工的行为可能会受到来自个人和工作环境的社会信息的共同影响。更重要的是，该理论更加强调环境特征的作用，认为环境特征释放信息可能会影响人们对其他来源获得信息的处理能力。在笔者的研究中，笔者认为绩效氛围释放的社会信息可能会使得底线思维领导释放的社会信息更加显著增强领导底线思维对员工自利主义的影响。具体来说，当团队中的绩效氛围较高时，员工接收到的社会信息是一定要比自己的同事表现得更好，获得更高的绩效才算是成功。这个信息与底线思维领导释放出来的一定要赢得底线游戏的信息一致。因此，当员工收到这样的双重信息影响时，他们更加倾向于关注自己的底线和绩效，完全忽视他人，进而产生较高的自利主义。

相反，当绩效氛围较低时，员工认为自己所处的环境相对比较宽容、灵活、具有合作性。对这种社会信息进行处理之后，员工的态度、观念都会发生相应的转变。这种社会信息与领导底线思维释放的信息相背离，会起到一个中和或者消解的作用。因此，在低绩效氛围的工作环境中，领导底线思维对员工自利主义的影响会明显减弱。依据上述论述，笔者提出假设H3：

H3：绩效氛围调节了领导底线思维对员工自利主义的影响。也就说是，相对于较低绩效氛围来说，高绩效氛围下领导底线思维对员工自利主义的影响效果更加显著。

笔者将自利主义的中介作用和绩效氛围的调节作用进行整合，发现本研究可以构建一个典型的有调节的中介效应。具体来说，底线思维领导释放出来的社会线索触发员工的自利感知，进而员工倾向于忽略他人的请求并主动隐藏自己的知识。当员工工作在绩效氛围较高的环境中时，较高的组内竞争本质会强化领导底线思维通过自利主义对知识隐藏行为的间接作用。因此，笔者认为绩效氛围有条件地影响了上述中介路径，进而提出假设H4：

H4：绩效氛围调节了领导底线思维通过自利主义影响员工知识分享行为的中介路径。具体来说，当绩效氛围较高时，自利主义的中介作用越强，反之越弱。

7.3.3 研究方法和数据分析

7.3.3.1 样本和程序

本研究的数据来自网络销售虚拟团队,其主要销售产品为各类日产公用品。这种销售虚拟团队往往是以绩效为导向的,而且他们的员工需要大量的销售技巧和客户知识来完成他们的销售目标。因此,笔者认为这样的样本比较适合调查领导底线思维和知识隐藏的关系。笔者选择了 67 家虚拟销售团队总共 581 名员工作为调研对象开展三个阶段调研。第一阶段调研,笔者给所有的参与者发送了电子邮件,包括一个调研介绍和数据保密性说明、一个问卷的链接以及一个特定的唯一编号用来将三次调研的数据进行整合。在这次调研中,笔者让参与者填写了他们的个人人口统计学信息、团队的大小、团队的名称,他们对自己领导的底线思维的感知以及对团队绩效氛围的感知。经过 1 个月之后,笔者收到了 402 份有效问卷。接着笔者对这些有效问卷的参与者进行第二阶段调研,在这次调研中邀请参与者填写他们的个人自利主义感知。在这个阶段笔者收到 384 份有效问卷。再经过 1 个月之后,笔者对这 384 人进行了第三阶段调研,邀请他们评估自己的知识隐藏行为。最终,笔者收到 336 份问卷。这些参与者分布在 42 支团队中。这些团队人数最多的有 13 人,最少的有 5 人,平均团队规模为 8 人($SD = 2.92$)。参与者相对较为年轻,平均年龄为 23.3 岁($SD = 4.38$)。他们的平均工龄为 2.2 年($SD = 1.77$)。男女的比例大致相当,而且绝大多数参与者没有本科学历。

7.3.3.2 测量工具

本研究的所有量表都来自之前国际一流期刊中已经使用过的量表,信效度在之前的研究中都有过验证。笔者同样使用了回译的方法确保量表条目的可读性。除了特殊说明之外,所有量表都采用的是李克特 5 点式量表,从 1 表示"非常不同意"到 5 表示"非常同意"。

领导底线思维采用了具有 4 个条目的量表(Greenbaum 等,2012)。自利主义采用了之前学者开发的 3 个条目的量表(De Dreu 等,2009)。绩效氛围采用了之前研究开发的动机氛围量表(Nerstad 等,2013),该量表有 14 个题目,其中 6 个测量掌控氛围,8 个测量绩效氛围。知识隐藏的测量采用的是最广泛使用的康奈利等(2012)开发的 12 个条目的量表。具体问卷信息参见附录 A6。

笔者根据之前研究的建议,对参与者的年龄、性别、学历、团队工龄和团队大小进行了控制。

7.3.3.3 共同方法偏差

所有数据都采用了自报告量表来测量,因此需要对共同方法偏差进行检验。笔使用了单因素法进行检验，发现第一个因子只能解释 36.9% 的总变异，低于 50% 的阈值。笔者也开展了共线性分析，结果显示方差膨胀因子都小于 3，容忍度都大于 0.5，因此共同方法偏差不是一个严重的问题。

7.3.3.4 数据聚合测试

笔者的研究是一个跨层次研究，绩效氛围的数据是由团队成员个人感知之后得到的，因此需要对个人数据是否能够聚合到团队层面进行检验。结果显示，组织一致性和组间一致性分别为 0.12 和 0.61，$R_{wg(8)}$ 的平均值为 0.79，均在可接受的范围之内，因此数据聚合完全没有问题。

7.3.3.5 模型信效度测量

笔者通过计算 CR、Cronbach's α、AVE 以及 HTMT 值来评价模型的信效度。结果如表 7－4 和表 7－5 所示，所有的 CR 都大于 0.7，Cronbach's α 都大于 0.8，AVE 都大于 0.5。同时 AVE 的平方根都大于变量之间的相关性，HTMT 值都小于 0.85。因此，根据之前研究的建议（Fornell 等，1981；Henseler 等，2015），笔者的模型具有较高的信效度。

表 7－4 模型信息效度检验

构念	条目数量	因子负载	CR	AVE	Cronbach's α
SBLM	4	0.79 ~ 0.92	0.88	0.63	0.89
SI	3	0.77 ~ 0.89	0.90	0.65	0.87
PC	8	0.71 ~ 0.91	0.86	0.58	0.90
KH	12	0.74 ~ 0.87	0.93	0.54	0.92

注：SBLM 表示领导底线思维，SI 表示自利主义，PC 表示绩效氛围，KH 表示知识隐藏。这些缩写同时适用于本章的其他内容。

表 7－5 变量的描述性分析、变量之间的相关性以及 HTMT 值

变量	均值	标准差	AVE	SBLM[a]	SI[b]	PC[a]	KH[c]
SBLM[a]	3.16	0.97	0.63	(0.79)	**0.22**	**0.15**	**0.26**
SI[b]	2.93	1.26	0.65	0.19**	(0.81)	**0.08**	**0.37**
PC[a]	3.42	0.74	0.58	0.12*	0.04	(0.76)	**0.12**
KH[c]	2.61	0.70	0.54	0.22**	0.31**	0.09*	(0.73)

注：*$p < 0.05$，**$p < 0.01$。括号内的数值为每个变量 AVE 的平方根，粗体数值为变量之间的 HTMT 值。a 表示这些变量是第一阶段调查获得的数据，b 表示这些变量是第二阶段调查获得的数据，c 表示这些变量是第三阶段调查获得的数据。

7.3.3.6 假设检验

笔者使用 HLM 8.0 对数据进行处理和分析，结果如表 7－6 所示。表 7－6 中 Model 2 显示领导底线思维对员工的知识隐藏行为具有显著的正向作用（$\gamma = 0.25$，$p < 0.01$），因此 H1 得到验证。

　　笔者使用了三步法初步验证自利主义的中介作用（Baron 等，1986）。最终结果显示，当领导底线思维和自利主义同时加入针对知识隐藏的回归方程时，领导底线思维的效应不再显著（Model 3，$\gamma = 0.08$，ns），而自利主义的效应显著（Model 3，$\gamma = 0.33$，$p < 0.01$），表明自利主义完全中介了领导底线思维对知识隐藏的正向作用。笔者也使用了拔靴法进行了验证，计算了领导底线思维通过自利主义影响知识隐藏行为的间接效应，结果该效应为 0.09（$p < 0.01$），而且置信区间 CI [0.03，0.12] 不包括 0，这些结果表明 H2 得到验证。

表 7–6　回归分析结果

截距和变量		KH			SI	
		M1	M2	M3	M4	M5
截距		2.93**	2.94**	2.95**	2.61**	2.63**
个体变量	Age	0.01	0.01	0.01	0.02	0.01
	Sex	0.04	0.03	0.03	0.06	0.04
	Education	0.01	0.00	0.00	0.06	0.03
	Team Tenure	0.02	0.02	0.02	−0.03	−0.01
团队变量	Team Size	0.05	0.04	0.03	0.03	0.02
自变量	SBLM		0.25**	0.08	0.21**	0.23**
中介变量	SI			0.33**		
调节变量	PC					0.15**
交叉项	SBLM × PC					0.27**
R^2		0.01	0.16**	0.23**	0.13**	0.27**
ΔR^2			0.15**	0.08**		0.14**

注：Age 表示年龄，Sex 表示性别，Education 表示教育水平，Team Tenure 表示团队任期，Team Size 表示团队规模。 $*p < 0.05$，$**p < 0.01$。

　　为了验证绩效氛围的调节作用，笔者首先把所有变量进行了中心化处理，计算了领导底线思维和绩效氛围的跨层次交叉项。将自变量、调节变量和交叉项放入以自利主义为因变量的回归模型中，笔者发现交叉项呈现出显著效应（$\gamma = 0.27$，$p < 0.01$）。进一步，笔者绘制了这种调节效应图，如图 7–4 所示。同时笔者也计算了相关路径的斜率，发现当绩效氛围较高时，领导底线思维对自利主义的作用更加显著（$B = 0.43$，$p < 0.01$），而当绩效氛围较低时，两者的作用变得不再显著（$B = 0.03$，ns）。因此，假设 H3 得到了支持。

　　为了验证调节中介效应，笔者使用 Mplus 7.0 计算了领导底线思维对知识隐藏的有条件间接效应。结果显示，当绩效氛围较高时，有条件间接效应显著（Estimate = 0.24，$SE = 0.03$，CI [0.08，0.33]）；而当绩效氛围较低时，该效应变得不显著，置信区间 CI [−0.01，0.06] 包括 0。因此，假设 H4 得到验证。

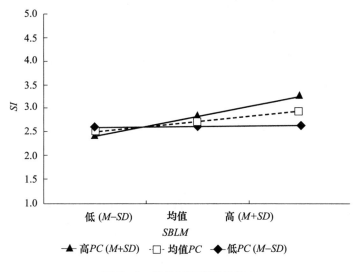

图 7－4 绩效氛围的调节效应

7.3.4 研究讨论

7.3.4.1 主要结论

本研究以社会信息处理理论作为整个理论模型的理论支柱构建了一个跨层次的调节中介模型。在该模型中，领导底线思维通过员工的自利主义影响员工的知识隐藏行为，绩效氛围调节了领导底线思维到自利主义的关系和领导底线思维经过自利主义影响知识隐藏的中介关系。利用跨层次和时间延迟的数据，笔者对上述模型提出的 4 个假设进行了实证研究。结果表示，领导底线思维对知识隐藏具有直接的显著作用；这种影响被自利主义完全中介；绩效氛围发挥了调节作用，当绩效氛围较高时，领导底线思维对自利主义的影响更强，同时自利主义的中介作用也越强。

7.3.4.2 理论价值

本研究具有重要的理论价值。首先，笔者的研究对于领导底线思维和知识隐藏的文献最大的贡献在于将这两个构念整合在一个框架中进行研究。一方面，笔者的研究拓宽了现有的关于领导力和知识隐藏的研究，因为之前的相关研究主要是研究领导力类型与知识隐藏的关系，但是笔者从另一个视角研究领导的思维模式对知识隐藏的影响。另一方面，笔者的研究丰富了领导底线思维负面影响的相关研究，目前的研究更多的是关注领导底线思维对员工不道德行为的影响，很少有研究考虑对知识隐藏的影响。据笔者所知，目前只有一个研究提出了领导底线思维会导致员工的知识隐藏行为（Zhang 等，2021）。这令笔者非常震惊，因为在知识经济时代，知识是组织获得长期发展的关键要素。因此，笔者的研究将底线思维引入知识管理领域，具有重要的理论借鉴价值。

其次，笔者的研究也拓宽了领导底线思维研究的理论基础。之前关于领导底线思维的研究多数是基于社会交换理论、社会认知理论和社会学习理论。比如，有学者认为（Greenbaum 等，2012）员工会把自己的领导作为模仿的对象，因此员工也会变成底线思维，进而做出相应的负面行为。有学者基于社会交换的视角提出高底线思维的领导会使自己的下属形成一种对底线的责任感，进而做出有助于绩效提升的行为和亲组织不道德行为（Babalola 等，2021）。笔者采用了与上述研究不同的理论视角来开展研究，基于社会信息处理理论，笔者探讨了领导底线思维对知识隐藏行为的影响。笔者的研究指出高底线思维领导释放出来的社会线索可以影响员工的态度和行为。具体来说，笔者的研究指出高底线思维的领导可以被看作一种显著的有价值的社会信息来源。员工会对这样的社会信息进行处理，进而塑造自己的感知、态度和行为。因此，笔者的研究为领导底线思维的研究理论基础提供了一些新的视角。

再次，笔者的研究充分挖掘了领导底线思维和知识隐藏行为之间的心理机制。基于社会信息处理理论，笔者将员工的自利主义作为一种中介机制来解释两者的关系。实证结果显示，员工处理了底线思维领导的"为了达到底线可以不择手段"的社会信息之后会提升自己的自利主义感知。这些自私自利的员工更加愿意主动隐藏自己的知识，因为隐藏知识可以被看作一种打败对手赢得自身利益的短期策略。这一发现非常有见地，因为它通过引入一种认知状态的变量，清晰阐明了员工如何应对高底线思维的领导。此外，很多研究从理论视角论证了自利主义可以影响员工的知识隐藏，但是几乎没有相关的实证结果支撑。因此，从这个视角来说，笔者的研究也是对当前自利主义与知识隐藏行为关系的重要补充。

最后，据笔者所知，本书提出的理论模型是第一个将动机氛围文献整合进入底线思维文献中的研究。关于动机氛围和底线思维的研究都探讨了工作情境下多元化的价值体系、目标体系和需求体系。因此，笔者的研究对这两类文献都作出了重要的贡献。基于社会信息处理理论，笔者揭示了来自重要的个体（例如领导）和工作环境（绩效氛围）的信息可以共同影响员工的态度、观念和行为。此外，之前在研究领导底线思维的边界条件时，往往是从个体视角出发的，比如核心自我评价、尽责型人格、道德认同感、员工的上进心以及员工性别等。笔者的研究为相关的边界调节研究提供了重要的补充，识别了一种环境层面的边界调节。

第8章
资源保存理论视角下虚拟团队成员的知识隐藏

8.1 资源保存理论

在过去的 30 年里，资源保存（Conservation of resources，COR）理论已经成为组织心理学和组织行为学中被广泛引用的理论之一。COR 理论起始于这样一个信条，即个体会努力获得、保留、培养和保护他们重视的东西。同时，COR 理论也遵循这样一种理解，即认知具有一种基于进化的内在的和强大的偏见，人们往往对于资源的过度损失和资源的获取不足感到焦虑（Hobfoll 等，2018）。基于上述原理，COR 理论假定人们的压力会在如下三种情况下出现：①当核心的或关键的资源面临丢失的威胁时；②当核心的或关键的资源丢失发生时；③当经过重大努力后未能获得核心或关键资源时。COR 理论的核心是一种动机理论，它解释了基于获取和保存资源以生存的进化需要的许多人类行为，这是人类行为遗传学的核心。像其他群居动物一样，人类必须获得并保存个人力量和社会纽带。然而，与其他动物不同的是，人类可以创造复杂的工具来确保自己的生存，并拥有复杂语言交流的优势，这有助于生存和社会联系。因此，人们使用关键资源不仅是为了应对压力，也是为了建立一个后备空间，以备未来需要（Hobfoll 等，2018）。此外，个人、社会和物质资源的获得和保留使人们、家庭和组织感到他们有能力应付有压力的挑战。在这些被普遍看重的资源中，有健康、幸福、家庭、自尊以及生活的使命感和意义。这些评估在文化上是不同的，但总是反映相同的核心要素。

在某种程度上，COR 理论对于促进对组织中的压力的理解非常重要，因为它本质上与压力评估理论（stress – appraisal theory；Lazarus 等，1984）相反。简而言之，压力评估理论断言什么是有压力的就是什么被认为是有压力的。然而，这个理论是有局限的，因为根据定义，人们必须等到事件发生后才会意识到它是有压力的。这个简单的事实使得压力评估理论要么是具体的，要么是不可预测的。此外，压力评估理论含蓄地指出压力是一种个人感知，而 COR 理论强调事件的客观压力本质。此外，鉴于当前对社会公正以及减少工作场所性骚扰和虐待的重视，压力评估理论是基于对潜在受害者的指责基础上的，往往把解决问题的负担放在经历压力的个人身上，认为他们应该调整自己对压力的评估。事实上，从法律意义上说，如果工作场所的虐待主要是一个评估问题，那么由此产生的案件被称为"没有价值的"或"无聊的"。同样地，如果工作环境没有压力，而只是被认为有压力，干预就会集中在评估上，或许还会集中在那些扭曲认知的原因上。当然，许多压力源是微妙的，实际上可能被误解，但 COR 理论强调，至少对于主要的压力条件，它是一个生活事件或一系列事件的客观元素（例如，离婚或解雇与其说是一个事件，不如说是一系列或串联的事件），它们在一种文化中是共同的，具有共同的影响。

COR 理论强调，压力事件是"错误的分析单位"（wrong unit of analysis），混淆了人们对压力条件的理解。有压力的情况很少发生；相反，它是随着时间而逐步发生的复杂序列。例如，当裁员发生在一个工作场所时，首先裁员很可能是意料之中的，随后裁员"事件"就发生了，接着就是寻找新工作或调整的过程。此外，诸如就业能力、技能水平、储蓄、对裁员的处理和新职位的可获得性等客观因素都是影响结果的主要因素。个人的评价通常是良好的预测变量，因为大多数个人是这些复杂的客观因素的良好编录者。尽管人们携带着一种基于进化的内在和强大的偏见。这种偏见会在某一种文化中很常见，先前的客观生活经验肯定会给这种常见的评价增添色彩。

有学者将 COR 理论的原则概括为以下四个方面（Hobfoll 等，2018）。

（1）资源损失比资源收益更显著。资源可以分为很多不同的类型，包括实物资源（如汽车、工作工具）、条件资源（如就业、任期、工龄）、个人资源（如关键技能和自我效能、乐观等个人特质）、精力资源（如信用、知识、金钱）等。与资源获得相比，资源损失的影响无论是在影响速度上还是在影响时间长度上都明显要强烈。因此，除了考虑冲击的大小，COR 理论也是唯一包含动量成分的应力理论。具体来说，COR 理论认为，资源损失的影响不仅在规模上比资源获得更强大，而且往往对人的影响更迅速，随着时间的推移，影响的速度也在增加。损失在人类系统中是首要的，因为人是进化的产物，从进化的角度来看，即使是很小的损失也往往与生存失败密切相关。动量的属性也可能有一个进化的基础，因为缓慢进化的过程可能不那么容易被注意到，当它们被发现时可能产生重大的甚至危及生存的损害。

（2）人们必须投资资源，以防止资源损失，需要找到投资资源的正确方法。这包括直接投资替代资源（如使用储蓄来弥补损失的收入），以及间接投资资源（如提高员工的技能,为艰难的商业环境做好准备)。在后一种情况下,增加技能和信心资源,以抵消如果不取得收益的潜在收入损失。

(3)资源损失和获得的矛盾性原则。在资源损失的情况下,资源获得的重要性会增加。也就是说,当资源损失情况严重时,资源获得变得更加重要,价值增加更快。

(4)非理性原则。当人们的资源耗尽时,人们就会进入一种防御模式来保护自己,而这种自我往往具有攻击性,可能会变得不理性。这是 COR 理论中研究最少的原则,但具有很高的解释力。就像 COR 理论的其他方面一样,这可能是一种内在的进化策略。通过这种方式,防御性的退缩让人们有时间重新振作或等待帮助,或者让压力源消失。攻击性或看似不理性的反应也可能起作用,因为它们可能改变压力源的排列,或允许出现新的应对策略。

COR 理论的最新推论主要有以下三个方面。

(1)拥有资源和缺乏资源是脆弱性和恢复性的重要影响因素。那些拥有更多资源的人更不容易遭受资源损失,也更有能力获得资源。相反,缺乏资源的个人和组织更容易遭受资源损失,获得资源的能力也更低。

(2)资源损失具有螺旋式的性质。由于资源损失的影响比资源获得更强大,而且当压力发生在资源损失时,在压力螺旋式的每次迭代中,个人和组织都有更少的资源来抵消资源损失。这造成了资源的螺旋式损失,损失的影响和势头都在增加。

(3)资源获得也具有螺旋式的性质。然而,由于资源获得的规模小于资源损失,且速度较慢,因此资源获得的螺旋式增长往往较弱,需要时间来发展。收益周期是缓慢的。关于这一原则的一个值得注意的特点是,在高损失的环境和条件下,资源获得的螺旋式增长确实会显著增加。这意味着当损失发生时,构建资源获得循环的动机会增加。

COR 理论也关注了资源之间的相互关系和资源产生的背景。同时,该理论重点揭示了环境是如何创造、维护和限制资源的。COR 理论提出了“资源车队”(resource caravans)和“资源车队通道”(resource caravans passageways)的概念,并借用这两个概念来解释资源的动态变化性,系统分析了资源如何被传授、培养或损失。

有学者(Hobfoll,2011)提出了一个理论,即资源不是单独存在的,而是对个人和组织都是成群结队式的存在,类似富含资源的大篷车。由于资源往往是后天培养和适应的结果,它们在人们的生命中很可能以“共同旅行者”的身份出现。例如,自尊、乐观和自我效能来自共同的环境和发展条件。个人资源很可能来自养育或支持性的社会条件,因此,这些个人资源很可能与支持性的家庭和支持性的工作组织密切相关。

人们的资源存在于既促进和培育资源又限制和阻碍资源创造和维持的生态条件中。

组织和更广泛的文化在这一过程中扮演着重要的角色，但组织领域的学者经常忽略这一层次的分析。对于不同类型的人而言，当我们在探讨这些人的资源、压力、生产力、效率等指标时，实际上探讨的是他们背后的组织和文化对他们产生的影响。社会和文化背景为这些人创造了各种不同的特质，例如有的人有韧性、善于社交、宽容大度，而有些人则脆弱、不善社交、心胸狭窄。因此，我们可以看到，资源的产生通道来自每个个体背后的情景。

本章笔者将在资源保存理论的视角下，审视虚拟团队成员为什么会隐藏自己的知识。这样有助于人们了解员工不愿意分享自己知识的关键因素，尤其是在虚拟环境下的情况，更加便于人们制订有的放矢的对策来促进虚拟团队成员主动分享自己的知识。

8.2 辱虐型领导与虚拟团队成员的知识隐藏行为

8.2.1 研究模型概述

在当前动态、复杂的商业环境中，组织将知识视为一种能够确保自身竞争优势的重要战略资产（Cabrera 等，2006）。目前有关知识管理的主流文献指出组织内部员工之间顺畅的知识分享行为是拓展组织知识边界的关键手段（Cabrera 等，2006）。然而，许多企业发现员工往往不愿意主动分享自己的知识，甚至还会故意隐藏自己的知识（Cabrera 等，2006）。康奈利等（2012）将这种反生产和功能失调行为称为"知识隐藏行为"（Knowledge hiding behavior，KHB），并将之界定为"面对同事知识请求时，员工故意隐瞒、保留或者隐藏所请求知识的行为"。由于知识是保持个人在组织中不可替代性的重要资源，因此，主动隐藏自己的知识在不同的文化和行业中都是一种非常普遍甚至猖獗的现象（Pradhan 等，2019）。一项对中国员工的调查显示，在不考虑社会期望偏差的情况下，有接近一半的员工报告自己在工作场所中出现过知识隐藏行为（李浩等，2019）。尽管在某些特殊情境下，知识隐藏行为可以被视作一种善意行为（杜恒波等，2020）。但是在工作场景下，多数学者认为知识隐藏行为会阻碍员工形成良好的人际关系，降低员工的创新能力，损害组织的绩效和竞争力，不利于组织的长期健康发展（Peng，2013）。因此，如何识别诱发知识隐藏行为的因素，如何设计有效的策略来减少知识隐藏，促进组织知识的顺畅分享是当前学界和实践界共同关注的重要议题。

现有文献指出顺畅的知识分享是虚拟团队成功的关键因素（Pangil 等，2014），因此，发现虚拟团队成员知识隐藏的因素更加重要。有学者指出，知识隐藏行为不仅是一种消极的个人保护行为，而且是对于特定情景的被动反应（Khalid 等，2018）。基于此，学者们从个人视角和环境影响等视角识别出了一系列触发知识隐藏行为的因素，例如人格特质、知识心理所有权、工作场所的竞争、领导力和组织结构等（Connelly 等，2012）。在这些影响因素中，领导力，尤其是负面的、消极的领导力，例如辱虐管理（Abusive supervision，AS），逐渐引起了学者们的关注。由于领导往往可以被看作一个组织的代言人，尤其是在虚拟团队中，领导的作用更加重要，领导如何进行虚拟团队管理是虚拟团队成员做出某些行为的重要影响因素（Gibson 等，2003）。之前很多学者指出，负面、消极的领导方式会触发员工做出某些类似知识隐藏的反生产行为。例如，有学者研究指出，辱虐管理可以概念化为一种工作场所的压力，当下属遭遇到上司长期的、严重的歧视和敌意时，会产生严重的个人资源（既包括情感方面的，也包括环境方面的）消耗感（Aryee 等，2008）。资源保存理论（Hobfoll，1989）可以从资源得失的视角来解释个体在遇到工作场景压力时如何选择具体行为，因此，笔者利用资源保存理论来解释虚拟团队中辱虐管理和知识隐藏行为之间的关系。

尽管辱虐管理和知识隐藏行为之间可能存在一定的相关关系，但是目前关于两者之间的心理机制以及一些可能引起两者关系发生变化的边界条件的研究还非常少。事实上，有学者指出，辱虐管理和知识隐藏之间中介变量和调节变量的研究非常缺乏，导致人们还没有能够厘清两者之间的深层次关系（Pradhan 等，2019）。为了填补现有的研究空白，笔者根据资源保存理论，提出情绪耗竭（Emotional exhaustion，EE）作为两者关系的底层心理机制，感受到同事支持（Perceived coworker support，PCS）和积极情感（Positive affectivity，PA）作为调节上述中介关系的环境视角和个体视角调节变量。

之前的研究表明，员工的情绪耗竭和工作场所的压力以及不公正对待有着密切的关系（Aryee 等，2008）。根据资源保存理论，当员工在辱虐型领导的管理下工作时，他们可能会产生一种资源的消耗感。当面临着工作环境中的人际交往时，这种资源的消耗可能增加他们的情绪负担，进而促使他们产生较高的情绪耗竭（Lee 等，2018）。此外，有学者指出，情绪耗竭感较高的员工往往缺乏努力和激情，不愿意主动做出一些积极的工作行为，而更加愿意减少自己资源的消耗（Wang 等，2021）。在这种情况之下，人们会通过故意隐藏自己的知识来控制局面。因此，情绪耗竭可能在辱虐管理和知识隐藏行为之间发挥着中介作用。

之前的学者指出，辱虐管理可能在不同的个体和不同的环境下产生不同程度的影响（Tepper，2007）。因此，笔者也研究了上述关系的边界条件。根据资源保存理论，在应对令其感到抑郁和压力的情况、事件或者需求时，个体倾向于表现出两种行为：保护行为和获取行为（Hobfoll 等，2018）。其中，保护行为是个体努力去保护、保留或者保存现有资源的行为，获取行为是指个体去主动获取、投资和培育新资源的行为。

根据这样的观点，笔者将工作环境中的两种额外资源作为调节变量来观察上述关系的变化。这种额外资源分别为环境视角下的"感受到同事支持"和个体视角下的"个体积极情感"。笔者认为当工作场所中出现辱虐管理等功能失调的情况时，人们会有动机去寻找其他可能的环境和个人资源来补充他们的资源消耗。

综上所述，笔者构建了一个复杂的理论框架来解释辱虐管理对知识隐藏行为的影响。具体来说，笔者将员工的情绪耗竭作为两者关系的中介变量，将感受到同事支持作为环境视角的调节变量，个人积极情感作为个体视角的调节变量，研究为什么以及什么情况下辱虐管理会影响个人的知识隐藏行为，如图8-1所示。

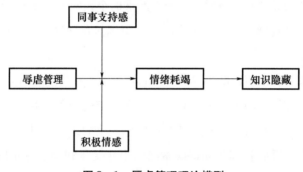

图8-1　辱虐管理理论模型

8.2.2　文献回顾和假设提出

8.2.2.1　辱虐管理与知识隐藏行为的关系

辱虐管理是指"上级主管对下属表现出来的持续性敌对语言和非言语管理行为（不包括身体接触行为）"（Tepper，2000）。辱虐管理包含一系列的虐待管理行为，例如恐吓下属、拒绝晋升下属、使用具有攻击性的肢体语言、公开羞辱下属或者对下属采用冷暴力等（Pradhan等，2018）。尽管辱虐管理目前还是一个相对低概率的组织现象，但是随着工作环境的竞争化程度越来越高，其发生的概率也在日趋增加（Pradhan等，2018）。同时，大量研究表明辱虐管理对于组织和个人具有显著的负面影响（Aryee等，2008；Pradhan等，2018）。因此，有必要深入研究辱虐管理对工作相关行为（本研究聚焦于知识隐藏行为）的影响机制。

本研究将根据资源保存理论来探讨上述关系。资源保存理论是一个系统性和全面性的理论框架，可以用来解释组织压力环境对相关行为的影响机制（Hobfoll，1989）。该理论将工作中的压力来源分解为三种类型：①资源损失的潜在威胁造成的压力；②资源实际损失造成的压力；③对相关资源进行了投资却无法收到成效时带来的压力。因此，如何获取、保存、投资和促进有价值资源是资源保存理论的核心思想。Hobfoll（1989）将资源细分为两大类：一是个人资源，例如个人目标、脑力或者体力以及个人特质等；二是环境资源，包括社会支持、各类条件和关系等。同时，资源保存理论也指出，获取或者损失所期望的资源是个体做出不同工作相关行为的重要前因变量。

由于辱虐管理可以概念化为一种工作场景中的重要压力来源（Aryee 等，2008），笔者认为当下属受到辱骂性管理行为（如大喊大叫的训斥或者咄咄逼人的眼神接触等）时，可能产生严重的压力，因为他们认为失去了有价值的资源，例如工作安全性或个人控制能力等（Aryee 等，2008）。根据资源保存理论，这些受到辱虐管理的员工可能尽一切努力去保存自己现有的各类资源。因为，知识被视作个体保持其在组织中不可替代性和工作安全性的宝贵竞争性资源，而知识分享可能损失自身的知识资源，同时还会浪费大量的时间和精力，因此，受到辱虐管理的员工更加倾向于做出故意隐藏自己知识以保存自身现有资源的行为。

当前的相关研究也指明辱虐管理可能阻碍组织内知识的顺畅流动和传递。例如，有学者利用社会交换理论和资源保存理论指出辱虐管理可能对组织员工的知识分享行为产生负面影响（Lee 等，2018）。有学者利用换位侵犯理论和社会交换理论指出当员工感到领导的辱虐管理时会对更加容易侵犯的同事采用相关的报复行为，例如故意隐藏自己的知识等（Khalid 等，2018）。也有学者从阻抗理论、道德推脱理论和社会交换理论等视角指出领导的辱虐行为与员工的知识隐藏行为之间存在正向关系（何培旭等，2018；Zweig 等，2018）。根据上述理论分析和文献结论，笔者得到假设 H1：

H1：辱虐管理会对员工的知识隐藏行为产生显著正向作用。

8.2.2.2 情绪耗竭的中介作用

情绪耗竭是指"过度使用或消耗一个人的情感和物质资源的感觉"（Maslach 等，2008）。情绪耗竭是倦怠的三个维度中最显著的一个（Bolton 等，2011）。倦怠的另外两个维度为人格解体和成就感低落。其中，人格解体是指一种人际间的超然状态，而成就感低落则是指个体对自己能力和效率的消极自我评价。与这两种倦怠形式相比，情绪耗竭反映了一种长期的心理和生理的耗竭感，一般暗示着生理或者心理崩溃的开始（Maslach 等，1981）。当人们处于高水平的情绪耗竭时，他们往往会产生一种失去对生活的控制感，进而出现"被困住"的感觉（Lim 等，2020）。尽管很多因素可能导致情绪耗竭，但现有的文献都强调来自私人生活和工作场所或者两种环境混合的累计压力会产生较高的诱导效应（Aryee 等，2008；Lim 等，2020）。笔者认为，工作情景中的辱虐管理作为一种重要的工作场所压力源，会对员工的情绪耗竭造成显著的影响。

有学者指出情绪耗竭是由工作相关的压力导致的一种紧张状态（Lee 等，2018）。

在工作场所的人际交往中，当情绪需求超过个人所能承受的范围时，其情绪耗竭就会逐步产生（Maslach 等，2001）。在工作场所持续遭受虐待和攻击性对待的人更有可能从这些糟糕领导那里体验到过度的心理需求（Wang 等，2021）。此外，受辱虐的员工倾向于讨好他们的领导，以此来避免被领导进一步虐待（Lim 等，2020）。在这种情况下，员工会发现自己陷入了一种需要过度情感代价的状态。还有学者提出，领导的辱虐行为可能使下属产生与工作有关的宝贵资源（如主管的支持等）的丧失感或者导致实际资源（如情感资源）的损失（Lee 等，2018；Lyu 等，2016）。换句话说，在辱虐型领导管理下工作的员工会陷入一个两难的境地：一方面，他们需要获取新的资源来应对他们面临的压力源；另一方面，他们很难获得足够的资源，因为他们很难获得领导的支持。因此，根据资源保存理论，被领导长期辱虐的员工往往会因为资源损失和无法获取新的资源而产生高水平的情绪耗竭。

之前的研究表明，情绪耗竭是对资源丧失的心理评价（Bolton 等，2011）。因此，情绪耗竭水平高的员工会有很强的动机来尽量减少其他需求的负面影响，比如分享知识等。情绪耗竭的人通常会感到疲劳，没有额外的经历去参与角色外行为，因此，他们倾向于投入自己剩余的资源（Bolton 等，2011）。此外，情绪耗竭的一个显著的特征是对周围的事情漠不关心。情绪耗竭的人往往会忽视同事的请求，例如其他同事对他拥有知识的分享需求。总之，笔者认为情绪耗竭的员工可能选择隐藏自己的专业知识，这是因为：第一，他们渴望通过不过度的参与工作来保护自己剩余的资源；第二，他们没有足够的能力；第三，他们对周围同事的知识请求漠不关心。

综上所述，根据资源保存理论和"压力源—压力—结果"框架（Koeske 等，1993），笔者认为，由于严重的工作场所压力源（例如辱虐管理）引起的资源损失感进而导致了人们的高度心理紧张（即情绪耗竭），最终导致员工做出与员工资源节约相关的结果，例如知识隐藏行为。因此，笔者提出假设 H2：

H2：情绪耗竭中介了辱虐管理与知识隐藏之间的正向关系。

8.2.2.3 同事支持感的单独调节作用

同事支持感是指在工作环境中员工对于能够获得同事帮助的信念和感受（Rousseau 等，2009）。同事支持包括两类：一是物质方面的帮助，包括提供资金、资源、建议等与工作直接关联的资源；二是情感方面的支持，包括表示同情、认真倾听以及支持观点等（Rousseau 等，2009）。现有文献认为同事支持感可以作为一种重要的"缓冲剂"来帮助员工战胜工作环境中的各种压力（Singh 等，2019）：①同事支持是一种重要的工作情境资源，可以用来补偿工作环境压力（例如辱虐管理）带来的资源消耗感；②当员工在工作中遇到困难时往往更希望得到同事的支持；③同事的支持可以有效缓解员工因压力而产生的抑郁和紧张感。在工作场所中经历过辱虐管理行为的员工无法有效获得领导的支持，因此，这些员工更加倾向于获得同事的支持。

在本研究中，员工如果在工作场所中遭受到虐待性的监管，将很难获得领导的支持，因此，他们在工作场景下能够获得支持的唯一途径就是从他们的同事那里获得。根据资源保存理论，从积极来源获得的资源可以补偿由于有害来源造成的资源损失感。此外，根据跨领域缓冲框架的机制，"来自一个领域的社会性支持（例如同事支持）能够缓冲来自一个领域的社会性破坏（即辱虐领导）带来的负面作用"（Wu 等，2009）。因此，笔者假设从同事那里获得帮助的员工可能会觉得来自工作场所压力源（即辱虐管理）的破坏性相对较低，可以在一定程度上缓解员工的个人压力。反之，如果被领导辱虐的员工还不能够得到其同事的支持，他们几乎无法获取工作场所中的任何资源。这种极其严重的功能失调性情形会危及个人的身心健康，并快速导致心理崩溃。因此，笔者提出假设 H3a：

H3a：同事支持感调节了辱虐管理对情感耗竭的积极作用，即这种积极关系会在同事支持感较强时变得较弱。

结合假设 H2 和假设 H3a，我们可以得到一个被调节的中介模型。员工在辱虐管理环境下工作的时候，由于他们消耗了大量的个人资源，更加倾向于表现较高的情感耗竭。这些具有高水平情感耗竭的员工会关注自身现有资源的保存和如何去获取新的资源。因此，他们会对他人的知识请求漠不关心，进而表现为故意隐藏自己的知识。然而，当这些员工能够获得他们同事的支持，来自辱虐管理造成的心理压力会在一定程度上有所缓解。这是因为这些同事提供的支持可以提供一些资源来抵消工作环境压力带来的资源消耗感。他们可能会关注同事的知识请求，进而减少知识隐藏行为。因此，笔者提出假设 H3b：

H3b：同事支持感会调节辱虐管理通过情感耗竭影响知识隐藏的中介效应。具体来说，当同事支持感越高的时候，情感耗竭的中介作用越强，反之越弱。

8.2.2.4　积极情感的调节作用

之前的大量研究成果表明，人格特质，例如宽恕认知、低公平敏感度、情绪易感染性等，均会在一定程度上放大或者缩小负面工作环境对个体的影响（Costa 等，2017；Wu 等，2009）。基于这些基础，本研究认为积极情感可以作为一个调节变量来缓解或者抵消辱虐管理对情感耗竭和知识隐藏的作用。积极情感是一种积极、稳定的个人特质，可以用来描述乐观的人生态度。具有较高积极情感的人往往倾向于具有整体的幸福感，能够体验到积极的情绪，并且认为自己的各种人际关系均处于愉快状态（Baron，1996）。有学者认为积极情感通常能够提升个人的积极态度和情绪，有利于抵抗消极、负面的工作环境的影响（Jahanzeb 等，2020）。同时，根据拓展构建理论

（broaden‐and‐build theory；Fredrickson，2001），积极的情感体验可以提高个体的思维能力和心理承受能力，从而有助于释放持久的个人资源，如身体、心理、智力和社会等方面的资源。资源保存理论指出个体应对不利、有害和有压力工作环境的能力会随着他们获得积极个人资源的程度而变化。因此，笔者假设具有不同水平积极情感的个体可能会对领导的辱虐管理作出不同的反应。拥有较高水平积极情感的员工往往更快乐、更有活力，并有更多机会不断获取自我生成的资源。这些有价值的个人资源可以有效补偿被辱虐员工的资源损失感，减轻消极工作环境的影响，最终减少出现心理耗竭的情形。相反，当员工的积极情感较低时，受到辱虐管理的员工因为无法产生更多的个人资源，因而会加剧辱虐管理带来的资源消耗感，进而表现为更高水平的情绪耗竭。因此，笔者提出假设 H4a：

H4a：积极情感会负向调节辱虐管理和情绪耗竭之间的正向关系，即当积极情感较高时，两者之间的正向关系会减弱。

与 H3b 一样，笔者提出另一个调节中介效应。领导的辱虐监管行为会增加员工对资源耗竭的感知，从而增加了员工通过故意隐藏知识来保护自己宝贵资源的可能性。如果这些受到辱虐的员工能够利用自身较高的积极情感产生丰富而有效的个体资源，那么这些员工的资源损失感会减轻，他们的心理耗竭感也会随之降低，最终辱虐管理对知识隐藏的积极作用也会相应降低。反之，如果员工的积极情感水平较低，那么他们没有足够的个体资源去应对辱虐管理带来的资源消耗，进而表现出更高的情感耗竭，最终导致做出较多的知识隐藏行为。因此，笔者提出假设 H4b：

H4b：积极情感会调节辱虐管理通过情感耗竭影响知识隐藏的中介效应。具体来说，当同事支持感较高的时候，情感耗竭的中介作用越强，反之越弱。

8.2.3　研究方法与数据分析

8.2.3.1　样本和程序

本研究的数据来自中国北方的一个高科技园区的 8 家民营企业。这些企业属于教育、信息技术、生物制药以及电信等行业。这些企业的成立年限均大于 3 年，员工规模均超过 100 人。由于新冠疫情的影响，这些企业均成立了相应的虚拟团队来推进企业项目的进度。笔者选取这些企业的原因是这些企业均属于知识密集型企业，这些企业的员工在日常工作中需要通过频繁的知识交流来完成个人的工作任务，在虚拟团队的情况下，他们仍然对彼此的知识依赖很高，因此这些企业的员工非常适合用来调查知识相关行为。为了尽可能减少共同方法偏差，调研采用了两阶段收集数据的方式，两个阶段的间隔时间为 2 个月。第一阶段用于获取辱虐管理、积极情感、同事支持感以及人口统计学（年龄、性别、受教育程度以及在本企业工作任职年限）的相关数据，第二阶段主要获取了员工知识隐藏行为的数据。每份问卷均附上了相关说明，表明本研究的目的、被调研者的自愿性、数据的保密性以及数据仅用于科学研究等信息。为能够将两次问卷对应起来，笔者为每份问卷分配了一个独有编码，要求被试者在第一次填答问卷时记住该编码，并将之填写在第二次调研的问卷中。

第一阶段的调研共发放了 400 份问卷，收回 336 份。2 个月之后，笔者对第一阶段返回问卷的被试者进行了第二阶段调研，最终收回 313 份有效问卷，问卷的回收率为 78.2%。被试者的男性比例达到了 75.7%。所有被试者的平均年龄为 35 岁（$SD = 7.79$）。绝大多数的被试者具有本科以上学历（95.2%）。在当前企业的任职年限情况如下：22.7% 的员工在本企业的任职年限小于 1 年，1～4 年任职年限的员工占到 40.2%，5～10 年任职年限的员工占到 27.8%，剩下 9.3% 的员工任职年限在 10 年以上。

8.2.3.2　变量测量

本研究中变量的测量工具均来自国际一流学术期刊中发表的测量工具。由于这些量表的原始语言均为英文，笔者采用回译方法开发了对应的中文量表。除了特殊说明之外，这些量表均采用李克特 5 点式量表：1 至 5 分别表示从"完全不同意"到"完全同意"。

本研究采用 5 个条目的量表来测量员工对其领导辱虐管理感受的程度（Pradhan 等，2019），举例条目为"我的上司对我很粗鲁"。

本研究采用了之前研究开发的 3 个条目的量表来测量员工的情绪耗竭（Maslach 等，1981）。举例条目为"我的工作将我的情绪都消耗殆尽了"。

有学者（Watson 等，1988）开发了积极情感和消极情感量表用来测量员工的积极情感和消极情感程度，共有 20 个条目。本研究采用了其中测量积极情感的 10 个条目。需要被试者填写所列形容词（例如"热情的""兴奋地""有趣的"等）和自己性格的相似程度，从 1 到 5 分别表示"完全不符合"到"完全符合"。

2003 年发表的用来测量员工的同事支持感的量表（Susskind 等，2003），有 3 个条目。笔者将原来量表中的"客户服务工作"和"服务工作"修改为"我的工作"，其他内容保持不变。举例条目为"我的工作过程中感受到同事对我的帮助很大"。

2012 年发表的用来测量员工的知识隐藏行为的量表（Peng，2012），有 3 个条目。举例条目为"当同事向我询问相关知识时，我会对他人隐瞒有用的信息或知识"。

根据现有文献的建议，本研究将员工的年龄、性别、受教育程度以及在本企业任职年限作为控制变量，详见附录 A7。

8.2.3.3 研究模型的信效度检验

首先，笔者采用 Harman 的单因子测试检验了模型的共同方法偏差。结果显示，没有任何一个单独的变量能够解释超过总方差解释率的 50%，因此，本研究的共同方法偏差问题并不严重。

根据之前研究的建议（Fornell 等，1981），符合以下指标的模型具有较好的信效度：①*Cronbach's α* 系数和 *CR* 均大于 0.7；②所有的因子载荷均大于 0.7；③*AVE* 大于 0.5；④各因子 *AVE* 的平方根大于因子之间的相关系数。

从表 8-1 和表 8-2 的结果可以发现，本模型的相关数据完全满足上述信效度检验的指标，因此，本研究的模型具有较好的信效度。

表 8-1　变量的信效度分析结果

构念	条目数量	因子负载范围	CR	AVE	Cronbach's α
AS	10	0.71 ~ 0.82	0.92	0.54	0.88
EE	3	0.79 ~ 0.88	0.91	0.68	0.90
PCS	3	0.82 ~ 0.91	0.89	0.73	0.88
PA	10	0.76 ~ 0.89	0.94	0.63	0.91
KH	12	0.73 ~ 0.85	0.94	0.57	0.92

注：$N = 313$。AS 表示辱虐管理，EE 表示情绪耗竭，PA 表示积极情感，PCS 表示同事支持感，KH 知识隐藏行为。这些缩写同样适用于本章的其他内容。

表 8-2　变量的均值、标准差以及各变量之间的相关系数

变量	均值	标准差	AVE	AS	EE	PCS	PA	KH
AS	1.96	0.91	0.54	(0.73)				
EE	2.33	0.86	0.68	0.39**	(0.82)			
PCS	3.49	0.84	0.73	-0.19**	-0.07	(0.85)		
PA	3.63	0.67	0.63	-0.08*	-0.14**	0.04**	(0.80)	
KH	2.51	0.86	0.57	0.29**	0.43**	-0.22**	-0.15**	(0.75)

注：$N = 313$。*$p < 0.05$，**$p < 0.01$。括号内的数据是 AVE 的平方根。

8.2.3.4 假设检验

本研究的假设检验是在 SPSS（版本 22.0）统计软件中进行多重线性回归来完成的。首先是主要效应检验，结果如表 8-3 所示。由该表可见，辱虐管理对知识隐藏行为之间具有显著的正向作用（$\beta = 0.29$，$p < 0.01$）。因此，假设 H1 得到支持。

笔者采用三步法检验情绪耗竭的中介效应。首先，研究结果表明辱虐管理对知识隐藏行为具有显著正向作用；其次，笔者发现辱虐管理对情绪耗竭具有显著的正

向作用（M2；$\beta = 0.36$，$p < 0.01$）；最后，当笔者把辱虐管理和情绪耗竭都放入对知识隐藏行为的回归方程时，发现情绪耗竭显著影响知识隐藏（M9；$\beta = 0.0.34$，$p < 0.01$），但是辱虐管理对知识隐藏的影响却不再显著（M9；$\beta = 0.05$，ns）。这些研究结果表明，情绪耗竭在辱虐管理对知识隐藏行为正向作用的效应中发挥完全中介作用。根据之前学者的建议（Preacher 等，2008），笔者还计算了情绪耗竭的中介效应，结果显示辱虐管理到知识隐藏的间接效应为 0.11，标准误是 0.03，置信区间 CI［0.02，0.19］不包括 0。因此，这些结果进一步证实了情绪耗竭的中介作用。

　　为了检验同事支持感和积极情感的调节作用，笔者把辱虐管理、同事支持感（积极情感）以及两者的交叉项放入回归方程中，结果如表8-3所示的 M4 和 M6，可见同事支持感（积极情感）和辱虐领导的交叉项对知识隐藏的作用显著（M4；$\beta = -0.28$，$p < 0.01$；M6；$\beta = -0.29$，$p < 0.01$）。笔者同时将这两个调节效应绘制成图形并计算了斜率，如图8-2、图8-3和表8-4所示。

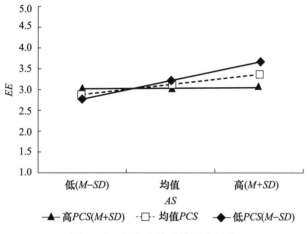

图 8-2　同事支持感的调节效应

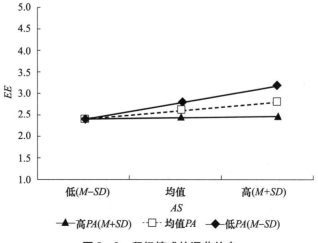

图 8-3　积极情感的调节效应

表 8 – 3　回归分析结果

变量		EE					KH		
		M1	M2	M3	M4	M5	M6	M7	M8	M9
控制变量	Age	0.08	0.02	0.07	0.04	0.03	0.03	0.01	0.00	0.01
	Gender	−0.09*	0.04	−0.03	−0.03	−0.02	−0.01	−0.06	−0.03	−0.04
	Education	0.06	0.08	0.04	0.04	0.12**	0.06	0.01	0.02	0.04
	Tenure	−0.05	−0.01	−0.01	0.02	−0.02	−0.02	−0.02	−0.01	−0.01
自变量	AS		0.36**	0.27**	0.26**	0.25**	0.22**		0.29**	0.05
中介变量	EE									0.34**
调节变量	PCS			−0.12**	−0.11*	−0.29**				
	PA						−0.24**			
交叉项	AS × PCS				−0.28**					
	AS × PA						−0.29**			
	R^2	0.02	0.22**	0.31**	0.39**	0.34**	0.44**	0.02	0.26**	0.35**
	ΔR^2		0.20**	0.09**	0.08**	0.12**	0.10**		0.24**	0.09**

注：$N = 313$。* $p < 0.05$，** $p < 0.01$。Age 表示年龄，Gender 表示性别，Education 表示受教育水平，Tenure 代表任期，M 表示模型。

表 8 - 4　同事支持感和积极情感的调节效应斜率分析

调节变量的水平	B	SE	t	p
低 PCS	0.495	0.04	3.39	< 0.001
高 PCS	0.025	0.02	0.48	0.718
低 PA	0.414	0.01	3.11	< 0.001
高 PA	0.026	0.02	0.61	0.579

注：低表示比均值低一个标准差，高表示比均值高一个标准差。

　　为了检验调节中介作用，笔者利用 SPSS 的宏插件计算了辱虐管理通过情绪耗竭影响知识隐藏行为的有条件间接效应。结果显示，当同事支持感或积极情感较低时（即低于均值的一个标准差），有条件的间接效应均显著（同事支持感：$Estimate = 0.31$，$SE = 0.06$，CI［0.09，0.47］；积极情感：$Estimate = 0.24$，$SE = 0.04$，CI［0.07，0.39］）。当两者均较高时（即高于均值的一个标准差），有条件的间接效应均不再显著（同事支持感：$Estimate = 0.03$，$SE = 0.02$，CI［-0.00，0.08］；积极情感：$Estimate = 0.02$，$SE = 0.02$，CI［-0.01，0.10］）。

8.2.4　总结和讨论

8.2.4.1　研究发现汇总

　　本研究基于资源保存理论探讨了辱虐管理对知识隐藏行为的触发作用，并且深入探讨了两者关系之间的心理机制和边界条件。具体来说，本研究引入情绪耗竭作为辱虐管理对知识隐藏行为的中介变量，引入同事支持感和积极情感作为两者关系的边界条件。最终基于国内一个高科技园区内 8 家企业的虚拟团队成员的 313 份有效问卷数据，笔者提出的假设都得到了支持。

　　（1）领导的辱虐管理对员工的知识隐藏行为具有显著的正向作用。作为一种工作环境中的显著压力因素，领导的辱虐管理行为会造成员工强烈的资源损失感，这种资源的损失会促使员工竭尽所能地采用各种手段保存现有的资源。知识作为个人在组织中生存和发展的重要资源，自然而然成为人们保存资源的首选项。因此，辱虐管理会显著导致员工的知识隐藏行为。

　　（2）领导的辱虐管理之所以能够对员工的知识隐藏行为产生影响，主要原因是领导的辱虐管理首先会提高员工的情绪耗竭水平，而高水平的情绪耗竭会进一步导致员工做出知识隐藏行为。此外，本研究还证实情绪耗竭完全中介了领导辱虐管理对员工的知识隐藏影响。

　　（3）同事支持感和积极情感均对辱虐管理的有害作用具有一定的中和效应。具体来说，当同事支持感和积极情感较高时，员工可以获得额外的资源，进而降低辱虐领导对员工产生的资源消耗感，进而导致员工产生较低水平的领导耗竭以及随后的较低水平的知识隐藏行为。

8.2.4.2 研究的理论贡献

本研究的理论贡献主要有以下四个方面。

（1）尽管辱虐管理和知识隐藏行为是组织中常见的、具有一定增长趋势的负面现象，但是现有的相关研究往往关注的是组织中的积极行为。尤其是在知识管理的文献中，学者们更多关注的是积极的领导力（例如变革型领导、公正型领导、分享型领导）如何积极影响正面的知识行为（如知识分享行为）。在虚拟团队的研究中，绝大多数学者在强调知识分享的重要作用，忽略对知识隐藏行为的研究。有学者曾指出研究者想要对一个领域获得全面的认识，必须从事物的不同视角出发来展开研究（Pradhan 等，2018）。因此，笔者的研究通过探讨两种负面组织行为（辱虐管理和知识隐藏行为）之间的影响机制和边界条件在一定程度上拓展了知识管理和领导力的相关文献，并提供了实证证据。

（2）本研究从资源保存的视角揭示了辱虐管理与知识隐藏行为之间的关联。之前的相关研究多是从社会交换理论、换位侵犯理论或者阻抗理论等视角出发（Feng 等，2019；Pradhan 等，2019）。这些研究认为当员工受到领导的虐待、威吓等辱虐行为时，会感性地做出各种"以牙还牙"的报复行为，而知识隐藏行为正好是一种具有隐蔽性的报复行为。笔者的研究认为这样的研究还不够充分，知识隐藏行为也可能是一种理性的行为。当员工面临这些辱虐行为时，他们之所以会故意隐藏自己的知识，不是因为想要报复工作环境中遭受的恶劣待遇，仅仅是因为想要保存自己现有的资源而不得不做出的一种保护行为。笔者的研究从资源保存的视角阐释了有害工作环境导致员工消极行为的机理，拓展了人们对该领域的认知。

（3）笔者的研究为辱虐管理与知识隐藏行为之间的"黑盒"提供了重要的解释理论机制。笔者引入了情绪耗竭作为中介变量。基于资源保存理论，辱虐管理能够影响知识隐藏行为的整个因果链条可以描述为：首先，长期的辱虐型监督是严重的工作压力源，消耗员工的身体和精神资源，从而导致严重的情绪问题（即情绪耗竭）；其次，这些情绪耗竭较高的员工会刻意隐瞒自己的知识，以保留和保存他们现有的有价值资源。这一规范揭示了知识隐藏的动机，这个发现是非常鼓舞人心的。因为，之前大多数学者将研究的焦点局限在感性的角度上，断言员工的知识隐藏行为仅仅是对领导辱虐管理的一种直接的报复。例如，有学者指出受辱虐的员工会"通过向安全而且不容易被发现的同事来隐瞒信息以寻求报复"（Khalid 等，2018）。还有学者基于社会交换理论指出知识隐藏行为是一种隐蔽性很强的、针对辱虐型领导的报复行为（Pradhan 等，2019）。而笔者的研究表明，可以从情绪的视角来解释辱虐管理对知识隐藏行为的影响，员工可能因为需要应对辱虐管理带来的情绪耗竭问题而进行自我保护，进而做

出知识隐藏行为。因此，笔者的研究建立了一个更加综合全面的框架来解释辱虐管理
对知识隐藏行为的影响机制。

（4）尽管有关辱虐管理和知识隐藏行为之间直接关联的研究已经开始逐渐增多，
但是有关两者关系中边界条件的探讨非常少，尤其是关于如何缓解和抵消辱虐管理影
响的研究更是凤毛麟角。当前相关调节变量的研究多是从社会认知、人际关系以及社
会交换的视角展开的（Feng 等，2019；何培旭等，2018）。这些研究认为，想要降低辱
虐管理对员工的负面影响，需要从个人的工作伦理认知、个人与领导之间的关系或者
个人与组织之间的交换出发。虽然目前已经有研究从资源保存的视角来研究辱虐管理
和知识隐藏行为之间的直接关联（Feng 等，2019），但是据笔者所知，目前还没有研
究者从资源保存视角来研究两者之间的调节变量。笔者的研究从资源保存的视角指出
了辱虐管理造成的资源损失感是导致员工隐藏自己知识的主要原因，而员工如果能够
从个体层面和环境层面获取新的资源就能够有效抵消这种资源损失感，从而有效减少
员工隐藏自己知识的行为。该结论从新的理论视角阐明了辱虐管理何时会导致知识隐
藏行为，回答了本研究提出的问题——辱虐管理是否一定会导致知识隐藏行为。因此，
本研究一方面响应了一些学者（Pradhan 等，2019）提出的检验同事行为在负面工作
环境中的调节作用的倡议，另一方面也拓展了辱虐管理与员工负面行为之间边界条件
的解释机制。

第 9 章
虚拟团队成员知识分享与知识隐藏的作用机制

9.1 知识分享行为的作用结果研究现状

9.1.1 知识分享行为的直接作用结果

目前在知识分享的相关研究中，关于知识分享作用结果的研究相对较少。在对这些研究归纳梳理之后，笔者认为知识分享可能从个体、团队和组织三个层面产生影响。首先，从个体层面来看，知识分享产生的影响主要包括个体绩效、个人的学习和创造力以及个人的心理感受三个方面。

（1）大多数研究表明知识分享对于个人绩效具有显著的正向作用。通过知识分享，可以利用集体的知识和专家的意见，提高完成任务、解决问题和作出决策的效率，进而能够有效提升员工的绩效。然而，知识分享提高绩效的认知并不是普遍存在的。以往的研究表明，许多情境因素会影响知识分享的绩效结果。例如，辱虐监管和缺乏管理支持会降低知识分享对员工绩效的积极影响（Kim 等，2015；Ozer 等，2015）。敌意行为可能限制自我调节资源，进一步损害员工对知识的吸收和利用能力（Tepper，2007）。除了环境条件之外，个人特征，如教育水平（Henttonen，2016）、自我效能感（Kim 等，2015）和个人抱负（即为自己设定困难的目标；Quigley 等，2007）等都会影响员工是否以及在多大程度上因知识分享而获得绩效提升。

（2）当员工分享自己的知识时，他们会将这些知识进行细致化的梳理，并进行相应的外化活动。在这种外化活动的过程中，可能产生新的知识。因此，很多研究认为知识分享增强了员工的创新能力，包括工作行为的创新、知识内容的创造、知识创新的流畅度和原创性。同时，知识分享过程会涉及大量的相互讨论和头脑风暴，知识分

168

享也可以有效提升员工的知识吸收能力（Kang 等，2017）。一些研究认为互惠性和个体多样性在知识分享与员工学习能力和创造能力之间的关系中起着至关重要的作用（Radaelli 等，2014）。片面的知识分享往往意味着较少的讨论和互动，这样并不足以激发员工的创造性。同样地，知识分享参与者的同质性特征也不利于员工的学习能力和创造能力。当员工能够接触到不同类型的、不同背景的个体时，才能够获得一些新的视角和创造性的思维，从而激发他们的创造力。

（3）知识分享还能够在个体心理层面产生影响。知识分享是个体专业发展的主要来源，可以有效增强个体的自主性、技能运用以及自我实现。研究发现，积极的知识分享可以提升员工的工作满意度，而且可以提升员工的生活满意度。这是因为员工在知识分享过程中获得了良好的人际关系，从而有效缓冲了工作的压力，改善了工作和生活之间的冲突。另一个心理层面的影响是员工的知识分享可以改变员工的离职意向。有研究表示（Reychav 等，2009），员工跳槽的意愿会随着组织内部隐性知识的分享而降低，随着显性知识的分享而升高。然而，当有明确的知识分享会得到奖励的制度时，显性知识分享对离职意愿的作用就会减低。一般来说，与隐性知识分享相比，显性知识的分享对个人发展的影响要小很多。因此，参与广泛显性知识分享的员工会发现组织中缺乏学习的机会，从而考虑更换其他工作。

其次，从团队层面来看，知识分享主要影响团队的绩效、创新能力和团队的氛围。

（1）从团队绩效来看，团队是现代组织中最核心的组成要素。有学者研究表明，知识分享可以在团队成员之间建立一种"交互记忆系统"，进而提升组织的工作效率。因此，那些知识分享能够顺畅发生的团队能够更好地应对项目相关的挑战和障碍，从而有更好的绩效表现。在一项针对销售团队的研究中，研究者也发现团队的销售业绩和团队成员知识分享的强度存在正向的相关关系（Song 等，2015）。团队中的结构多样性会促进团队中不同成员能够接触不同来源的信息和技术，提升了团队知识分享的效果，从而能够产生更高的团队绩效。在团队知识分享和团队绩效的关系中，学者们也研究了相关的调节变量，比如知识拥有者地位调整的情况可能对上述关系产生负面的影响。

（2）团队的创新能力。一般在一个团队中，成员往往需要执行大量的启发式任务，但是团队不会给出一个任务完成的确定路径。因此，在团队成员的相互交流和知识分享过程中，容易产生出新奇的想法和创造性的解决方案，从而提升团队整体的创造能力。例如，有学者表示，团队中的知识分享可以提升团队成员的创意生成能力和知识吸收能力，从而激发团队整体的创造力。也有学者表示团队成员之间的知识分享可以建立一个谁知道什么的心理模型，这是团队创造力的关键组成部分。在以往的研究中，学者们发现项目复杂性和环境的不稳定性是知识分享与团队创造力之间关系的重要环境边界变量。对一个处于动态环境中的团队来说，与人际关系和团队目标相关的知识相比，分享那些以任务为中心的、与当前问题和工作内容直接相关的知识对于团队提出创造性的解决方案和想法的作用更加重要。

（3）知识分享可以影响团队的社交氛围。众所周知，知识分享可以诱导互动和互惠，为团队社会化提供平台，从而在团队成员之间建立起相对稳固的信任，进而影响团队的氛围。团队成员之间积极的知识分享可以有效提升整个团队协作氛围的积极感知，进而提高整个团队的服务质量和成员的满意度。知识分享也能够提升异质团队中成员的积极态度，可以推动成员之间的互动，促进对语言、视觉和信息的多元性。也就是说，知识分享可在团队和部门中建立积极的多元化氛围。

最后，从组织层面来看，知识分享可以影响组织的绩效（尤其是财务方面的绩效）、组织的学习和创新能力以及组织的业务流程效率。

（1）知识分享可以在组织效益、市场共享、投资回报以及销售额的增长等层面改善组织的整体绩效。有学者认为，知识性质的不同会造成知识分享作用的差异：隐性知识的共享既能够促进提高财务绩效，也能够提高经营绩效；而显性知识的分享只能够促进财务绩效的提升。知识分享必须与组织内部流程保持一致，以此来实现积极的绩效结果。大多数知识分享的研究是在中下层管理的背景下进行的。尽管关于高层知识管理的研究相对较少，但是不可否认的是，高层管理者知识分享对于组织的绩效提升非常关键。一个组织新产品生产的绩效是由最高管理层知识分享直接决定的。由于组织的最高管理者对行业动态和组织能力有全面的看法，因此，在上层管理者中分享知识可以导致及时的干预，从而在市场中获得高的组织绩效。

（2）知识分享可以支撑组织的创新、新观点的形成能力、吸收能力和创业导向。有学者提出，无论是接受还是提供知识分享，都是有价值的，因为它会侵蚀知识黏性，启动知识组合和重新定位过程，并导致持续的组织创新（Lin，2007）。知识分享不仅能够提高组织的学习和创新质量，而且能提高组织的学习和创新速度。知识分享对于组织的吸收能力发展也有至关重要的作用，因为它支持持续利用现有知识来创造新知识的过程。知识分享也提高了组织的学习能力，支持了常规工作和日常程序中知识的嵌入，促进了知识在利益相关者之间的利用。知识分享还能够促进组织创业的导向。密集的知识分享使组织能够开发可用于创造新思想、参与试验、比较可选决策和建立创新的知识等。

（3）知识分享的一个理想的产出是可以改进组织内部的实践和流程，这是组织长期生存的必要条件。因此，有研究分析了知识分享对战略一致性、项目管理能力和过程开发的影响作用。例如，有学者发现，知识分享不仅提高了 IT 战略规划过程的质量，还促进了信息系统和业务战略一致性的建立，从而提高了组织运行的效率（Pai

等，2006）。一项关于首席信息官（CIO）和首席执行官（CEO）知识分享行为的研究也证实了 CIO 和 CEO 的知识分享活动在 IT 和业务计划流程中建立了一致性，有助于流程精细化和工作效率的提升（Kearns 等，2003）。知识可以提高组织的项目管理能力，因此，知识分享可以减少项目工作的周期，优化信息系统的部署。知识分享支持流程标准化、流程简便化、活动协调和服务提供的响应性。知识分享还可以通过提升项目运作过程和各项活动的清晰度来提高内部的工作效率。总而言之，知识分享可以通过多种途径来提高业务流程效率。

9.1.2　影响知识分享行为作用的调节因素

除了上述三个层面之外，还有一些最新出现的关于知识分享影响作用结果的研究。首先是关于知识分享行为作用机制的调节因素研究。

（1）个人气质。个人气质代表了个人的独特性，解释了人们思考和行为的方式（Kalat，2013）。在工作过程中，个人的气质特质会被激活，进而这些不同的个人气质会影响知识分享行为的作用结果，比如创造力、学习和解决问题的能力等。在复杂问题的解决讨论中，高度神经质的个体会激活恐惧和焦虑的属性，降低其在知识分享过程中表达和理解知识的能力，从而影响预期的效果。此外，还有学者指出气质的连贯性也是一个重要的影响因素。具有高度一致性的气质意味着一个人能够理解他周围的事物，表现出强大的适应能力，专注于事情的积极方面，并作出适当的决策（Nielsen等，2008）。所有这些特质都会对知识分享行为是否能够成功、是否能够发挥预期的作用产生影响。

（2）团队和个体一样，在知识分享行为产生结果的过程中发挥着非常重要的作用。笔者主要从团队工作相互依赖性和团队层次结构多样性两个视角进行探讨。团队工作相互依赖性是一个团队的决定性特征，在关于团队合作的相关文献中已经被广泛而系统地研究过。但是几乎没有学者关注这个构念对知识分享行为作用结果的影响。具有高度工作任务依赖性的团队绩效一般依赖于团队成员平等、相互的贡献（Campion等，1996）。这就意味着在知识分享的过程中，知识的数量和知识的多样性都是影响绩效结果的要素。知识分享的绩效和创造力结果会因为团队的工作相互依赖程度不同而产生不同结果。具有高度任务依赖性的团队可以更好地利用知识分享，因为他们要实现组织目标往往依赖于各种想法的收集、整合和集成。在低任务依赖性的团队中，个体可能无法清楚地认识到知识分享的相关性和有用性，往往选择依赖自己的知识来解决问题、提出决策。因此，知识分享可能不会提高组织的创造力。

团队的层次结构多样性也是一个重要的影响变量。具有强烈等级差异的团队一般容易产生一致的行为、作出一致性的决策。这就意味着广泛的知识分享不一定能够作出最佳的决策。当权力动态发挥作用的时候，意见的趋同性会导致对不同观点的评估变得更加微妙，从而影响知识分享行为带来的作用。尤其是在高权力距离背景下，下属为自己的论点辩护的能力非常弱小，出于尊重要求，他们更加倾向于适应上级的观点（Hofstede 等，2010）。因此，团队的层次多样性会对知识分享的作用效果产生重要的影响。

（3）组织结构特点也可能影响知识分享的作用效果。组织结构和环境的动态性会影响知识分享的作用。之前相关的研究表明，组织在高度动荡的环境中的生存能力取决于是否能够进行持续的知识分享，进而实现响应性决策（Keszey，2018）。然而，在决策权力掌握在少数人手中的组织结构下，知识分享和决策行为之间会产生延迟，削弱了知识分享的积极作用。虽然组织结构对于知识分享行为作用会产生一定的影响，但是相关的理论和实证研究还较少，未来需要在这个方面进行更加系统的研究。

（4）知识特征的调节作用。知识分享是某种形式的知识与分享互动或机制的整合，知识的特征会对知识分享的作用产生重要的影响（Dalkir，2017）。知识的特征主要包括三个方面：一是知识种类，二是知识的相关性，三是知识的发送和接受。首先，为特定任务分享的知识类型会影响个人和组织目标的实现。以往关于知识分享影响的研究大多是将知识分享作为一个整体概念。关于分享不同类型知识的差异影响的研究非常少，而且结果也存在一定的不连贯性。有学者指出显性知识的分享对于创新具有积极的作用（Kessel 等，2012）。而有些学者认为显性知识的分享会对创新产生负面影响（Reychav 等，2012），他们认为显性知识的分享增强了员工离开组织的意愿，而隐性知识的分享降低了员工离开组织的意愿。因此，知识类型对于知识分享作用的影响还存在很大的研究空间。其次，知识是否相关对于知识分享的作用也产生一定的显著影响。以指令或者协议形式的显性知识分享会对执行标准化的任务具有显著的影响，例如软件测试、维护和问题解决等。分享隐性知识可以帮助用户理解复杂的问题并开发新的解决方案（Reychav 等，2009）。然而，从时间效率和响应速度等方面考虑时，分享显性知识可能要比分享隐性知识更加有用。例如，通过隐性知识分享得到一个新解决问题的方案的效率将远远低于分享得到一个已经存在的解决方案。也就是说，对于某些任务而言，知识的相关性对于是否可以高效完成该任务的作用要远远大于知识的性质。因此，知识的相关性可能对知识分享的作用产生更加强烈的影响。最后，虽然一些研究将知识分享概念化为包含知识的发送和知识的接受两个方面，但是对于两者的区别并没有展开深入的研究。之前的大多数研究往往只关注知识的流动，但是流动的方向却不在考虑的范围内（Kim 等，2015）。在知识的互动过程中一般很难区分知识的发送和接受，但是个体在组织中作为知识的发送者或者接受者的地位可以影响个体层面知识分享的作用效果。例如，持续的知识发送可以帮一个人建立其组织内部专家的地位，但是持续的知识接受可以增强个体学习的潜力和知识吸收能力。因此，知识分享中个体地位的不同也会对知识分享的作用结果产生重要的影响。

（5）知识传输渠道的调节作用。个体之间的知识分享可以通过多种媒介进行，包括面对面实地交流、电子邮件、电话、视频通话等多种方式。但是目前还没有相关研究考虑不同的知识传输渠道对知识分享作用的影响。这是一个很显著的研究空白。现在虚拟化的沟通方式已经成为工作场所员工之间沟通的一个重要的渠道。虚拟沟通渠道提供的无处不在的访问以及灵活的知识处理能力和控制能力可能在一定程度上放大知识分享的效果（Barley 等，2011）。然而虚拟沟通方式也存在很多的弊端，知识分享的同步和异步性会影响知识分享的作用结果。实时互动讨论可以利用辩证和情景化的线索，并有助于将复杂的认知思想用语言表达出来，这对于知识分享非常重要（Ahmad，2017）。之前的研究表明，电子邮件是最常用的一种知识分享的在线工具，电子邮件具有异步性特征，人们可以随时发送和接收电子邮件，它可能分散人们对工作的注意力（Barley 等，2011）。因此，知识传输渠道的不同会对知识分享的作用效果产生重要的影响。

9.1.3　知识分享行为产生的负面作用

有学者指出，知识分享并不一定是好的，它在能够带来诸多利益的同时也不可避免地涉及相关方面的成本消耗。具体来说，主要包括以下四个方面。

（1）重复性的协作成本。之前的研究表明，知识分享大多数是自愿的，但是这种活动需要消耗大量的时间、认知，需要员工充分地承诺和参与（Ahmad，2017）。因为知识分享的规范广泛存在于不同的组织中，个体往往需要分享大量的知识，甚至是整个任务的知识，而过多的知识分享可能导致一定的冗余和认知成本。对团队心智模式的研究表明知识分享可能产生负面的沟通，特别是当个体参与重复协作时（Hass 等，2005）。在重复协作中广泛的知识分享会随着时间的推移而阻碍团队发展创造力，因为这种知识分享过程建立了一种相对僵化的思维模式，即接受观点而不公开讨论、评估和批评，这是因为在过去的合作中获得了预先建立的信任。因此，在知识分享作用的研究中应该考虑团队成员的协作历史。

（2）认知压力。有研究表明，高度分化（即价值观、认知程度等存在较大差异）的个体之间进行知识分享时可能产生消极的绩效结果（Dahlin 等，2005）。当个体之间的认知心理模式和专业知识存在显著差异时，即使是最基本的理解水平的发展也会导致认知衰竭，这可能导致知识分享双方的认知压力结果。有相关的文献表明，当员工与其他个体进行深入接触时，由于需要对个体之间的差异进行理解，解决各类由于误解而带来的沟通问题，会引发认知压力（Colligan 等，2006）。由于知识分享是一项需要密集互动的活动，当这种活动是上级主管的期望或者强制评估执行的话，会产生强烈的压力感和倦怠感。因此，过多的知识分享会导致认知压力和个体倦怠等负面的影响。

（3）时间消耗成本。大多数情况下，组织中的人际知识分享是非正式的（Dalkir，2017），这样允许人们可以处理各种意想不到的问题。但是，知识分享也会消耗其他工作的时间和资源，导致工作的过载（Wang 等，2010）。当知识产生的额外利益较少时，投入在知识分享上的时间超过一定的程度就会造成一定的绩效损失。此外，知识分享被视为一种角色外活动的认知更加加剧了这种情况的发生。虽然目前已经有学者考虑到知识分享会浪费人们的工作时间，但是还有待进一步开展相关的实证研究。

（4）工作场所政治。个体进行知识分享的动机往往是积极的，这是关于知识分享研究中普遍认同的观点。组织政治理论认为，政治动机（并不一定是正面的）可以影响工作行为（Chang 等，2009）。众所周知，员工往往会战略性地调整自己的行为，以实现自身利益最大化（Vigoda，2002）。尽管知识被看作权力的一种重要来源，但是对于知识分享还没有从工作场所政治理论的视角开展研究。员工可以有意地分享可能不利于完成任务的知识，这是非常合理的。他们可以为了自己的职业利益而隐瞒自己的专业知识，同时又假装自己是一个积极的知识分享者。同样，一些人可以参与免费的知识分享，试图从他人的专业知识中获利，而自己却很少做出分享行为，导致出现知识分享的"困境"（Cabrera 等，2005）。这种类型的知识分享会加剧职场政治，并导致负面的结果，比如员工的负面情绪、紧张的工作环境以及阻碍组织的绩效发展。未来的研究应该从组织政治理论的视角来探讨知识分享对员工关系和工作氛围产生的负面作用。

9.2　知识分享行为对虚拟团队有效性的作用机制

9.2.1　虚拟团队知识分享行为对团队合作性的正向作用

组织部署知识管理系统的主要目的是能够识别出知识资源，在充分利用这些知识资源的基础上，使整个组织能够取得竞争优势。企业知识基础理论认为企业是一个创造知识的实体。组织内部的个体是创造知识的主要推动力，组织的最重要作用之一便是对个体创造的知识进行整合、存储和应用。组织选取知识渊博、技能精湛的员工组成虚拟团队，希望他们能够利用自己的知识来完成某些特定的复杂而重要的任务。当团队中拥有与完成任务直接相关的技能和知识的员工时，团队会表现出更高的工作效率和效果。虚拟团队与传统团队有很多相通的地方，比如，如果虚拟团队的成员也能够准确地找到、获取和应用相应的知识，他们也会表现出更高的绩效，产出更高的效益。但是，虚拟团队与传统团队又有不同之处，那便是虚拟团队成员的位置是分散的，必须通过相应的信息技术来完成团队成员之间的知识交换和分享。

这种知识交换可以通过社会交换理论的视角进行研究。在社会交换理论中，人类行为往往与正在发生的社会交换息息相关。在一个社会系统内的个体交换利益时，普遍期望能够得到某种未来的回报。当个体拥有足够的时间进行合作和交换彼此利益时，他们就容易获得较为长久的交互关系。基于这样的基本前提，笔者认为知识分享可以被看作一种广义的社会交换形式，当个体分享他们的知识时，除了承诺长期的相互关系之外，并没有任何明确的回报期望。社会交换理论假设人们的行为方式是以最大化他们的利益和最小化他们的成本为基本准则。在虚拟团队中，分享知识的主要成本是可能因为分享核心的、独特的知识而丧失个人在团队中的竞争优势。而知识分享的主要好处是有效地协作和整合多样化的资源，以达成新的见解，创造新的观点和知识。为了激励正确的行为，组织可以试试一些奖励制度，鼓励虚拟团队成员分享知识；也可以从惩罚的角度来开展，比如在一些组织中，如果员工拒绝分享他们的知识，就会受到相应的惩罚。

为了有效地协作，虚拟团队需要团队成员充分地分享和集成分布式的知识。否则，虚拟团队的效率就会降低。信息检索、沟通失败、信息误解和误读以及由于数据缺失而导致的错误决策等会造成组织承担更高的成本。虚拟团队成员的知识分享可以通过确保信息碎片的所有部分都用于任务的执行和制定恰当的决策，因此能够有效提升团队的工作成果。这样可以保证员工无论在哪里、以什么形式存在都能够完成任务要求，实现组织目标。因此，笔者认为虚拟团队中的知识分享对于团队成员的合作具有积极的影响。

9.2.2　虚拟团队合作性对其有效性的正向作用

虚拟团队的特征会影响团队成员的合作方式，并有可能阻碍团队的成功。例如，缺乏有效的面对面非正式沟通可能使得团队成员需要更长的时间才能够达成共识，并进行有效的合作。然而，虚拟团队能够有效克服上述困难。基于相互依赖理论，团队中的个体自然会为了实现一个共同的目标而进行协作，最终提高团队的效率。虚拟团队成员往往会更加自由、更加公开地发表自己的观点，相对于传统团队来说，可能会受到更少的社会或者管理制度的限制。虚拟团队的成员能够根据彼此的表现和贡献来更好地、更准确地彼此评估。与传统团队成员相比，虚拟团队成员在评估彼此的绩效和贡献时，往往会出现较少的偏见。

一个虚拟团队中的成员能够共同协作、一起努力，不仅可以克服区域分布带来的分享挑战，而且有利于知识的交换和创造，通过信息技术来支撑这种协作，进一步增强协作的密集型和高效性，最终实现整个团队的有效性。因此，虚拟团队的合作性是其有效性的基本前提和重要前因变量。

9.3 虚拟团队成员知识隐藏行为的作用机制

9.3.1 知识隐藏作用机制的研究回顾

相对于知识隐藏行为的影响因素研究来说，关于知识隐藏作用结果的相关研究比较少。有研究指出，仅仅只有 13% 左右的研究关注了知识隐藏的作用结果，而且尽管知识隐藏可能导致组织、团队和个体等不同层面的结果，但是研究者更多关注于个体层面的作用（Xie 等，2019）。具体来说，知识隐藏在个体层面可以影响个体的工作绩效、心理状态和态度、工作行为、互补型匹配之间的关系、同事关系等。例如，大部分研究认为知识隐藏会明显降低员工的工作绩效、组织公民行为以及创新能力。但是，也有研究呈现出不同的声音。比如，有研究发现，感知到同事的知识隐藏并不能降低员工的销售绩效（Wang 等，2009）。相反，这种知识隐藏会促使员工努力拓展业务，提升自己的销售业绩。也有研究者从知识隐藏的不同维度出发，研究三种知识隐藏的维度（装聋作哑、含糊隐藏和合理隐藏）所产生的结果。有研究显示，装聋作哑对员工的组织公民行为产生的影响与另两个维度对组织公民行为产生的影响截然不同。也有研究者认为含糊隐藏会明显降低员工的任务绩效，而装聋作哑反而会提升他们的任务绩效。同时，知识隐藏也会造成员工道德推脱的提升，从而导致他们心理安全、福利感知、工作满意度以及工作繁荣都所有降低。还有学者提出，知识隐藏会引发求知者的越轨行为、向上沉默行为以及拒绝参与合作的行为等。

从人际关系的视角来看，知识隐藏可能导致领导和员工之间的信任危机、员工之间隐藏知识的恶性循环。同时，从团队的角度来看，知识隐藏负面影响了团队的绩效、团队的创造力、团队的生存能力、团队的学习能力和团队的吸收能力。

9.3.2 虚拟团队领导知识隐藏行为的作用结果

虚拟团队领导者对下属的知识隐藏可能对下属的个人声誉和创新能力产生负面的影响。

9.3.2.1 团队成员个人声誉的下降

虚拟团队成员对知识需求度是非常高的，因为他们需要利用特定的知识来完成统一的任务。因此，如果一个虚拟团队的成员没有充足的知识来履行他们的角色，他们的个人声誉将会受到威胁。目前，相关调研显示虚拟团队领导者故意向自己的下属隐瞒知识是非常普遍的（Butt，2019）。而且在很多虚拟团队中并没有相应的渠道向组织汇报相关的问题，进而减少知识隐藏的出现。因此，周围的同事可能觉得那些无法做好自己工作的员工完全是自己胜任力的问题，进而损害了个人声誉。

知识请求者通常具有很强的动机与自己的上级进行一对一的互动和请教，然而如果上级拒绝分享自己的知识，或者用其他方式估计隐瞒自己的知识，知识请求者通常被认为是边缘化的象征。因为一般在虚拟团队中团队的领导者具有很高的声誉，他们掌握了特定的知识和技能，这种刻意隐藏知识的行为可能对下属的声誉产生恶劣的影响。

虚拟团队中领导的知识隐藏通常会被合法化。当一名下属进入一个虚拟团队时，他可能并不完全了解整个工作任务，如果领导没有将一些知识分享给下属，那么领导认为这是下属个人能力问题，不会赢得他的好感，进而妨碍了下属在团队中的发展。有研究指出，当请求知识的团队成员不能从他们的领导那里获取知识时，将会影响他们在组织角色范围内充分发挥作用的能力。也就是说，他们可能因为领导知识隐藏而出现一些错误的行为或者决策，进而降低他们在团队中的声誉。一般而言，当一个人在团队中失去了声誉时，就会失去在团队中应得的尊重，进而失去了留在团队的价值。

9.3.2.2　团队成员创新能力的下降

知识创新是需要获取更多其他的观点、知识、技能才能够出现的。当团队领导者对自己的下属做出知识隐藏行为时，下属没有充分的知识来执行他们的工作，更加不可能创造新的知识。也有研究表明，当一个个体无法获得完整的知识时，会对自己的创新能力产生不利的影响。而且当虚拟团队的领导刻意对某一下属隐藏自己的知识时，下属将几乎没有机会参与到团队的各种知识和技能相关的研讨会中。当无法获取和创新相关的知识时，知识请求者的创新能力自然就会大大地降低。

第10章
总结和展望

10.1 总 结

虚拟团队是当前组织中非常重要的一种工作形式，尤其是在新冠疫情背景之下，很多传统的工作团队完全转变为虚拟团队的工作方式。虚拟团队具有跨地区、跨时区、跨文化以及跨组织边界等特点，可以将分布在全球的精英人才和特殊专家聚集在一起，共同完成一致的任务目标，大幅度降低知识协同的时间成本、人员成本和出差成本。但是，虚拟团队的工作方式也存在显著的缺陷和挑战，缺乏非正式交流导致成员之间信任难以建立，复杂且动态的通信工具造成高技术门槛和较高的培训要求，异步通信造成信息误读和混乱等都是虚拟团队是否能够有效完成目标的重要考虑因素。基于这样的历史和现实背景，笔者认为非常有必要对虚拟团队及其有效性进行深入研究，通过将知识管理（知识分享行为和知识隐藏行为）引入虚拟团队的研究中，形成具有实践启示的系统性成果。

本书首先对虚拟团队进行了系统回顾，从虚拟团队的起源、内涵、特点等进行了介绍，分析了虚拟团队与传统团队的不同之处以及虚拟团队中的关键问题；其次重点介绍了虚拟团队自身的优势、劣势以及面临的挑战和机遇；最后系统分析了虚拟团队有效性的内涵以及有效性的具体维度。

本书也对当前知识分享和知识隐藏的国内外研究进行了系统的回顾，得出了当前研究中的主要理论机制，梳理出了影响知识分享和知识隐藏的重要因素。在这个基础上，笔者重点研究了虚拟环境下的知识分享和知识隐藏，将其与传统团队中的知识分享和知识隐藏作了对比，最终提出了一个虚拟团队环境下知识分享和知识隐藏的理论模型。

　　针对上文中提出的理论模型，本书第 4 ～ 8 章进行了系统的理论论述和实证检验。其中第 4 章主要基于社会交换理论分析了两个理论模型。第一个模型中，笔者对领导成员交换如何影响虚拟团队成员知识分享行为进行了分析。研究结果表明，领导成员交换的质量会直接影响团队成员的情感承诺，而员工对组织的情感承诺会促使其做出更多的角色外行为，比如知识分享行为。笔者也找到了该关系的两个边界条件，分别为核心自我评价中的两个构念：一般自我效能感和内控倾向。笔者的研究表明，这两个构念虽然具有相似的内涵，但是一般自我效能感在上述关系中发挥着正向的调节作用，而内控倾向的个体由于更加关注自身的能力，对外界环境的变化相对免疫，因此发挥了负向的调节作用。

　　本书第 5 章基于计划行为理论探讨了知识分享态度、知识分享主观规范、知识分享描述规范和知识分享可控性如何影响知识分享意图，进而影响员工的知识分享行为。通过对一家国有服务性企业的虚拟团队进行调研之后，对数据进行分析，结果表明知识分享态度和知识分享可控性并不能够显著影响员工的知识分享意愿，而知识分享主观规范和描述规范则可以显著影响员工的知识分享意愿，进而影响他们的知识分享行为。

　　第 6 章基于人与环境匹配理论分析了两个理论模型。其中第一个模型探讨了人格特质、工作特征、自我效能感对知识分享行为的三相交互模型。笔者首先分析了三个构念与知识分享行为的直接关系，其次分析了尽责型人格与工作技能多样性需求以及尽责型人格与知识分享自我效能感两者对知识分享行为的双相交互模型，最后进一步探索分析了三者对知识分享行为的三相交互模型。实证结果表明，尽责型人格、工作技能多样性需求以及知识分享自我效能感都对虚拟团队成员知识分享行为具有正向积极影响；尽责型人格与知识分享自我效能感对知识分享具有双相交互作用，但是尽责型人格与工作技能多样性需求对知识分享行为的交互作用并不显著；实证证明三相交互模型是成立的，当工作技能多样性需求和知识分享自我效能感均较高的时候，尽责型人格的个体会做出最多的知识分享行为。第二个模型中，笔者分析了个人与环境匹配的两种类型——补充性匹配和互补型匹配对知识分享行为的影响。其中，对于补充性匹配重点关注了合作规范和创新精神两种类型；对于互补型匹配，笔者重点关注了三种不同的工作设计类型对知识分享的影响，包括技能多样性、任务同一性和工作自主性。笔者将情感承诺作为两者关系的中介变量，提出两种类型的个人与环境匹配类型首先影响员工对组织的情感承诺，进而情感承诺高的员工做出更多的知识分享行为。研究结果表明，补充性匹配和互补型匹配均对员工的情感承诺产生了正向作用，情感承诺进一步正向影响员工的知识分享行为。同时，研究还发现补充性匹配的作用效果要高于互补型匹配的作用效果。

第7章基于社会信息处理理论分析了两个理论模型。第一个模型分析了对同事的信任如何影响员工的知识分享行为。笔者得到了该关系中的一个中介机制，即心理安全。笔者认为对同事的信任会直接提升员工的心理安全，而心理安全较高的员工才会愿意主动分享自己的知识。在此基础上，笔者研究了团队虚拟性对上述关系的调节作用，认为当团队虚拟性较高的时候，对同事的信任与心理安全及其之后的知识分享行为的作用会越大。最终通过实证研究，上述所有假设都得到验证。第二个模型中，笔者分析了领导底线思维如何影响员工的知识隐藏行为。笔者认为领导底线思维释放出来的社会信息会导致员工自利主义提升，当员工的自利主义提升时，他们更愿意最大化自己的利益，进而选择主动隐藏那些对自己有利的知识。同时，笔者也在团队层面提出了一个边界条件，即绩效氛围，笔者认为绩效氛围释放出来的社会信息与领导底线思维释放出来的信息一致，进而增强领导底线思维对自利主义以及随后的知识隐藏的影响作用。通过实证检验，最终所有的假设得到了验证。

第8章基于资源保存理论分析了辱虐管理如何影响员工的知识隐藏行为。笔者认为辱虐管理会导致员工的情绪耗竭，当员工情绪耗竭之后，会想要保存自己的资源，进而不愿分享知识或者故意隐藏知识。同时，笔者也提出了两种可以用来减轻辱虐管理负面作用的调节变量，分别是环境层面的同事支持和个体层面的积极情感。笔者认为同事支持和积极情感都可以有效综合辱虐管理造成的资源损失感，进而减轻辱虐管理对情绪耗竭和随后的知识隐藏的影响。最终的实证结果验证了上述假设。

第9章探索研究了知识分享行为和知识隐藏行为对虚拟团队有效性和虚拟团队成员个人的影响作用。笔者从团队层面提出知识分享行为可以影响虚拟团队的合作性，进而影响团队的有效性；从个体层面提出虚拟团队领导的知识隐藏行为可能降低员工的个人声誉和员工的创造力。该研究仅仅停留在理论假设层面，在未来的研究中需要对提出的理论假设进行实证检验。

10.2 虚拟团队管理实践启示

本书的7项实证研究对于管理者在实践中如何管理虚拟团队具有非常重要的实践启示。

（1）虚拟团队中领导和下属之间关系的质量可能是预测员工自由裁量行为（如知识分享行为）的重要决定因素。如今，许多组织都在构建知识管理系统。然而，当领导和下属的关系质量不高时，这些知识管理系统可能收效甚微。高质量的LMX和知识分享行为之间的积极关系表明，应该在一些领导培训项目上投入更多的时间和精力。通过这些培训帮助领导和员工加深对LMX的理解，并为他们提供有用的技能（例如社交技能），以此来建立良好的互动关系。此外，情感承诺在 LMX 与知识分享行为关系中的中介作用表明，组织应该更加关注员工的心理机制，高质量的 LMX 通过这种心理机制提升了知识分享行为。因此，主管应该主动采取一些行动，例如关注下属的感受和需求，重视他们的努力和贡献，为他们创造持续的信息反馈，以增强他们对组织的认可和信任，最终增强他们对组织的情感承诺。

（2）一般自我效能感和内部控制源在 LMX 和知识分享行为关系调节作用不同。虽然一般自我效能感和内部控制源是两种相似的具有积极意义的人格特质，但是在同样的环境之下发挥了不同的调节作用，这表明管理者应该与具有不同自我评价的下属建立灵活的关系。管理者应该通过认真观察下属的日常行为来提升自己辨别下属一般自我效能感和内部控制源的水平。此外，还应进行系统的人格测试，结合自己的辨别更好地了解下属的一般自我效能感和内部控制源的水平。这些信息可以帮助管理者决定如何与不同的下属发展不同的关系，从而使高质量的 LMX 能够最大限度地促进员工的知识分享行为。对于具有较高一般自我效能感的员工而言，管理者应与他们进行清晰、频繁的沟通，以确认他们掌握自我观点，增强他们分享知识的欲望。对于具有较高内部控制源的员工来说，在高质量的 LMX 关系中，领导者对下属的影响作用应该被淡化，以便这些下属不会感到失去了个人的控制能力。

（3）对虚拟团队的管理者具有重要的实践启示：第一，研究结果表明高尽责型人格的员工将会做出更多的知识分享行为。因此，在组建虚拟团队时，管理者应要求应聘员工提供自我评测的人格测试，将其是否具有较高的尽责型人格作为是否录用的指标之一。第二，研究结果表明当工作技能需求较高时，对于责任心较高的员工来说，较强的知识分享自我效能感能够有效促进他们做出更多的知识分享行为。当这部分虚拟团队的成员面临较高的工作技能需求时，管理者应该提供相应的策略（例如，对员工的知识分享进行积极的反馈、为员工分享知识提供支持等）来增强他们的知识分享自我效能感，进而促使他们分享更多的知识。第三，当部分具有较高责任心的虚拟团队成员的知识分享自我效能感还没有建立起来时，研究结果表明，管理者应该重新设计这部分员工的工作，将他们分配到工作技能需求较低的岗位，这样能够减少他们在增强工作技能方面的投入，从而促使他们有时间和精力在虚拟团队中分享自己的知识。

（4）信任是促进团队成员知识分享的重要前因变量。因此，如何在虚拟团队中建立信任和顺畅的沟通机制非常重要。有学者指出，虚拟团队创建之初是建立信任的最关键环节（Pangil 等，2014）。虚拟团队的领导需要抓住这个建立信任的关键节点，拿出一些具有建设意义的行动来帮助整个团队建立较为牢固的信任。这些行动可以包括组织非正式的面对面或者线上线下结合的对话、向团队成员提供详细的成员个人简历、鼓励团队成员之间通过个人社会媒体进行互动。在整个工作阶段维持信任也是非常重要的。虚拟团队应该尽量使用更加先进的通信和沟通工具（例如元宇宙等）来提升成员之间的沟通意愿和沟通质量。此外，举办一些线上的聚餐或者线上游戏等，也可以帮助成员进行较为深入的非正式沟通，从而发展出较为牢固的信任。另外，研究发现心理安全对于员工的知识分享非常重要。团队中的领导除了鼓励员工之间的信任之外，还应该使用一种更加开放的方式来和自己的队员进行沟通，尽量避免过多的批评，防止员工因为害怕自己出错或者分享之后有负面结果而拒绝分享知识。

（5）尽管领导底线思维看似能够为组织获得效益的最大化，研究结果表明如果一味地强调底线思维而忽略其他事情，将会带来负面的影响，比如增强员工的自利主义和导致他们做出更多的知识隐藏行为。因此，组织需要注意一切可能导致领导底线思维的规章和制度。从组织规章制度的角度来看，组织应该设定可行性高的、多元化的评价指标体系，不仅强调生产效率，也要注重员工的道德行为。从领导的角度来看，当面试、雇用、选拔、晋升和培训领导时，组织应该加大对领导的道德、人品、服务能力以及和谐能力等方面的关注。此外，笔者也推荐组织能够提供一个顺畅的沟通渠道，帮助员工来反映或者举报那些过度重视底线的领导。当组织能够快速地响应这些反映和举报时，员工们可能会认为组织内部的其他标准和确保底线一样重要。

（6）自利主义是员工做出知识隐藏行为的重要影响因素。因此，当组织发现某些员工出现自利主义的迹象时，应该发布一些公告，告知所有成员组织内部的资源是充足的，大家可以从更加全面的视角考虑工作问题，不要仅仅纠结于是否能够满足自身的个人利益。最后，时间启示和绩效氛围的调节作用相关。研究表明绩效氛围会增强领导底线思维的负面作用。因此，组织可以通过恰当的人力资源手段、提出多元化的奖惩机制和领导力培训来构建更加具有建设性的动机氛围，例如掌控氛围。这样能够促进组织内部的学习导向、合作导向和技能发展导向，而不是仅仅关注底线和自身利益是否得到满足。

（7）虚拟团队领导的辱虐管理是导致员工隐藏知识的一个重要因素。因此，在虚拟团队日常的管理实践中需要尽一切努力降低辱虐管理的发生。例如，在选择、招聘或晋升虚拟团队管理者之前，应该进行详细的背景调查和心理测试，以确定候选人是否有抑郁或者虐待倾向。怎样能够有效防止晋升那些具有攻击性或对同事和下属有敌意倾向的候选者。此外，组织还应该提供有效的领导培训项目：一是要提高领导对辱虐领导行为危害性的认识；二是可以提供一定的人际交往和领导学课程，帮助领导提升人际交往技能，进一步降低辱虐行为出现的可能性；三是为员工提供相关的策略和技巧，帮助他们提升应对组织中不利环境的能力。另外，之前的文献表明，辱虐管理不可能被完全根除（Tepper，2000），因此，降低辱虐管理负面影响的方式显得尤为重要。研究结论表明，团队同事支持行为是一种重要的环境因素，能够降低辱虐管理的负面影响。虚拟团队应该创造良好的沟通和互动氛围，让员工更好地相互理解和关心。此外，应该建立一些虚拟团队的管理制度来帮助打造一种鼓励合作的气氛。例如有学者指出构建基于子团队绩效的奖惩方式有利于增强员工的团队合作能力（Kim 等，2017）。当组织中员工能够获得同事的帮助时，即使存在辱虐管理的现象，员工也不会出现较为严重的知识隐藏行为。最后，员工的积极情感也是降低辱虐管理对知识隐藏行为的一个重要个体因素。因为积极情感得分较高的员工可能更有能力巧妙地处理恶劣的工作环境，所以虚拟团队在招聘员工时应该考虑对员工积极情感的测试。同时，除了在招聘阶段，虚拟团队还应该对现有的员工提供必要的培训项目或采取有效的管理方法来提高员工的幸福感。例如，有学者提出，如果虚拟团队定期组织员工写下过去几天里他们感激的和愉快的经历或事件，员工更容易产生积极情绪，这种积极情绪有助于抵消辱虐管理的负面影响，抑制员工做出更多的知识隐藏行为（Watkins 等，2015）。

10.3 研究局限与未来展望

笔者的研究虽然得到了一些具有理论价值和实践启示的结论，但是同样也存在一定的研究局限，需要在未来的研究中进行完善，主要表现在以下五个方面。

（1）在样本选取方面，笔者的研究还存在一些问题。笔者给出的研究虽然涉及了网络社区、国有传统企业、IT 企业和文化传播类以及销售类企业，但是在每个研究中选取的均是一种类型的组织。例如，笔者选取的 IT 网络技术虚拟社区作为调研对象，其中的成员均是连续在组织内参与活动的成员。笔者并没有考虑那些中断了参与的成员的情况。由于这些成员在组织的公平和信任方面也许会产生完全不同于连续参与的成员，因此，研究样本并没有覆盖到这种情况，对于结果的推广和说服力方面的解释不足。同样地，在另一个研究中，笔者仅仅考虑了传统的国有企业，这类企业的组织文化与民营的、创新型企业的文化截然不同，这种文化方面的不同对于员工与领导之间的互动会产生较为重要的影响。此外，笔者的所有研究均是在中国情景下进行的，这些结果是否能够适用于西方的文化，例如外资企业当中，仍然值得商榷。虽然虚拟团队可能拥有来自不同国家不同文化的成员，但是笔者的研究中所有团队成员都来自中国。总的来说，笔者的研究样本相对选取的较小，研究对象覆盖的范围不足，这些均会导致笔者的结果推广性较差，适用性偏窄。因此，在未来的研究中，笔者建议应该开展更多的研究和调查，针对不同的组织类型、不同的文化氛围、不同的组织成员类型展开全方位的调查，以此来验证笔者提出模型的适用性。

（2）在调研过程设计上，笔者的研究也存在一定的问题。笔者的研究均是在横截面上的研究，缺少实验性的研究和纵向的跟踪研究。这对于笔者解释变量之间的因果关系非常不利。虽然，也有一些研究使用了多阶段调研的方式来减少研究中带来的共同方法偏差问题，但是这样的结果显然与长期跟踪性研究的效果相去甚远。因此，在未来的研究中，笔者强烈建议应该开展相关的跟踪研究或者进行可操纵的实验性研究。这样不仅可以验证、补充和扩展笔者模型中的发现，还可以揭示这些潜在变量在相应的组织环境下是如何随时间而不断发展的。

（3）在调查量表方面，笔者的研究存在如下的缺陷和不足。笔者开展的研究大多数采用了自我报告类型的测量量表，虽然这种员工自我测量的方式对于人格特质、自我效能感等的测试较为准确，但是对于一些感受类的测量或者行为态度的测量容易产生一定的影响，例如领导成员交换质量的测量特别容易受到文化背景的影响，在中国文化背景下，存在一种领导和成员私人之间的交往"关系"，这样会导致下属更愿意和上级产生互动，而上级往往会忽略与下属之间的交流，这样测量的结果会存在一定的偏差。此外，对于知识分享行为的测量也应该采用多种来源的测量方式，因为员工自我测量时会因社会期许效应而出现过高估计的情况，这样会导致测量的偏差。而领导对员工知识分享行为的评价也会由于观察不足或者交流不到位而出现一定的偏差。因此，在未来的研究中，笔者更加推荐利用多源方式对变量进行测量，尽量减少单一来源数据对研究结果造成的影响。

（4）笔者提出的研究模型仅仅包含了一定量的影响因素，而在实践中还有很多其他的因素可能对结果产生影响。例如，笔者应该更多地考虑还有哪些因素可以影响员工的态度行为（例如工作满意度），哪些因素可以进一步影响员工的信任（例如危机感等）。笔者需要考虑其他一些个体方面的因素（例如交换意识）或者其他的领导力环境（例如真实型领导等）变量的影响。笔者在考虑补充型匹配时，应该考虑其他的一些价值观或者规范方面的变量（例如与组织的管理类型、奖惩类型相关的变量）产生的影响，同时应该考虑除了情感承诺之外，还有哪些变量（例如工作满意度、心理安全等）能够发挥中介作用，以此来构建多重中介模型。

（5）笔者的研究内容相对比较传统，研究中关注的变量与传统环境下的变量相差不大，尤其是对于新技术因素的考虑不足。其实随着信息技术的飞速发展，人们参与虚拟团队的方式、方法、理念、观念都在发生变化。例如现在比较热门的人工智能技术、虚拟现实技术、增强现实技术以及基于这些技术的元宇宙理念都是未来研究虚拟团队成员知识分享行为的重要影响因素。这些技术对于团队成员分享知识时消耗的成本、分享的意愿、分享的效果等都会产生重要的影响，这些影响会直接决定成员是否会在虚拟团队中参与知识分享行为。目前已经有学者关注这些方面的内容。例如，有学者研究了人工智能技术带来的技术动荡对三种知识隐藏的作用，并深入探讨了员工的人工智能意识的中介作用（Arias‐Pérez 等，2021）。有学者提出元宇宙技术的发展和应用很好地支持了在虚拟团队中员工之间的协作和知识分享（Yu 等，2012）。也有学者指出人工智能技术的实施本身不会明显提升组织的绩效，但是如果将人工智能技术和知识分享系统进行有效整合，可以为不断变化的数字化社会中的企业运营提供更加具有持续性的组织绩效水平（Olan 等，2022）。

参考文献

[1] ABBOTT J B, BOYD N G, MILES G. 2006. Does type of team matter?: an investigation of the relationships between job characteristics and outcomes within a team – based environment [J]. The Journal of Social Psychology, 146 (4): 485 – 507.

[2] ABDUL – JALAL H, TOULSON P, TWEED D. 2013. Knowledge sharing success for sustaining organizational competitive advantage [J]. Procedia Economics and Finance, 7: 150 – 157.

[3] ADAMS J S. 1965. Inequity in social exchange [J] Advances in Experimental Social Psychology, 2 (4): 267 – 299.

[4] ADKINS C L, RUSSELL C J, WERBEL J D. 1994. Judgments of fit in the selection process: The role of work value congruence [J]. Personnel Psychology, 47 (3): 605 – 623.

[5] AHMAD F, KARIM M. 2019. Impacts of knowledge sharing: a review and directions for future research [J]. Journal of Workplace Learning, 31 (3): 207 – 230.

[6] AHMAD H, AHMAD K, SHAH I A. 2010. Relationship between job satisfaction, job performance attitude towards work and organizational commitment [J]. European Journal of Social Sciences, 18 (2): 257 – 267.

[7] AJZEN I. 1991. The theory of planned behavior [J]. Organizational Behavior and Human Decision Processes, 50 (2): 179 – 211.

[8] AJZEN I. 2002. Perceived behavioral control, self – efficacy, locus of control, and the theory of planned behavior 1 [J]. Journal of Applied Social Psychology, 32 (4): 665 – 683.

[9] ALAJMI B M, ALBUDAIWI D. 2021. Response to COVID – 19 pandemic: where do public libraries stand? [J]. Public Library Quarterly , 40 (6): 540 – 556.

[10] ALDERFER C P. Organization development [J]. Annual Review of Psychology, 1977, 28 (1): 197 – 223.

[11] ALE EBRAHIM N, AHMED S, TAHA Z. 2009. Virtual teams: a literature review [J]. Austral-

ian Journal of Basic and Applied Sciences, 3 (3): 2653 - 2669.

[12] ALFES K, TRUSS C, SOANE E C, et al. 2013. The relationship between line manager behavior, perceived HRM practices, and individual performance: Examining the mediating role of engagement [J]. Human Resource Management, 52 (6): 839 - 859.

[13] ALMEIDA M V, SOARES A L. 2014. Knowledge sharing in project - based organizations: overcoming the informational limbo [J]. International Journal of Information Management, 34 (6): 770 - 779.

[14] ALSHARO M, GREGG D, RAMIREZ R. 2017. Virtual team effectiveness: the role of knowledge sharing and trust [J]. Information & Management, 54 (4): 479 - 490.

[15] ANAND S, VIDYARTHI P, ROLNICKI S. 2018. Leader - member exchange and organizational citizenship behaviors: contextual effects of leader power distance and group task interdependence [J]. The Leadership Quarterly, 29 (4): 489 - 500.

[16] ANDERSON J C, GERBING D W. 1988. Structural equation modeling in practice: a review and recommended two - step approach [J]. Psychological Bulletin, 103 (3): 411 - 423.

[17] ANWAR C. 2017. Linkages between personality and knowledge sharing behavior in workplace: Mediating role of affective states [J]. Economics and Management, 20 (2): 102 - 115.

[18] APPEL - MEULENBROEK R, CLIPPARD M, PFNÜR A. 2018. The effectiveness of physical office environments for employee outcomes: An interdisciplinary perspective of research efforts [J]. Journal of Corporate Real Estate, 20 (1): 56 - 80.

[19] ARDICHVILI A, PAGE V, WENTLING T. 2003. Motivation and barriers to participation in virtual knowledge - sharing communities of practice [J]. Journal of Knowledge Management, 7 (1): 64 - 77.

[20] ARGOTE L, MCEVILY B, REAGANS R. 2003. Managing knowledge in organizations: an integrative framework and review of emerging themes [J]. Management Science, 49 (4): 571 - 582.

[21] ARIAS - PÉREZ J, VÉLEZ - JARAMILLO J. 2021. Understanding knowledge hiding under technological turbulence caused by artificial intelligence and robotics [J]. Journal of Knowledge Management, 26 (6): 1476 - 1491.

[22] ARMITAGE C J, CONNER M. 2001. Efficacy of the theory of planned behavior: a meta -analytic review [J]. British Journal of Social Psychology, 40 (4): 471 - 499.

[23] ARTHUR J B, HUNTLEY C L. 2005. Ramping up the organizational learning curve: assessing the impact of deliberate learning on organizational performance under gainsharing [J]. Academy of Management Journal, 48 (6): 1159 - 1170.

[24] ARYEE S, SUN L Y, CHEN Z X G, et al. 2008. Abusive supervision and contextual performance: the mediating role of emotional exhaustion and the moderating role of work unit structure [J]. Management and Organization Review, 4 (3): 393 - 411.

[25] ASHFORTH B E, MAEL F. 1989. Social identity theory and the organization [J]. Academy of Management Review, 14 (1): 20-39.

[26] ASHFORTH B E. 1997. Petty tyranny in organizations: a preliminary examination of antecedents and consequences [J]. Canadian Journal of Administrative Sciences, 14 (2): 126-140.

[27] ASSOULINE M, MEIR E I. 1987. Meta-analysis of the relationship between congruence and well-being measures [J]. Journal of Vocational Behavior, 31 (3): 319-332.

[28] AUBÉ C, ROUSSEAU V, MORIN E M. 2007. Perceived organizational support and organizational commitment: the moderating effect of locus of control and work autonomy [J]. Journal of managerial Psychology, 22 (5): 479-495.

[29] AVOLIO B J, GARDNER W L. 2005. Authentic leadership development: getting to the root of positive forms of leadership [J]. The Leadership Quarterly, 16 (3): 315-338.

[30] B ARTOL K M, LIU W, ZENG X, et al. 2009. Social exchange and knowledge sharing among knowledge workers: the moderating role of perceived job security [J]. Management and Organization Review, 5 (2): 223-240.

[31] BABALOLA M T, GREENBAUM R L, AMARNANI R K, et al. 2020. A business frame perspective on why perceptions of top management's bottom-line mentality result in employees' good and bad behaviors [J]. Personnel Psychology, 73 (1): 19-41.

[32] BABALOLA M T, MAWRITZ M B, GREENBAUM R L, et al. 2021. Whatever it takes: How and when supervisor bottom-line mentality motivates employee contributions in the workplace [J]. Journal of Management, 47 (5): 1134-1154.

[33] BAKKER A B, DEMEROUTI E, VERBEKE W. 2004. Using the job demands-resources model to predict burnout and performance [J]. Human Resource Management, 43: 83-104.

[34] BAKKER A B, DEMEROUTI E. 2007. The job demands-resources model: state of the art [J]. Journal of Managerial Psychology, 22 (3): 309-328.

[35] BAKKER G. 2003. Building knowledge about the consumer: the emergence of market research in the motion picture industry [J]. Business History, 45 (1): 101-127.

[36] BANDURA A. 1977. Social learning theory [M]. Englewood Cliffs, NJ: Prentice-Hall.

[37] BANDURA A. 1986. Social foundations of thought and action: a social cognitive theory [M]. Englewood Cliffs, NJ: Prentice-Hall.

[38] BANDURA A. 1994. Self-efficacy [M]. New York: Academic Press.

[39] BARCZAK G, WILEMON D. 2003. Team member experiences in new product development: views from the trenches [J]. R & D Management, 33 (5): 463-479.

[40] BARLEY S R, MEYERSON D E, GRODAL S. 2011. E-mail as a source and symbol of stress [J]. Organization Science, 22 (4): 887-906.

[41] BARON R A. 1996. Interpersonal relations in organizations [J]. Individual Differences and Be-

havior in Organizations: 334 - 370.

[42] BARON R M, KENNY D A. 1986. The moderator - mediator variable distinction in social psycho-logical research: conceptual, strategic, and statistical considerations [J]. Journal of Personality and Social Psychology, 51 (6): 1173 - 1182.

[43] BARRICK M R, MOUNT M K. 1991. The big five personality dimensions and job performance: a meta - analysis [J]. Personnel Psychology, 44 (1): 1 - 26.

[44] BARTELT V L, DENNIS A R. 2014. Nature and Nurture [J]. MIS Quarterly, 38 (2): 521 - 534.

[45] BASS B M. 1985. Leadership and performance beyond expectations [M]. New York: Free Press.

[46] BERRY T. 2011. The great work: Our way into the future [M]. S. L. Crown.

[47] BHAGAT R, KEDIA B, HARVESTON P, et al. 2002. Cultural variations in the cross - border transfer of organizational knowledge: an integrative framework [J]. Academy of Management Re-view, 27 (2): 204 - 221.

[48] BHATTACHERJEE A. 2001. Understanding information systems continuance: an expectation - confirmation model [J]. MIS Quarterly, 1, 351 - 370.

[49] BIERLY III P E, STARK E M, KESSLER E H. 2009. The moderating effects of virtuality on the antecedents and outcome of NPD team trust [J]. Journal of Product Innovation Management, 26 (5): 551 - 565.

[50] BIERLY III P E, STARK E M, KESSLER E H. 2009. The moderating effects of virtuality on the antecedents and outcome of NPD team trust [J]. Journal of Product Innovation Management, 26 (5): 551 - 565.

[51] BOCK G W, KIM Y G. 2002. Breaking the myths of rewards: an exploratory study of attitudes a-bout knowledge sharing [J]. Information Resources Management Journal, 15 (2): 14 - 21.

[52] BOCK G W, ZMUD R W, KIM Y G, et al. 2005. Behavioral intention formation in knowledge sharing: examining the roles of extrinsic motivators social - psychological forces, and organizational climate [J]. MIS Quarterly, 29, 87 - 111.

[53] BOGILOVIĆ, ČERNE M, ŠKERLAVAJ M. 2017. Hiding behind a mask?: cultural intelligence, knowledge hiding, and individual and team creativity [J]. European Journal of Work and Organi-zational Psychology, 26 (5): 710 - 723.

[54] BOLTON L M R, HARVEY R D, GRAWITCH M J, et al. 2012. Counterproductive work behav-iors in response to emotional exhaustion: a moderated mediational approach [J]. Stress and Health, 28 (3): 222 - 233.

[55] BOLTON L R, HARVEY R D, GRAWITCH M J, et al. 2012. Counterproductive work behav-iours in response to emotional exhaustion: a moderated mediational approach [J]. Stress and Health, 28 (3): 222 - 233.

[56] BREUER C, HÜFFMEIER J, HERTEL G. 2016. Does trust matter more in virtual teams?: a meta − analysis of trust and team effectiveness considering virtuality and documentation as moderators [J]. Journal of Applied Psychology, 101 (8): 1151 − 1177.

[57] BRINSFIELD C T. 2013. Employee silence motives: investigation of dimensionality and development of measures [J]. Journal of Organizational Behavior, 34 (5): 671 − 697.

[58] BROCKNER J, SIEGEL P A, DALY J P, et al. 1997. When trust matters: the moderating effects of outcome favorability [J]. Administrative Science Quarterly, 42: 558 − 583.

[59] BROWN G A, BULL J, PENDLEBURY M. 2013. Assessing student learning in higher education [M]. London: Routledge.

[60] BROWN J S, DUGUID P. 1991. Organizational Learning and Communities − of − Practice: toward a unified view of working, learning, and innovation [J]. Organization Science, 2: 40 − 57.

[61] BURGOON J K, BULLER D B, GUERRERO L K, et al. 1996. Interpersonal deception: XII. Information management dimensions underlying deceptive and truthful messages [J]. Communications Monographs, 63 (1): 50 − 69.

[62] BUTT A S, AHMAD A B. 2019. Are there any antecedents of top − down knowledge hiding in firms?: evidence from the United Arab Emirates [J]. Journal of Knowledge Management, 23 (8): 1605 − 1627.

[63] CABLE D M, EDWARDS J R. 2004. Complementary and supplementary fit: a theoretical and empirical integration [J]. Journal of Applied Psychology, 89 (5): 822 − 834.

[64] CABRERA A, CABRERA E F. 2002. Knowledge − sharing dilemmas [J]. Organization Studies, 23 (5): 687 − 710.

[65] CABRERA E F, CABRERA A. 2005. Fostering knowledge sharing through people management practices [J]. International Journal of Human Resource Management, 16: 720 − 735.

[66] CABRERA Á, COLLINS W C, SALGADO J F. 2006. Determinants of individual engagement in knowledge sharing [J]. The International Journal of Human Resource Management, 17 (2): 245 − 264.

[67] CAMPION M A, PAPPER E M, MEDSKER G J. 1996. Relations between work team characteristics and effectiveness: a replication and extension [J]. Personnel Psychology, 49 (2): 429 − 452.

[68] CARDON P W, DAI Y. 2014. Mobile phone use in meetings among Chinese professionals: perspectives on multicommunication and civility [J]. Global Advances in Business Communication, 3 (1): 1 − 33.

[69] CARMELI A, ATWATER L, LEVI A. 2011. How leadership enhances employees' knowledge sharing: the intervening roles of relational and organizational identification [J]. The Journal of Technology Transfer, 36 (3): 257 − 274.

[70] CARMELI A, GELBARD R, REITER − PALMON R. 2013. Leadership, creative problem − sol-

ving capacity, and creative performance: the importance of knowledge sharing [J]. Human Resource Management, 52 (1): 95－121.

[71] CASCIO W F. 2003. Changes in workers, work, and organizations [J]. Handbook of Psychology, 12: 401－422.

[72] ČERNE M, HERNAUS T, DYSVIK A, et al. 2017. The role of multilevel synergistic interplay among team mastery climate, knowledge hiding, and job characteristics in stimulating innovative work behavior [J]. Human Resource Management Journal, 27 (2): 281－299.

[73] CHADWICK－JONES J K. 1976. Social exchange theory: its structure and influence in social psychology [M]. New York: Academic Press.

[74] CHAE B K. 2015. Insights from hashtag #supplychain and Twitter Analytics: considering Twitter and Twitter data for supply chain practice and research [J]. International Journal of Production Economics, 165: 247－259.

[75] CHAMAKIOTIS P, PANTELI N, DAVISON R M. 2021. Reimagining e－leadership for reconfigured virtual teams due to Covid－19 [J]. International Journal of Information Management, 60: 102381.

[76] CHANG C H, ROSEN C C, LEVY P E. 2009. The relationship between perceptions of organizational politics and employee attitudes, strain, and behavior: A meta－analytic examination [J]. Academy of Management Journal, 52 (4): 779－801.

[77] CHEN G, GULLY S M, EDEN D. 2001. Validation of a new general self－efficacy scale [J]. Organizational Research Methods, 4 (1): 62－83.

[78] CHEN T, LI F, LEUNG K. 2016. When does supervisor support encourage innovative behavior?: opposite moderating effects of general self－efficacy and internal locus of control [J]. Personnel Psychology, 69 (1): 123－158.

[79] CHEN X P, HUI C, SEGO D J. 1998. The role of organizational citizenship behavior in turnover: conceptualization and preliminary tests of key hypotheses [J]. Journal of Applied Psychology, 83 (6): 922－931.

[80] CHEN X P, HUI C, SEGO D J. 1998. The role of organizational citizenship behavior in turnover: conceptualization and preliminary tests of key hypotheses [J]. Journal of Applied Psychology, 83 (6): 922－934.

[81] CHEN Z J, ZHANG X I, VOGEL D. 2011. Exploring the underlying processes between conflict and knowledge sharing: a work－engagement perspective 1 [J]. Journal of Applied Social Psychology, 41 (5): 1005－1033.

[82] CHEUNG C M K, LEE M K O. 2007. Understanding user intention to continue sharing knowledge in virtual communities [C] //15th European Conference on Information Systems, ECIS 2007: 635－646.

[83] CHIU C M, HSU M H, WANG T G. 2006. Understanding knowledge sharing in virtual communi-

ties: an integration of social capital and social cognitive theories [J]. Decision Support Systems, 42: 1872 – 1888.

[84] CHO N, LI G – Z, SU C – Z. 2007. An empirical study on the effect of individual factors on knowledge sharing by knowledge type [J]. Journal of Global Business and Technology, 3 (2): 1 – 15.

[85] CHOO C W. 1988. Perspectives on managing knowledge in organizations [J]. Cataloging & classification quarterly, 37 (1 – 2): 205 – 220.

[86] CHOUDHARY S, MISHRA K. 2021. Understanding knowledge hiding in the context of virtual workplaces [J]. VINE Journal of Information and Knowledge Management Systems.

[87] CHOW C W, DENG F J, HO J L. 2000. The openness of knowledge sharing within organizations: A comparative study of the United States and the People's Republic of China [J]. Journal of Management Accounting Research, 12 (1): 65 – 95.

[88] CHUDOBA K M, WYNN E, LU M, et al. 2005. How virtual are we?: measuring virtuality and understanding its impact in a global organization [J]. Information Systems Journal, 15 (4): 279 – 306.

[89] CHUNG J Y, YOON W. 2015. Social facets of knowledge creation: the validation of knowledge assets [J]. Social Behavior and Personality: An International Journal, 43 (5): 815 – 827.

[90] COHEN P. 1997. Subcultural conflict and working – class community [M]. London: Macmillan Education UK.

[91] COLLIER J E, BIENSTOCK C C. 2006. How do customers judge quality in an Etailer [J]. MIT Sloan Management Review, 48: 35 – 40.

[92] COLLIGAN T W, HIGGINS E M. 2006. Workplace stress: etiology and consequences [J]. Journal of Workplace Behavioral Health, 21 (2): 89 – 97.

[93] COLLINS C J, SMITH K G. 2006. Knowledge exchange and combination: the role of human resource practices in the performance of high – technology firms [J]. Academy of Management Journal, 49 (3): 544 – 560.

[94] COLQUITT J A, CONLON D E, WESSON M J, et al. 2001. Justice at the millenium: a meta – analytic review of 25 years of organizational justice research [J]. Journal of Applied Psychology, 86 (3): 425 – 445.

[95] CONNELLY C E, GALLAGHER D G. 2006. Independent and dependent contracting: meaning and implications [J]. Human Resource Management Review, 16 (2): 95 – 106.

[96] CONNELLY C E, TUREL O. 2016. Effects of team emotional authenticity on virtual team performance [J]. Frontiers in Psychology, 7: 1336.

[97] CONNELLY C E, ZWEIG D, WEBSTER J, et al. 2012. Knowledge hiding in organizations [J]. Journal of Organizational Behavior, 33 (1): 64 – 88.

[98] CONNER M, NORMAN P, BELL R. 2002. The theory of planned behavior and healthy eating [J]. Health Psychology, 21 (2): 194 - 202.

[99] CONNOLLY T, THORN B K, HEMINGER A. 1992. Discretionary databases as social dilemmas [G] //LIEBRAND W B G, MESSICK D M, WILKE H A M. Social Dilemmas: Theoretical Issues and Research Findings. New York: Pergamon Press: 199 - 208.

[100] COOK K S. 2000. Advances in the microfoundations of sociology: recent developments and new challenges for social psychology [J]. Contemporary Sociology, 29 (5): 685 - 692.

[101] COOKE P. 2002. Knowledge economies: clusters, learning and cooperative advantage [M]. London & New York: Routledge.

[102] COOKE R, FRENCH D P. 2008. How well do the theory of reasoned action and theory of planned behavior predict intentions and attendance at screening programmes?: a meta - analysis [J]. Psychology and Health, 23 (7): 745 - 765.

[103] CORDERY J L, SOO C. 2008. Overcoming impediments to virtual team effectiveness [J]. Human Factors and Ergonomics in Manufacturing & Service Industries, 18 (5): 487 - 500.

[104] COSTA S P, NEVES P. 2017. Forgiving is good for health and performance: how forgiveness helps individuals cope with the psychological contract breach [J]. Journal of Vocational Behavior, 100: 124 - 136.

[105] CREED W E D, MILES R. 1996. Trust in organizations: a conceptual framework linking organizational forms, managerial philosophies, and the opportunity costs of controls [G] // Trust in organizations: frontiers of theory and research, RODERICK M K, TYLER R T, Thousand Oaks, CA: Sage Publications: 16 - 38.

[106] CROPANZANO R, GREENBERG J. 1997. Progress in organizational justice: tunneling through the maze [G] // COOPER C L, ROBERTSON I T, et. al. International review of industrial and organizational psychology. London: John Wiley & Sons, 317 - 372.

[107] CROPANZANO R, RUPP D E, BYRNE Z S. 2003. The relationship of emotional exhaustion to work attitudes, job performance, and organizational citizenship behaviors [J]. Journal of Applied Psychology, 88: 160 - 169.

[108] CUMMINGS J N. 2004. Work groups, structural diversity, and knowledge sharing in a global organization [J]. Management Science, 50 (3): 352 - 364.

[109] CURRIVAN D B. 1999. The causal order of job satisfaction and organizational commitment in models of employee turnover [J]. Human resource management review, 9 (4): 495 - 524.

[110] CURTIS M B, TAYLOR E Z. 2018. Developmental mentoring, affective organizational commitment, and knowledge sharing in public accounting firms [J]. Journal of Knowledge Management, 22 (1): 142 - 161.

[111] DAHLIN K B, WEINGART L R, HINDS P J. 2005. Team diversity and information use [J].

Academy of Management Journal, 48（6）：1107 – 1123.

［112］DALKIR K. 2017. Knowledge management in theory and practice ［M］. MIT press.

［113］DAMANPOUR F. 1991. Organizational innovation：a meta – analysis of effects of determinants and moderators ［J］. Academy of Management Journal, 34（3）：555 – 590.

［114］DAS T K, TENG B S. 2002. Alliance constellations：a social exchange perspective ［J］. Academy of Management Review, 27（3）：445 – 456.

［115］DAVENPORT T H, PRUSAK L. 1998. Working knowledge：how organizations manage what they know ［M］. Cambridge, MA：Harvard Business School Press.

［116］DE DREU C K W, NAUTA A. 2009. Self – interest and other – orientation in organizational behavior：implications for job performance, prosocial behavior, and personal initiative ［J］. Journal of Applied Psychology, 94（4）：913 – 926.

［117］DIJKSTRA M T, BEERSMA B, EVERS A. 2011. Reducing conflict – related employee strain：the benefits of an internal locus of control and a problem – solving conflict management strategy ［J］. Work & Stress, 25（2）：167 – 184.

［118］DING X H, LIU H, SONG Y. 2013. Are internal knowledge transfer strategies double – edged swords？［J］. Journal of Knowledge Management, 17（1）：69 – 86.

［119］DIRKS K T, FERRIN D L. 2002. Trust in leadership：meta – analytic findings and implications for research and practice ［J］. Journal of Psychology, 87：611 – 628.

［120］DULEBOHN J H, HOCH J E. 2017. Virtual teams in organizations ［J］. Human Resource Management Review, 27（4）：569 – 574.

［121］EDMONDSON A C, KRAMER R M, COOK K S. 2004. Psychological safety, trust, and learning in organizations：a group – level lens ［J］. Trust and Distrust in Organizations：Dilemmas And Approaches, 12：239 – 272.

［122］EDMONDSON A. 1999. Psychological safety and learning behavior in work teams ［J］. Administrative Science Quarterly, 44（2）：350 – 383.

［123］EDUVALSANIA S, MORIANO J A, MOLERO F. 2016. Authentic leadership and employee knowledge sharing behavior ［J］. Leadership & Organization Development Journal, 37（4）：487 – 506.

［124］EDVARDSSON I R. 2008. HRM and knowledge management ［J］. Employee Relations, 30（5）：553 – 561.

［125］EDWARDS J R, LAMBERT L S. 2007. Methods for integrating moderation and mediation：a general analytical framework using moderated path analysis ［J］. Psychological Methods, 12（1）：1 – 22.

［126］EDWARDS J R. 1996. An examination of competing versions of the person – environment fit approach to stress ［J］. Academy of Management Journal, 39（2）：292 – 339.

［127］EHRHART M G, KLEIN K J. 2001. Predicting followers' preferences for charismatic leadership: the influence of follower values and personality ［J］. The Leadership Quarterly, 12 (2): 153 - 179.

［128］EISENBERGER R, HUNTINGTON R, HUTCHISON S, et al. 1986. Perceived organizational support ［J］. Journal of Applied Psychology, 71 (3): 500 - 507.

［129］EISENBERGER R, STINGLHAMBER F, VANDENBERGHE C, et al. 2002. Perceived supervisor support: contributions to perceived organizational support and employee retention ［J］. Journal of Applied Psychology, 87 (3): 565 - 573.

［130］EISSA G, WYLAND R, LESTER S W, et al. 2019. Winning at all costs: an exploration of bottom - line mentality, Machiavellianism, and organisational citizenship behaviour ［J］. Human Resource Management Journal, 29 (3): 469 - 489.

［131］EKEH P. 1974. Social exchange theory: the two traditions ［M］. Cambridge: Harvard University Press.

［132］EL - SOFANY H, ALWADANI H, ALWADANI A. 2014. Managing virtual team work in IT projects: survey ［J］. International Journal of Advanced Corporate Learning, 7 (4): 11 - 19.

［133］EMERSON R M, POLLNER M. 1976. Dirty work designations: their features and consequences in a psychiatric setting ［J］. Social Problems, 23 (3): 243 - 254.

［134］FANG Y H, CHIU C M. 2010. In justice we trust: exploring knowledge - sharing continuance intentions in virtual communities of practice ［J］. Computers in Human Behavior, 26 (2): 235 - 246.

［135］FENG J, WANG C. 2019. Does abusive supervision always promote employees to hide knowledge?: from both reactance and COR perspectives ［J］. Journal of Knowledge Management, 23 (7): 1455 - 1474.

［136］FERRAZZI K. 2014. Getting virtual teams right ［J］. Harvard Business Review, 92 (12): 120 - 123.

［137］FISHBEIN L B. 2010. Examining caregiving and household responsibility in typically developing siblings of children with an autism spectrum disorder ［D］. State University of New York at Binghamton.

［138］FISHBEIN M, AJZEN I. 1976. Misconceptions about the Fishbein model: reflections on a study by Songer - Nocks ［J］. Journal of Experimental Social Psychology, 12 (6): 579 - 584.

［139］FORNELL C, LARCKER D F. 1981. Evaluating structural equation models with unobservable variables and measurement error ［J］. Journal of Marketing Research, 18 (1): 39 - 50.

［140］FORTIN D R. 2000. Clipping coupons in cyberspace: a proposed model of behavior for deal - prone consumers ［J］. Psychology & Marketing, 17 (6): 515 - 534.

［141］FOSS N J, MINBAEVA D B, PEDERSEN T, et al. 2009. Encouraging knowledge sharing among employees: how job design matters ［J］. Human Resource Management, 48 (6): 871 - 893.

［142］FOX S, SPECTOR P E, MILES D. 2001. Counterproductive work behavior (CWB) in response to job stressors and organizational justice: some mediator and moderator tests for autonomy and e-motions [J]. Journal of Vocational Behavior, 59 (3): 291 - 309.

[143] FRANCIS J, ECCLES M P, JOHNSTON M, et al. 2004. Constructing questionnaires based on the theory of planned behavior: a manual for health services researchers [J]. City Research On-line: 2 - 12.

[144] FREDRICKSON B L. 2001. The role of positive emotions in positive psychology: the broaden - and - build theory of positive emotions [J]. American Psychologist, 56: 218 - 226.

[145] FRENCH D P, COOKE R. 2012. Using the theory of planned behavior to understand binge drink-ing: the importance of beliefs for developing interventions [J]. British Journal of Health Psychol-ogy, 17 (1): 1 - 17.

[146] FRENCH R. 2001. "Negative capability": managing the confusing uncertainties of change [J]. Journal of Organizational Change Management, 14 (5): 480 - 492.

[147] FULLAGAR C J, KELLOWAY E K. 2009. Flow at work: an experience sampling approach [J]. Journal of Occupational and Organizational Psychology, 82 (3): 595 - 615.

[148] FURST S, BLACKBURN R, ROSEN B. 1999. Virtual team effectiveness: a proposed research agenda [J]. Information Systems Journal, 9 (4): 249 - 269.

[149] GARCÍA - MORALES V J, LLORÉNS - MONTES F J, VERDÚ - JOVER A J, et al. 2008. The effects of transformational leadership on organizational performance through knowledge and innova-tion [J]. British Journal of Management, 19 (4): 299 - 319.

[150] GAUDET M C, TREMBLAY M. 2017. Initiating structure leadership and employee behaviors: the role of perceived organizational support, affective commitment and leader - member exchange [J]. European Management Journal, 35 (5): 663 - 675.

[151] GEORGE J F. 2002. Influences on the intent to make Internet purchases [J]. Internet Re-search, 12 (2): 165 - 180.

[152] GIBSON C B, COHEN S G. 2003. Virtual teams that work: creating conditions for virtual team effectiveness [M]. San Franciso: John Wiley & Sons.

[153] GOEL R K, GÖKTEPE - HULTÉN D, RAM R. 2014. Academic networks and the diffusion of knowledge [M] //Routledge Handbook of the Economics of Knowledge. Routledge: 89 - 108.

[154] GOODMAN P S, DARR E D. 1998. Computer aided systems and communities: mechanisms for organizational learning in distributed environments [J]. MIS Quarterly, 22 (4): 417 - 440.

[155] GRAEN G B, UHL - BIEN M. 1995. Relationship - based approach to leadership: development of leader - member exchange (LMX) theory of leadership over 25 years: applying a multi - level multi - domain perspective [J]. The Leadership Quarterly, 6 (2): 219 - 247.

[156] GRAEN G, CASHMAN J F, GINSBURG S, et al. 1977. Effects of linking - pin quality on the quality of working life of lower participants [J]. Administrative Science Quarterly, 22: 491 - 504.

[157] GRANOVETTER M. 1982. Who gets ahead?: the determinants of economic success in America [J]. 11 (2): 257 – 262.

[158] GRAY P H. 2001. The impact of knowledge repositories on power and control in the workplace [J]. Information Technology and People, 14 (4): 368 – 384.

[159] GREEN D D, ROBERTS G E. 2010. Personnel implications of public sector virtual organizations [J]. Public Personnel Management, 39 (1): 47 – 57.

[160] GREENBAUM R L, MAWRITZ M B, EISSA G. 2012. Bottom – line mentality as an antecedent of social undermining and the moderating roles of core self – evaluations and conscientiousness [J]. Journal of Applied Psychology, 97 (2): 343.

[161] GREGORY B T, ALBRITTON M D, OSMONBEKOV T. 2010. The mediating role of psychological empowerment on the relationships between P – O fit, job satisfaction, and in – role performance [J]. Journal of Business and Psychology, 25: 639 – 647.

[162] GUPTA B. 2008. Role of personality in knowledge sharing and knowledge acquisition behavior [J]. Journal of the Indian Academy of Applied Psychology, 34 (1): 143 –149.

[163] GUPTA K S. 2008. A comparative analysis of knowledge sharing climate [J]. Knowledge and Process Management, 15 (3): 186 – 195.

[164] GÄCHTER S, HERRMANN B. 2009. Reciprocity, culture and human cooperation: previous insights and a new cross – cultural experiment [J]. Philosophical Transactions of the Royal Society B: Biological Sciences, 364 (1518): 791 – 806.

[165] HACKER J V, JOHNSON M, SAUNDERS C, et al. 2019. Trust in virtual teams: a multidisciplinary review and integration [J]. Australasian Journal of Information Systems, 23: 1 – 35.

[166] HACKMAN J R, OLDHAMG R. 1975. Development of the job diagnostic survey [J]. Journal of Applied Psychology, 60 (2): 159 – 170.

[167] HACKMAN J R, WALTON R E. 1986. Leading groups in organizations [M] //GOODMANP. Designing effective work groups, San Francisco: Jossey – Bass Publishers: 72 – 119.

[168] HACKMAN J R. 1983. A normative model of work team effectiveness [R] //Yale School of Organization and Management, Research Program on Groups Effectiveness, New Haven, CT.

[169] HAHN E, GOTTSCHLING J, SPINATH F M. 2012. Short measurements of personality – validity and reliability of the GSOEP Big Five Inventory (BFI – S) [J]. Journal of Research in Personality, 46 (3): 355 – 359.

[170] HALL D T. 2002. Careers in and out of organizations [M]. Thousand Oaks: Sage.

[171] HALL H, WIDÉN G, PATERSON L. 2010. Not what you know, nor who you know, but who you know already: examining online information sharing behaviors in a blogging environment through the lens of social exchange theory [J]. 60 (2): 117 – 128.

[172] HALL H. 2003. Borrowed theory: applying exchange theories in information science research

［J］．Library & Information Science Research，25（3）：287－306．

［173］HALL R H．2002．Organizations：structures，processes，and outcomes［M］．8th ed．Upper Saddle River，NJ：Prentice Hall．

［174］HAMERSLY B，LAND D．2015．Building productivity in virtual project teams［J］．Revista de Gestão e Projetos－GeP，6（1）：1－13．

［175］HAN S J，BEYERLEIN M．2016．Framing the effects of multinational cultural diversity on virtual team processes［J］．Small Group Research，47（4）：351－383．

［176］HANSEN M T，MORS M L，LØVÅS B．2005．Knowledge sharing in organizations：multiple networks，multiple phases［J］．Academy of Management journal，48（5）：776－793．

［177］HANSEN M T．1999．The search－transfer problem：the role of weak ties in sharing knowledge across organization subunits［J］．Administrative Science Quarterly，44（1）：82－111．

［178］HAO Q，WEI K，ZHANG B．2022．How to attenuate the effects of abusive supervision on knowledge hiding：the neutralizing roles of coworker support and individual characteristics［J］．Journal of Knowledge Management，26（7）：1807－1825．

［179］HAO Q，YANG W，SHI Y．2019．Characterizing the relationship between conscientiousness and knowledge sharing behavior in virtual teams：an interactionist approach［J］．Computers in Human Behavior，91（2）：42－51．

［180］HARDER J，KROSNICK J A．2008．Why do people vote？：a psychological analysis of the causes of voter turnout［J］．Journal of Social Issues，64（3）：525－549．

［181］HARMAN H H．1976．Modern factor analysis［M］．Chicago：University of Chicago Press．

［182］HARRISON J M，KREPS D M．1978．Speculative investor behavior in a stock market with heterogeneous expectations［J］．The Quarterly Journal of Economics，92（2）：323－336．

［183］HARRISON R V．1975．Stress at Work［M］．New York：Wiley．

［184］HARS A，OU S．2002．Working for free？Motivations for participating in opensource projects［J］．International Journal of Electronic Commerce，6：25－39．

［185］HARVEY M，NOVICEVIC M M，GARRISON G．2004．Challenges to staffing global virtual teams［J］．Human Resource Management Review，14（3）：275－294．

［186］HASHIM K F，TAN F B．2015．The mediating role of trust and commitment on members' continuous knowledge sharing intention：a commitment－trust theory perspective［J］．International Journal of Information Management，35（2）：145－151．

［187］HASS S，BURNABY P，BIERSTAKER J L．2005．The use of performance measures as an integral part of an entity's strategic plan［J］．Managerial Auditing Journal，20（2）：179－186．

［188］HE P，JIANG C，XU Z，et al．2021．Knowledge hiding：current research status and future research directions［J］．Frontiers in Psychology，12：748237．

［189］HE W，WEI K K．2009．What drives continued knowledge sharing？：an investigation of knowledge – contribution and seeking beliefs ［J］. Decision Support Systems, 46 （4）: 826 – 838.

［190］ HEATH. A. 1976. Rational choice and social exchange: a critique of exchange theory ［M］. London: Cambridge University Press.

［191］ HEATON L. TAYLOR J R. 2002. Knowledge management and professional work: a communication perspective on the knowledge – based organization ［J］. Management Communication Quarterly, 16 （2）: 210 – 236.

［192］ HENDRIKS P. 1999. Why share knowledge?: the influence of ICT on the motivation for knowledge sharing ［J］. Knowledge and Process Management, 6 （2）: 91 – 100.

［193］ HENSELER J, RINGLE C M, SARSTEDT M. 2015. A new criterion for assessing discriminant validity in variance – based structural equation modeling ［J］. Journal of The Academy of Marketing Science, 43: 115 – 135.

［194］ HENTTONEN K. KIANTO A. RITALA P. 2016. Knowledge sharing and individual work performance: an empirical study of a public sector organisation ［J］. Journal of Knowledge Management, 20 （4）: 749 – 768.

［195］ HERTEL G. GEISTER S. KONRADT U. 2005. Managing virtual teams: a review of current empirical research ［J］. Human Resource Management Review, 15 （1）: 69 –95.

［196］ HILL N S. BARTOL K M. 2016. Empowering leadership and effective collaboration in geographically dispersed teams ［J］. Personnel Psychology, 69 （1）: 159 – 198.

［197］ HINDS P J. NEELEY T B. CRAMTON C D. 2014. Language as a lightning rod: power contests, emotion regulation. and subgroup dynamics in global teams ［J］. Journal of International Business Studies, 45: 536 – 561.

［198］ HOBFOLL S E. 1989. Conservation of resources: a new attempt at conceptualizing stress ［J］. American Psychologist, 44 （3）: 513 – 524.

［199］ HOBFOLL S E. 2011. Conservation of resource caravans and engaged settings ［J］. Journal of Occupational and Organizational Psychology, 84 （1）: 116 – 122.

［200］ HOBFOLL S E. HALBESLEBEN J. NEVEU J P. et al. 2018. Conservation of resources in the organizational context: the reality of resources and their consequences ［J］. Annual Review of Organizational Psychology and Organizational Behavior, 5 （1）: 103 –128.

［201］ HOFSTEDE G, MINKOV M. 2010. Long – versus short – term orientation: new perspectives ［J］. Asia Pacific Business Review, 16 （4）: 493 – 504.

［202］ HOFSTEDE G. 2016. Culture's consequences: comparing values, behaviors, institutions, and organizations across nations ［J］. Collegiate Aviation Review, 34 （2）: 108.

［203］ HOGG M A, TERRY D J. 2000. Social identity and self – categorization processes in organizational contexts ［J］. Academy of Management Review, 25 （1）: 121 – 140.

［204］ HOLSAPPLE C W, JOSHI D K. 2001. Organizational knowledge resource ［J］. Decision Support

Systems, 31 (1): 39 - 54.

[205] HOMANS G C. 1958. Social behavior as exchange [J]. American Journal of Sociology, 63 (6): 597 - 606.

[206] HSU M H, JU T L, YEN C H, et al. 2007. Knowledge sharing behavior in virtual communities: the relationship between trust, self - efficacy, and outcome expectations [J]. International Journal of Human - Computer Studies, 65 (2): 153 - 169.

[207] HURLEY R F, HULT G T M. 1998. Innovation, market orientation, and organizational learning: an integration and empirical examination [J]. Journal of Marketing, 62 (3): 42 - 54.

[208] IPE M. 2003. Knowledge sharing in organizations: a conceptual framework [J]. Human Resource Development Review, 2 (4): 337 - 359.

[209] JAHANZEB S, CLERCQ D D, FATIMA T. 2020. Bridging the breach: using positive affectivity to overcome knowledge hiding after contract breaches [J]. The Journal of Psychology, 154 (3): 249 - 272.

[210] JARVENPAA S L, KNOLL K, LEIDNER D E. 1998. Is anybody out there?: antecedents of trust in global virtual teams [J]. Journal of Management Information Systems, 14 (4): 29 - 64.

[211] JARVENPAA S L, STAPLES D S. 2000. The use of collaborative electronic media for information sharing: an exploratory study of determinants [J]. Journal of Strategic Information Systems, 9 (2/3): 129 - 154.

[212] JARVENPAA S L, STAPLES D S. 2001. Exploring perceptions of organizational ownership of information and expertise [J]. Journal of Management Information Systems, 18 (1): 151 - 183.

[213] JEUNG C W, YOON H J, CHOI M. 2017. Exploring the affective mechanism linking perceived organizational support and knowledge sharing intention: a moderated mediation model [J]. Journal of Knowledge Management, 21 (4): 946 - 960.

[214] JIAN L, LING Y, LUTAO N, et al. 2015. Knowledge sharing and affective commitment: the mediating role of psychological ownership [J]. Journal of Knowledge Management, 19 (6): 1146 - 1166.

[215] JIANG Z, HU X, WANG Z, et al. 2019. Knowledge hiding as a barrier to thriving: the mediating role of psychological safety and moderating role of organizational cynicism [J]. Journal of Organizational Behavior, 40 (7): 800 - 818.

[216] JONES M C, CLINE M, RYAN S. 2006. Exploring knowledge sharing in ERP implementation: an organizational culture framework [J]. Decision Support Systems, 41 (2): 411 - 434.

[217] JOO B K. 2010. Organizational commitment for knowledge workers: the roles of perceived organizational learning culture, leader - member exchange quality, and turnover intention [J]. Human Resource Developmen Quarterly, 21 (1): 69 - 85.

[218] JUDGE T A, BONO J E. 2001. Relationship of core self - evaluations traits - self - esteem, gen-

eralized self – efficacy, locus of control, and emotional stability – with job satisfaction and job performance: a meta – analysis [J]. Journal of Applied Psychology, 86 (1): 80 – 92.

[219] JUDGE T A, LOCKE E A, DURHAM C C. 1997. The dispositional causes of job satisfaction: a core evaluations approach [J]. Research in Organizational Behavior, 19: 151 – 188.

[220] KAGE A. 2012. Prerequisites for creating efficient virtual teams in banking industry [J]. Journal of Business Management, (5): 98 – 111.

[221] KAHN W A. 1990. Psychological conditions of personal engagement and disengagement at work [J]. Academy of Management Journal, 33 (4): 692 – 724.

[222] KALAT J W. 2013. Teaching biological psychology to introductory psychology students [M] // The Teaching of Psychology, New York Psychology Press: 381 – 388.

[223] KALAT J W. 2016. Introduction to psychology [M]. Boston: Cengage Learning.

[224] KANG M, LEE M J. 2017. Absorptive capacity, knowledge sharing, and innovative behavior of R & D employees [J]. Technology Analysis & Strategic Management, 29 (2): 219 – 232.

[225] KANKANHALLI A, TAN B C Y, WEI K K. 2005. Contributing knowledge to electronic knowledge repositories: an empirical investigation [J]. MIS Quarterly, 29 (1): 113 – 143.

[226] KAPLAN J D. 1950. Dialogues of Plato [M]. New York: Washington Square Press.

[227] KARRIKER J H, WILLIAMS M L. 2009. Organizational justice and organizational citizenship behavior: a mediated multifoci model [J]. Journal of Management, 35 (1): 112 – 135.

[228] KAUFFMANN D, CARMI G. 2014. How team leaders can use ICT to improve trust among virtual teams to increase collaboration [J]. International Journal of Engineering and Innovative Technology, 3 (9): 204 – 220.

[229] KEARNS G L, ABDEL – RAHMAN S M, ALANDER S W, et al. 2003. Developmental pharmacology – drug disposition, action, and therapy in infants and children [J]. New England Journal of Medicine, 349 (12): 1157 – 1167.

[230] KERNAN M C, HANGES P J. 2002. Survivor reactions to reorganization: antecedents and consequences of procedural, interpersonal, and informational justice [J]. Journal of Applied Psychology, 87: 916 – 928.

[231] KESSEL M, KRATZER J, SCHULTZ C. 2012. Psychological safety, knowledge sharing, and creative performance in healthcare teams [J]. Creativity and Innovation Management, 21 (2): 147 – 157.

[232] KESZEY T. 2018. Boundary spanners' knowledge sharing for innovation success in turbulent times [J]. Journal of Knowledge Management, 22 (5): 1061 – 1081.

[233] KHALID M, BASHIR S, KHAN A K, et al. 2018. When and how abusive supervision leads to knowledge hiding behaviors: an Islamic work ethics perspective [J]. Leadership & Organization Development Journal, 39 (6): 794 – 806.

[234] KHALID S A, JUSOFF H K, ALI H, et al. 2009. Gender as a moderator of the relationship between OCB and turnover intention [J]. Asian Social Science, 5: 108 –117.

[235] KILLINGSWORTH B, XUE Y, LIU Y. 2016. Factors influencing knowledge sharing among global virtual teams [J]. Team Performance Management, 22 (5/6): 284 –300.

[236] KIM J. 2010. Faculty self – archiving: motivations and barriers [J]. Journal of the American Society for Information Science and Technology, 61 (9): 1909 – 1922.

[237] KIM S L, HAN S, SON S Y, et al. 2017. Exchange ideology in supervisor – subordinate dyads, LMX, and knowledge sharing: a social exchange perspective [J]. Asia Pacific Journal of Management, 34 (1): 147 – 172.

[238] KIM S L, KIM M, YUN S. 2015. Knowledge sharing, abusive supervision, and support: a social exchange perspective [J]. Group & Organization Management, 40 (5): 599 – 624.

[239] KIMBALL L, EUNICE A. 1999. The virtual team: strategies to optimize performance [C] // Health Forum Journal, 42 (3): 58 – 62.

[240] KIMMERLE J, CRESS U, HESSE F W. 2007. An interactional perspective on group awareness: alleviating the information – exchange dilemma (for everybody?) [J]. International Journal of Human – Computer Studies, 65: 899 – 910.

[241] KIRKMAN B L, MATHIEU J E. 2005. The dimensions and antecedents of team virtuality [J]. Journal of Management, 31 (5): 700 – 718.

[242] KLITMØLLER A, SCHNEIDER S C, JONSEN K. 2015. Speaking of global virtual teams: language differences, social categorization and media choice [J]. Personnel Review, 44 (2): 270 – 285.

[243] KOESKE G F, KOESKE R D. 1993. A preliminary test of a stress – strain – outcome model for reconceptualizing the burnout phenomenon [J]. Journal of Social Service Research, 17 (3 – 4): 107 – 135.

[244] KONOVSKY M A, PUGH S D. 1994. Citizenship behavior and social exchange [J]. Academy of Management Journal, 37 (3): 656 – 669.

[245] KOPPMAN S, GUPTA A. 2014. Navigating the mutual knowledge problem: a comparative case study of distributed work [J]. Information Technology & People, 27 (1): 83 – 105.

[246] KORTE R F. 2009. How newcomers learn the social norms of an organization: a case study of the socialization of newly hired engineers [J]. Human Resource Development Quarterly, 20 (3): 285 – 306.

[247] KRAUSE N, STRYKER S. 1984. Stress and well – being: the buffering role of locus of control beliefs [J]. Social Science & Medicine, 18 (9): 783 – 790.

[248] KRISTOF A L. 1996. Person – organization fit: an integrative review of its conceptualizations, measurement, and implications [J]. Personnel Psychology, 49 (1): 1 – 49.

［249］KRISTOF - BROWN A L. 1996. Person - organization fit: an integrative review of its conceptualizations, measurement, and implications ［J］. Personnel Psychology, 49 (1): 1 - 49.

［250］KRUMM S, KANTHAK J, HARTMANN K, et al. 2016. What does it take to be a virtual team player?: the knowledge, skills, abilities, and other characteristics required in virtual teams ［J］. Human Performance, 29 (2): 123 - 142.

［251］KUCHARSKA W, KOWALCZYK R. 2016. Trust, collaborative culture and tacit knowledge sharing in project management: a relationship model ［C］ //Proceedings of the 13th International conference on Intellectual Capital, Knowledge Management & Organisational Learning: ICICKM 2016: 159 - 166.

［252］KUO Y, YANG T, HUANG G W. 2008. The use of grey relational analysis in solving multiple attribute decision - making problems ［J］. Computers & Industrial Engineering, 55 (1): 80 - 93.

［253］KUVAAS B, BUCH R, DYSVIK A. 2012. Perceived training intensity and knowledge sharing: sharing for intrinsic and prosocial reasons ［J］. Human Resource Management, 51 (2): 167 - 187.

［254］KWANGWOOK G, RAVICHANDRAN T. 2011. Accessing external knowledge: intention of knowledge exchange in virtual community of practice ［C］ //Proceeding of the 44th international conference on system sciences, Hawaii.

［255］KWOK J S H, GAO S. 2004. Knowledge sharing community in P2P network: a study of motivational perspective ［J］. Journal of Knowledge Management, 8 (1): 94 - 102.

［256］KWONG J Y Y, LEUNG K. 2002. A moderator of the interaction effect of procedural justice and outcome favorability: importance of the relationship ［J］. Organizational Behavior and Human Decision Processes, 87 (2): 278 - 299.

［257］LAMBE C J, WITTMANN C M, SPEKMAN R E. 2001. Social exchange theory and research on business - to - business relational exchange ［J］. Journal of Business - to - Business Marketing, 8 (3): 1 - 36.

［258］LAU D C, LIDEN R C. 2008. Antecedents of coworker trust: leaders' blessings ［J］. Journal of Applied Psychology, 93 (5): 1130 - 1138.

［259］LAVTAR R. 2013. Ways and side ways of using the information and communication technology (ICT) in knowledge sharing in organizations ［J］. Lex Localis, 11 (4): 871 - 882.

［260］LAWLER E J, THYE S R, YOON J. 2006. Commitment in structurally enabled and induced exchange relations ［J］. Social Psychology Quarterly, 69 (2): 183 - 200.

［261］LAWLER E J, THYE S R. 1999. Bringing emotions into social exchange theory ［J］. Annual Review of Sociology, 25 (1): 217 - 244.

［262］LAWLER E J. 2001. An affect theory of social exchange ［J］. American Journal of Sociology, 107 (2): 321 - 352.

［263］LAWLER E J. 2003. Interaction, emotion, and collective identities ［J］. Advances in Identity

Theory and Research, 135 – 149.

[264] LAZARUS R S, FOLKMAN S. 1984. Stress, appraisal, and coping [M]. New York：Springer Publishing Company.

[265] LEE P, GILLESPIE N, MANN L, et al. 2010. Leadership and trust：their effect on knowledge sharing and team performance [J]. Management Learning, 41 (4)：473 – 491.

[266] LEE S, KIM S L, YUN S. 2018. A moderated mediation model of the relationship between abusive supervision and knowledge sharing [J]. The Leadership Quarterly, 29 (3)：403 – 413.

[267] LEONARD – BARTON D. 1995. Wellsprings of knowledge：building and sustaining the source of innovation [M]. Boston：Harvard Business School Press.

[268] LESTER S W, MEGLINO B M, KORSGAARD M A. 2008. The role of other orientation in organizational citizenship behavior [J]. Journal of Organizational Behavior, 29：829 – 841.

[269] LEVIN D Z, CROSS R, ABRAMS L C, et al. 2002. Trust and knowledge sharing：a critical combination [J]. IBM Institute for Knowledge – Based Organizations, 19 (10)：1 – 11.

[270] LEVIN D Z, CROSS R. 2004. The strength of weak ties you can trust：the mediating role of trust in effective knowledge transfer [J]. Management Science, 50：1477 –1490.

[271] LI G, SHANG Y, LIU H, et al. 2014. Differentiated transformational leadership and knowledge sharing：a cross – level investigation [J]. European Management Journal, 32 (4)：554 – 563.

[272] LIANG J, FARH C I C, FARH J L. 2012. Psychological antecedents of promotive and prohibitive voice：a two – wave examination [J]. Academy of Management Journal, 55 (1)：71 – 92.

[273] LIAO L F. 2008. Knowledge – sharing in R&D departments：a social power and social exchange theory perspective [J]. The International Journal of Human Resource Management, 19 (10)：1881 – 1895.

[274] LIM J S, CHOE M J, ZHANG J, et al. 2020. The role of wishful identification, emotional engagement, and parasocial relationships in repeated viewing of live – streaming games：a social cognitive theory perspective [J]. Computers in Human Behavior, 108：106327.

[275] LIM P K, KOAY K Y, CHONG W Y. 2021. The effects of abusive supervision, emotional exhaustion and organizational commitment on cyberloafing：a moderated – mediation examination [J]. Internet Research, 31 (2)：497 – 518.

[276] LIN C P. 2007. To share or not to share：modeling tacit knowledge sharing, its mediators and antecedents [J]. Journal of Business Ethics, 70 (4)：411 – 428.

[277] LIN F, LIN S, HUANG T. 2008. Knowledge sharing and creation in a teachers' professional virtual community [J]. Computers & Education, 50 (3)：742 – 756.

[278] LIN H F, LEE G G. 2004. Perceptions of senior managers toward knowledge sharing behavior [J]. Management Decision, 42 (1)：108 – 125.

[279] LIN H F. 2007. Effects of extrinsic and intrinsic motivation on employee knowledge sharing inten-

tions ［J］. Journal of Information Science, 33 (2): 135 - 149.

［280］LIN M J J, HUNG S W, CHEN C J. 2009. Fostering the determinants of knowledge sharing in professional virtual communities ［J］. Computers in Human Behavior, 25 (4): 929 - 939.

［281］LIN M, ZHANG X, NG B C S, et al. 2020. To empower or not to empower?: multilevel effects of empowering leadership on knowledge hiding ［J］. International Journal of Hospitality Management, 89: 102540.

［282］LIN S W, LO L Y S. 2015. Mechanisms to motivate knowledge sharing: integrating the reward systems and social network perspectives ［J］. Journal of Knowledge Management, 19 (2): 212 - 235.

［283］LIN Y, YANG M, QUADE M J, et al. 2022. Is the bottom line reached?: an exploration of supervisor bottom - line mentality, team performance avoidance goal orientation and team performance ［J］. Human Relations, 75 (2): 349 - 372.

［284］LIND E A. 2001. Fairness heuristic theory: justice judgments as pivotal cognitions in organizational relations ［G］ //GREENBERG J, CROPANZANO R, Advances in organizational justice. Stanford: Stanford University Press: 56 - 88.

［285］LIU H, LI G. 2018. Linking transformational leadership and knowledge sharing: the mediating roles of perceived team goal commitment and perceived team identification ［J］. Frontiers in Psychology, 9: 1331.

［286］LIU Y, KELLER R T, SHIH H A, et al. 2011. The impact of team - member exchange, differentiation, team commitment, and knowledge sharing on R & D project team performance ［J］. R & D Management, 41 (3): 274 - 287.

［287］LOCKWOOD J. 2015. Virtual team management: what is causing communication breakdown? ［J］. Language and Intercultural Communication, 15 (1): 125 - 140.

［288］LOVE M S, FORRET M. 2008. Exchange relationships at work: an examination of the relationship between team - member exchange and supervisor reports of organizational citizenship behavior ［J］. Journal of Leadership & Organizational Studies, 14 (4): 342 - 352.

［289］LUI S S, NGO H Y, HON A H Y. 2006. Coercive strategy in interfirm cooperation: mediating roles of interpersonal and interorganizational trust ［J］. Journal of Business Research, 59 (4): 466 - 474.

［290］LUO H. 2009. Determinants of knowledge sharing in university academic team ［C］. Paper presented at the 2009 second international symposium on knowledge acquisition and modeling. Huazhong, China.

［291］LYU Y, ZHOU X, LI W, et al. 2016. The impact of abusive supervision on service employees' proactive customer service performance in the hotel industry ［J］. International Journal of Contemporary Hospitality Management, 28 (9): 1992 - 2012.

［292］MADUKA N S, EDWARDS H, GREENWOOD D, et al. 2018. Analysis of competencies for effective virtual team leadership in building successful organizations [J]. Benchmarking：An International Journal，25（2）：696 - 712.

[293] MAEL F, ASHFORTH B E. 1992. Alumni and their alma mater：a partial test of the reformulated model of organizational identification [J]. Journal of organizational Behavior, 13（2）：103 - 123.

[294] MALINOWSKI B. 1922. Ethnology and the Study of Society [J]. Economica, （6）：208 - 219.

[295] MANNHEIM K. 1970. The sociological problem of generations [J]. Psychoanalytic Review, 57 （3）：378 - 404.

[296] MAROUF L, ALRIKABI I. 2015. Knowledge sharing and personality traits [J]. Journal of the Social Sciences, 43（4）：10 - 34.

[297] MASLACH C, JACKSON S E. 1981. The measurement of experienced burnout [J]. Journal of Organizational Behavior, 2（2）：99 - 113.

[298] MASLACH C, LEITER M P. 2008. Early predictors of job burnout and engagement [J]. Journal of Applied Psychology, 93（3）：498 - 512.

[299] MASLACH C, SCHAUFELI W B, LEITER M P. 2001. Job burnout [J]. Annual Review of Psychology, 52（1）：397 - 422.

[300] MATZLER K, RENZL B, MÜLLER J, et al. 2008. Personality traits and knowledge sharing [J]. Journal of Economic Psychology, 29（3）：301 - 313.

[301] MAY D R, GILSON R L, HARTER L M. 2004. The Psychological conditions of meaningfulness, safety and availability and the engagement of the human spirit at work [J]. Journal of Occupational and Organizational Psychology, 77（1）：11 - 37.

[302] MAYER R C, DAVIS J H, SCHOORMANN F D. 1995. An integrative model of organizational trust [J]. Academy of Management Review, 20：709 - 734.

[303] MCCAULEY D P, KUHNERT K W. 1992. A theoretical review and empirical investigation of employee trust in management [J]. Public Administration Quarterly, 16：265 - 285.

[304] MCDERMOTT R, O'DELL C. 2001. Overcoming cultural barriers to sharing knowledge [J]. Journal of Knowledge Management, 5（1）：76 - 85.

[305] MCDERMOTT R. 1999. Learning across teams [J]. Knowledge Management Review, 8（3）：32 - 36.

[306] MCEACHAN R R C, CONNER M, TAYLOR N J, et al. 2011. Prospective prediction of health - related behaviours with the theory of planned behavior：a meta - analysis [J]. Health Psychology Review, 5（2）：97 - 144.

[307] MCINERNEY C R, MOHR S. 2007. Trust and knowledge sharing in organizations：theory and practice [J]. Rethinking Knowledge Management：From Knowledge Objects to Knowledge Processes：65 - 86.

[308] MCKNIGHT D H, CHERVANY N L. 2002. What trust means in ecommerce customer relation-

ships: an interdisciplinary conceptual typology [J]. International Journal of Electronic Commerce, 6: 35 – 59.

[309] MEN C, FONG P S W, HUO W, et al. 2020. Ethical leadership and knowledge hiding: a moderated mediation model of psychological safety and mastery climate [J]. Journal of Business Ethics, 166: 461 – 472.

[310] MENON S T. 1995. Employee Empowerment: definition, measurement and construct validation [M]. Montreal, Q C: McGill University.

[311] MESDAGHINIA S, RAWAT A, NADAVULAKERE S. 2019. Why moral followers quit: examining the role of leader bottom – line mentality and unethical pro – leader behavior [J]. Journal of Business Ethics, 159: 491 – 505.

[312] MESMER – MAGNUS J R, DECHURCH L A, JIMENEZ – RODRIGUEZ M, et al. 2011. A meta – analytic investigation of virtuality and information sharing in teams [J]. Organizational Behavior and Human Decision Processes, 115 (2): 214 – 225.

[313] MEYER J P, ALLEN N J. 1991. A three – component conceptualization of organizational commitment [J]. Human Resource Management Review, 1 (1): 61 – 89.

[314] MINTON E, LEE C, ORTH U, et al. 2012. Sustainable marketing and social media: a cross – country analysis of motives for sustainable behaviors [J]. Journal of Advertising, 41 (4): 69 – 84.

[315] MORGAN L, PAUCAR – CACERES A, WRIGHT G. 2014. Leading effective global virtual teams: the consequences of methods of communication [J]. Systemic Practice and Action Research, 27: 607 – 624.

[316] MORRIS M G, VENKATESH V. 2010. Job characteristics and job satisfaction: understanding the role of enterprise resource planning system implementation [J]. MIS Quarterly, 34 (1): 143 – 161.

[317] MOWDAY R T, STEERS R M, PORTER L W. 1979. The measurement of organizational commitment [J]. Journal of Vocational Behavior, 14 (2): 224 – 247.

[318] MOYNIHAN D P. 2008. The dynamics of performance management: constructing information and reform [M]. Washington: Georgetown University Press.

[319] MUCHINSKY P M, MONAHAN C J. 1987. What is person – environment congruence?: supplementary versus complementary models of fit [J]. Journal of Vocational Behavior, 31 (3): 268 – 277.

[320] MUELLER J. 2014. A specific knowledge culture: cultural antecedents for knowledge sharing between project teams [J]. European Management Journal, 32 (2): 190 – 202.

[321] MURNAGHAN D A, BLANCHARD C, RODGERS W, et al. 2009. The influence of student – level normative, control and behavioral beliefs on staying smoke – free: an application of Ajzen's theory of planned behavior [J]. Addiction Research & Theory, 17 (5): 469 – 480.

[322] NEELEY T B. 2013. Language matters: Status loss and achieved status distinctions in global organizations [J]. Organization Science, 24 (2): 476 – 497.

[323] NEELY A. 1998. Measuring business performance [M]. London: Economist Books.

[324] NERSTAD C G L, ROBERTS G C, RICHARDSEN A M. 2013. Achieving success at work: development and validation of the Motivational Climate at Work Questionnaire (MCWQ) [J]. Journal of Applied Social Psychology, 43 (11): 2231 – 2250.

[325] NG T W H, FELDMAN D C. 2013. Age and innovation – related behavior: the joint moderating effects of supervisor undermining and proactive personality [J]. Journal of Organizational Behavior, 34 (5): 583 – 606.

[326] NG T W, SORENSEN K L, EBY L T. 2006. Locus of control at work: a meta – analysis [J]. Journal of Organizational Behavior, 27 (8): 1057 – 1087.

[327] NICHANI M, HUNG D. 2002. Can a community of practice exist online? [J]. Educational Technology, 42: 49 – 54.

[328] NIELSEN K, RANDALL R, YARKER J, et al. 2008. The effects of transformational leadership on followers' perceived work characteristics and psychological well – being: a longitudinal study [J]. Work & Stress, 22 (1): 16 – 32.

[329] NORMAN P, CLARK T, WALKER G. 2005. The theory of planned behavior, descriptive norms, and the moderating role of group identification [J]. Journal of Applied Social Psychology, 35 (5): 1008 – 1029.

[330] NUNAMAKER JR J F, REINIG B A, BRIGGS R O. 2009. Principles for effective virtual teamwork [J]. Communications of the ACM, 52 (4): 113 – 117.

[331] NYSTRÖM M, ANDERSSON R, HOLMQVIST K, et al. 2013. The influence of calibration method and eye physiology on eyetracking data quality [J]. Behavior Research Methods, 45: 272 – 288.

[332] OH S. 2012. The characteristics and motivations of health answerers for sharing information, knowledge, and experiences in online environments [J]. Journal of the American Society for Information Science and Technology, 63 (3): 543 – 557.

[333] OLAN F, ARAKPOGUN E O, SUKLAN J, et al. 2022. Artificial intelligence and knowledge sharing: contributing factors to organizational performance [J]. Journal of Business Research, 145: 605 – 615.

[334] OLANIRAN O J. 2017. Barriers to tacit knowledge sharing in geographically dispersed project teams in oil and gas projects [J]. Project Management Journal, 48 (3): 41 – 57.

[335] OLEKALNS M, SMITH P L. 2009. Mutually dependent: power, trust, affect and the use of deception in negotiation [J]. Journal of Business Ethics, 85: 347 – 365.

[336] OLSON J D, APPUNN F A, MCALLISTER C A, et al. 2014. Webcams and virtual teams: an impact model [J]. Team Performance Management, 20 (3/4): 148 – 177.

[337] ORGAN D W, RYAN K. 1995. A meta – analytic review of attitudinal and dispositional predic-

tors of organizational citizenship behavior [J]. Personnel Psychology, 48 (4): 775-802.

[338] ORGAN D W. 1998. Organizational citizenship behavior: the good soldier syndrome [M]. Lexington: Lexington Books.

[339] ORLIKOWSKI W J. 1993. Learning from notes: organizational issues in groupware implementation [J]. Information Society, 9 (3): 237-251.

[340] OZER M, VOGEL D. 2015. Contextualized relationship between knowledge sharing and performance in software development [J]. Journal of Management Information Systems, 32 (2): 134-161.

[341] O'DELL C, GRAYSON C J. 1998. If only we knew what we know: identification and transfer of internal best practices [J]. California Management Review, 40 (3): 154-174.

[342] O'DRISCOLL M P, RANDALL D M. 1999. Perceived organizational support, satisfaction with rewards, and employee job involvement and organizational commitment [J]. Applied Psychology, 48 (2): 197-209.

[343] O'REILLY Ⅲ C A, CHATMAN J, CALDWELL D F. 1991. People and organizational culture: a profile comparison approach to assessing person-organization fit [J]. The Academy of Management Journal, 34 (3): 487-516.

[344] O'REILLY Ⅲ C A, CHATMAN J. 1986. Organizational commitment and psychological attachment: the effects of compliance, identification and internalization on Prosocial Behavior [J]. Journal of Applied Psychology, 71: 492-499.

[345] PAI J C. 2006. An empirical study of the relationship between knowledge sharing and IS/IT strategic planning (ISSP) [J]. Management Decision, 44 (1): 105-122.

[346] PALMER C T. 1991. Kin-selection, reciprocal altruism, and information sharing among Mainelobstermen [J]. Ethology & Sociobiology, 12 (3): 221-235.

[347] PANGIL F, MOI CHAN J. 2014. The mediating effect of knowledge sharing on the relationship between trust and virtual team effectiveness [J]. Journal of Knowledge Management, 18 (1): 92-106.

[348] PARAMKUSHAM R B, GORDON J. 2013. Inhibiting factors for knowledge transfer in information technology projects [J]. Journal of Global Business & Technology, 9 (2): 91-106.

[349] PAULSEN M F. 1995. Moderating educational computer conferences [G] //Berge Z L, Collins M P, Computer-mediated communication and the on-line classroom in distance education. Cresskill: Hampton Press.

[350] PEE L G, LEE J. 2015. Intrinsically motivating employees' online knowledge sharing: understanding the effects of job design [J]. International Journal of Information Management, 35 (6): 679-690.

[351] PEE L G, MIN J. 2017. Employees' online knowledge sharing: the effects of person-environment fit [J]. Journal of Knowledge Management, 21 (2): 432-453.

[352] PENG H. 2012. Counterproductive work behavior among Chinese knowledge workers [J]. International Journal of Selection and Assessment, 20 (2): 119 – 138.

[353] PENG H. 2013. Why and when do people hide knowledge? [J]. Journal of knowledge management, 17 (3): 398 – 415.

[354] PI S M, CHOU C H, LIAO H L. 2013. A study of Facebook Groups members' knowledge sharing [J]. Computers in Human Behavior, 29 (5): 1971 – 1979.

[355] PILLAI R, WILLIAMS E S, TAN J J. 2001. Are the scales tipped in favor of procedural or distributive justice?: an investigation of the U. S., India, Germany, and Hong Kong (China) [J]. International Journal of Conflict Management, 12: 312 – 332.

[356] PINJANI P, PALVIA P. 2013. Trust and knowledge sharing in diverse global virtual teams [J]. Information & Management, 50 (4): 144 – 153.

[357] PODSAKOFF P M, MACKENZIE S B, LEE J Y, et al. 2003. Common method biases in behavioral research: a critical review of the literature and recommended remedies [J]. Journal of applied psychology, 88 (5): 879 – 903.

[358] PODSAKOFF P M, MACKENZIE S B, MOORMAN R H, et al. 1990. Transformational leader behaviors and their effects on followers' trust in leader, satisfaction, and organizational citizenship behaviors [J]. Leadership Quarterly, 1 (2): 107 – 142.

[359] PRADHAN S, JENA L K. 2016. The moderating role of neutralizers on the relationship between abusive supervision and intention to quit: a proposed model [J]. Journal of Human Values, 22 (3): 238 – 248.

[360] PRADHAN S, JENA L K. 2018. Abusive supervision and job outcomes: a moderated mediation study [C] //Evidence – based HRM: A Global Forum for Empirical Scholarship. Emerald Publishing Limited.

[361] PRADHAN S, SRIVASTAVA A, MISHRA D K. 2019. Abusive supervision and knowledge hiding: the mediating role of psychological contract violation and supervisor directed aggression [J]. Journal of Knowledge Management, 24 (2): 216 – 234.

[362] PREACHER K J, HAYES A F. 2008. Asymptotic and resampling strategies for assessing and comparing indirect effects in multiple mediator models [J]. Behavior Research Methods, 40 (3): 879 – 891.

[363] PREACHER K J, RUCKER D D, HAYES A F. 2007. Addressing moderated mediation hypotheses: theory, methods, and prescriptions [J]. Multivariate Behavioral Research, 42 (1): 185 – 227.

[364] PRUSAK L. 2001. Where did knowledge management come from? [J]. IBM systems journal, 40 (4): 1002 – 1007.

[365] QUIGLEY N R, TESLUK P E, LOCKE E A, et al. 2007. A multilevel investigation of the moti-

vational mechanisms underlying knowledge sharing and performance [J]. Organization science, 18 (1): 71 - 88.

[366] RADAELLI G, LETTIERI E, MURA M, et al. 2014. Knowledge sharing and innovative work behaviour in healthcare: a micro - level investigation of direct and indirect effects [J]. Creativity and Innovation Management, 23 (4): 400 - 414.

[367] RAHMAN M H, MOONESAR I A, HOSSAIN M M, et al. 2018. Influence of organizational culture on knowledge transfer: evidence from the Government of Dubai [J]. Journal of Public Affairs, 18 (1): 1 - 13.

[368] RECHBERG I, SYED J. 2013. Ethical issues in knowledge management: conflict of knowledge ownership [J]. Journal of Knowledge Management, 17 (6): 828 - 847.

[369] REICHENPFADER U, CARLFJORD S, NILSEN P. 2015. Leadership in evidence - based practice: a systematic review [J]. Leadership in Health Services, 28 (4): 1 -19.

[370] RENTSCH J R, DELISE L A, MELLO A L, et al. 2014. The integrative team knowledge building training strategy in distributed problem - solving teams [J]. Small Group Research, 45 (5): 568 - 591.

[371] REUS T H, LIU Y. 2004. Rhyme and reason: emotional capability and the performance of knowledge - intensive work groups [J]. Human Performance, 17 (2): 245 - 266.

[372] REYCHAV I, STEIN E W, WEISBERG J, et al. 2012. The role of knowledge sharing in raising the task innovativeness of systems analysts [J]. International Journal of Knowledge Management, 8 (2): 1 - 22.

[373] REYCHAV I, WEISBERG J. 2009. Good for workers, good for companies: how knowledge sharing benefits individual employees [J]. Knowledge and Process Management, 16 (4): 186 - 197.

[374] REYCHAV I. 2011. Antecedents to acquisition of knowledge in trade shows [J]. Knowledge and Process Management, 18 (4): 230 - 240.

[375] RHOADES L, EISENBERGER R, ARMELI S. 2001. Affective commitment to the organization: the contribution of perceived organizational support [J]. Journal of Applied Psychology, 86 (5): 825 - 836.

[376] RIDINGS C M, GEFEN D, ARINZE B. 2002. Some antecedents and effects of trust in virtual communities [J]. The Journal of Strategic Information Systems, 11 (3 - 4): 271 - 295.

[377] RIVIS A, SHEERAN P. 2003. Social influences and the theory of planned behavior: evidence for a direct relationship between prototypes and young people's exercise behavior [J]. Psychology and Health, 18 (5): 567 - 583.

[378] ROBINSON N G, MASSER B M, WHITE K M, et al. 2008. Predicting intentions to donate blood among nondonors in Australia: an extended theory of planned behavior [J]. Transfusion, 48 (12): 2559 - 2567.

[379] ROTTER J B. 1966. Generalized expectancies for internal versus external control of reinforcement [J]. Psychological Monographs: General and Applied, 80 (1): 1 - 28.

[380] ROUSSEAU V, SALEK S, AUBÉC, et al. 2009. Distributive justice, procedural justice, and psychological distress: the moderating effect of coworker support and work autonomy [J]. Journal of Occupational Health Psychology, 14 (3): 305 - 317.

[381] RUPPEL C P, GONG B, TWOROGER L C. 2013. Using communication choices as a boundary - management strategy: how choices of communication media affect the work -life balance of tele-workers in a global virtual team [J]. Journal of Business and Technical Communication, 27 (4): 436 - 471.

[382] RUTTER M, SROUFE L A. 2000. Developmental psychopathology: concepts and challenges [J]. Development and Psychopathology, 12 (3): 265 - 296.

[383] RW3 CultureWizard. Trends in global virtual teams report [EB/OL]. (2016 - 07 - 23) [2022 - 10 - 13]. http: //info. rw - 3. com/virtual - teams - survey - 0.

[384] RYE J K. 2003. Predicting Ghanaian pre - service teachers' intention to teach high - risk sexual behavior prevention from teaching efficacy and prevention approach [M]. University of Northern Iowa.

[385] SALANCIK G R, PFEFFER J. 1978. A social information processing approach to job attitudes and task design [J]. Administrative Science Quarterly: 224 - 253.

[386] SCHAEFER D R. 2009. Resource variation and the development of cohesion in exchange networks [J]. American Sociological Review, 74 (4): 551 - 572.

[387] SCHAEFER D R. 2011. Resource characteristics in social exchange networks: implications for positional advantage [J]. Social Networks, 33 (2): 143 - 151.

[388] SCHAT A C H, KELLOWAY E K. 2005. Workplace aggression [M] //BARLING J, KELLO-WAY E K, FRONE M, et al. Handbook of Work stress, Thousand Oaks Sage: 189 - 218.

[389] SCHAUBROECK J M, SHEN Y, CHONG S. 2017. A dual - stage moderated mediation model linking authoritarian leadership to follower outcomes [J]. Journal of Applied Psychology, 102 (2): 203.

[390] SCHILLER S Z, MENNECKE B E, NAH F F H, et al. 2014. Institutional boundaries and trust of virtual teams in collaborative design: an experimental study in a virtual world environment [J]. Computers in Human Behavior, 35: 565 - 577.

[391] SCHMIDT J B, MONTOYA - WEISS M M, MASSEY A P. 2001. New product development de-cision - making effectiveness: comparing individuals, face - to - face teams, and virtual teams [J]. Decision Sciences, 32 (4): 575 - 600.

[392] SCOTT C P R, JIANG H, WILDMAN J L, et al. 2018. The impact of implicit collective leader-ship theories on the emergence and effectiveness of leadership networks in teams [J]. Human Re-source Management Review, 28 (4): 464 - 481.

[393] SEERS A. 1989. Team‐member exchange quality: a new construct for role‐making research [J]. Organizational Behavior and Human Decision Processes, 43 (1): 118‐135.

[394] SERENKO A, BONTIS N. 2016. Negotiate, reciprocate, or cooperate?: the impact of exchange modes on inter‐employee knowledge sharing [J]. Journal of Knowledge Management, 20 (4): 687‐712.

[395] SETTOON R P, MOSSHOLDER K W. 2002. Relationship quality and relationship context as antecedents of person‐and task‐focused interpersonal citizenship behavior [J]. Journal of Applied Psychology, 87 (2): 255‐267.

[396] SHAFFER J A, POSTLETHWAITE B E. 2013. The validity of conscientiousness for predicting job performance: a meta‐analytic test of two hypotheses [J]. International Journal of Selection and Assessment, 21 (2): 183‐199.

[397] SHARIFKHANI M, POOL J K, ASIAN S. 2016. The impact of leader‐member exchange on knowledge sharing and performance: an empirical investigation in the oil and gas industry [J]. Journal of Science and Technology Policy Management, 7 (3): 289‐305.

[398] SHAW J D, GUPTA N. 2004. Job complexity, performance, and well‐being: when does supplies‐values fit matter? [J]. Personnel Psychology, 57 (4): 847‐887.

[399] SIEBDRAT F, HOEGL M, ERNST H. 2014. Subjective distance and team collaboration in distributed teams [J]. Journal of Product Innovation Management, 31 (4): 765‐779.

[400] SINGH B, SELVARAJAN T T, SOLANSKY S T. 2019. Coworker influence on employee performance: a conservation of resources perspective [J]. Journal of Managerial Psychology, 34 (8): 587‐600.

[401] SNYDER J L, LEE‐PARTRIDGE J E. 2013. Understanding communication channel choices in team knowledge sharing [J]. Corporate Communications: An International Journal, 18 (4): 417‐431.

[402] SONG C, PARK K R, KANG S W. 2015. Servant leadership and team performance: the mediating role of knowledge‐sharing climate [J]. Social Behavior and Personality: an international journal, 43 (10): 1749‐1760.

[403] SPECTOR P E. 1988. Development of the work locus of control scale [J]. Journal of Occupational Psychology, 61 (4): 335‐340.

[404] STAPLES D S, WEBSTER J. 2008. Exploring the effects of trust, task interdependence and virtualness on knowledge sharing in teams [J]. Information Systems Journal, 18 (6): 617‐640.

[405] SU T, WANG Z, LEI X, et al. 2015. Interaction between Chinese employees' traditionality and leader‐member exchange in relation to knowledge‐sharing behaviors [J]. Social Behavior and Personality: An International Journal, 41 (7): 1071‐1081.

[406] SUSSKIND A M, KACMAR K M, BORCHGREVINK C P. 2003. Customer service providers' at-

titudes relating to customer service and customer satisfaction in the customer－server exchange ［J］. Journal of Applied Psychology, 88 (1): 179－187.

［407］SZULANSKI G, CAPPETTA R, JENSEN R J. 2004. When and how trustworthiness matters: knowledge transfer and the moderating effect of causal ambiguity ［J］. Organization Science, 15: 600－613.

［408］SZULANSKI G. The process of knowledge transfer: a diachronic analysis of stickiness ［J］. Organizational behavior and human decision processes, 2000, 82 (1): 9－27.

［409］TALAIFAR S, SWANN JR W B. 2011. Self－verification theory ［J］. Handbook of Theories of Social Psychology, 2: 23－42.

［410］TAN H H, LIM A K H. 2009. Trust in coworkers and trust in organizations ［J］. the Journal of Psychology, 143 (1): 45－66.

［411］TEH P L, YONG C, CHONG C W, et al. 2011. Do the big five personality factors affect knowledge sharing behaviour?: a study of malaysian univeristies ［J］. Malaysian Journal of Library & Information Science, 16 (1): 47－62.

［412］TENZER H, PUDELKO M. 2015. Leading across language barriers: managing language－induced emotions in multinational teams ［J］. The Leadership Quarterly, 26 (4): 606－625.

［413］TEPPER B J. 2000. Consequences of abusive supervision ［J］. Academy of Management Journal, 43: 178－190.

［414］TEPPER B J. 2007. Abusive supervision in work organizations: review, synthesis, and research agenda ［J］. Journal of Management, 33 (3): 261－289.

［415］TERBORG J R. 1981. Interactional psychology and research on human behavior in organizations ［J］. Academy of Management Review, 6 (4): 569－576.

［416］THOMAS J B, PETERS C, TOLSON H. 2007. An exploratory investigation of the virtual community MySpace. com: what are consumers saying about fashion? ［J］. Journal of Fashion Marketing and Management: An International Journal, 11 (4): 587－603.

［417］THYE S R, LAWLER E J, YOON J. 2011. The emergence of embedded relations and group formation in networks of competition ［J］. Social Psychology Quarterly, 74 (4): 387－413.

［418］TSAI W. 2002. Social structure of "coopetition" within a multiunit organization: coordination, competition, and intraorganizational knowledge sharing ［J］. Organization Science, 13 (2): 179－190.

［419］TSE H H M, DASBOROUGH M T. 2008 A study of exchange and emotions in team member relationships ［J］. Group & Organization Management, 33 (2): 194－215.

［420］TUOMI T, REIJULA K, JOHNSSON T, et al. 2000. Mycotoxins in crude building materials from water－damaged buildings ［J］. Applied and Environmental Microbiology, 66 (5): 1899－1904.

［421］TUREL O, SERENKO A. 2012. The benefits and dangers of enjoyment with social networking websites [J]. European Journal of Information Systems, 21: 512 - 528.

[422] VAN DEN BOS K, LIND E A. 2002. Uncertainty management by means of fairness judgments [M] //ZANNA M P. Advances in experimental social psychology, San Diego: Academic Press.

[423] VAN DEN HOOFF B, DE RIDDER J A. 2004. Knowledge sharing in context: the influence of organizational commitment, communication climate and CMC use on knowledge sharing [J]. Journal of Knowledge Management, 8 (6): 117 - 130.

[424] VAN DICK R, GROJEAN M W, CHRIST O, et al. 2006. Identity and the extra mile: relationships between organizational identification and organizational citizenship behaviour [J]. British Journal of Management, 17 (4): 283 - 301.

[425] VERBURG R M, BOSCH - SIJTSEMA P, VARTIAINEN M. 2013. Getting it done: critical success factors for project managers in virtual work settings [J]. International Journal of Project Management, 31 (1): 68 - 79.

[426] VIGODA E. 2002. Stress - related aftermaths to workplace politics: the relationships among politics, job distress, and aggressive behavior in organizations [J]. Journal of Organizational Behavior: The International Journal of Industrial, Occupational and Organizational Psychology and Behavior, 23 (5): 571 - 591.

[427] VROOM V H. 1964. Work and motivation [M]. New York: John Wiley.

[428] WADSWORTH M B, BLANCHARD A L. 2015. Influence tactics in virtual teams [J]. Computers in Human Behavior, 44: 386 - 393.

[429] WALUMBWA F O, AVOLIO B J, GARDNER W L, et al. 2008. Authentic leadership: development and validation of a theory - based measure [J]. Journal of Management, 34 (1): 89 - 126.

[430] WANG C, FENG J, LI X. 2021. Allies or rivals: how abusive supervision influences subordinates' knowledge hiding from colleagues [J]. Management Decision, 59 (12): 2827 - 2847.

[431] WANG J, GWEBU K, SHANKER M, et al. 2009. An application of agent - based simulation to knowledge sharing [J]. Decision Support Systems, 46 (2): 532 - 541.

[432] WANG S, NOE R A. 2010. Knowledge sharing: a review and directions for future research [J]. Human Resource Management Review, 20: 115 - 131.

[433] WARKENTIN M E, SAYEED L, HIGHTOWER R. 1997. Virtual teams versus face - to - face teams: an exploratory study of a web - based conference system [J]. Decision Sciences, 28 (4): 975 - 996.

[434] WASKO M M, FARAJ S. 2000. "It is what one does": why people participate and help others in electronic communities of practice [J]. Journal of Strategic Information Systems, 9: 155 - 173.

[435] WASKO M M, FARAJ S. 2005. Why should I share?: examining social capital and knowledge contribution in electronic networks of practice [J]. MIS Quarterly, 29: 35 - 57.

[436] WATKINS P C, UHDER J, PICHINEVSKIY S. 2015. Grateful recounting enhances subjective

well‐being: the importance of grateful processing [J]. The Journal of Positive Psychology, 10 (2): 91‐98.

[437] WATSON D, CLARK L A, TELLEGEN A. 1988. Development and validation of brief measures of positive and negative affect: the PANAS scales [J]. Journal of Personality and Social Psychology, 54 (6): 1063‐1070.

[438] WEICK K E. 1995. Sensemaking in organizations [M]. Thousand Oaks: Sage Publication.

[439] WENGER E C, SNYDER W M. 2000. Communities of practice: the organizational frontier [J]. Harvard business review, 78 (1): 139‐46.

[440] WENGER E, MCDERMONT R, SNYDER W M. 2002. Cultivating communities of Practice [M]. Boston: Harvard Business School Press.

[441] WIELKIE R K. 2008. Leadership behaviors of virtual team leaders: a phenomenological study [D]. University of Phoenix.

[442] WIEWIORA A, MURPHY G, TRIGUNARSYAH B, et al. 2014. Interactions between organizational culture, trustworthiness, and mechanisms for inter‐project knowledge sharing [J]. Project Management Journal, 45 (2): 48‐65.

[443] WILLIAMS L J, ANDERSON S E. 1991. Job satisfaction and organizational commitment as predictors of organizational citizenship and in‐role behaviors [J]. Journal of Management, 17: 601‐617.

[444] WU W L, LIN C H, HSU B F, et al. 2009. Interpersonal trust and knowledge sharing: moderating effects of individual altruism and a social interaction environment [J]. Social Behavior and Personality: An International Journal, 37 (1): 83‐93.

[445] XIAO M, COOKE F L. 2019. Why and when knowledge hiding in the workplace is harmful: a review of the literature and directions for future research in the Chinese context [J]. Asia Pacific Journal of Human Resources, 57 (4): 470‐502.

[446] XIAO M, COOKE F L. 2019. Why and when knowledge hiding in the workplace is harmful: a review of the literature and directions for future research in the Chinese context [J]. Asia Pacific Journal of Human Resources, 57 (4): 470‐502.

[447] XIE J L, JOHNS G. 1995. Job scope and stress: can job scope be too high? [J]. Academy of Management Journal, 38 (5): 1288‐1309.

[448] XIE J L, JOHNS G. 1995. Job scope and stress: can job scope be too high? [J]. Academy of Management Journal, 38 (5): 1288‐1309.

[449] XIE X, XIONG Y, YU P S, et al. 2019. Ehr coding with multi‐scale feature attention and structured knowledge graph propagation [C] //Proceedings of the 28th ACM international conference on information and knowledge management: 649‐658.

[450] XUE Y J, BRADLEY J, LIANG H J. 2011. Team climate, empowering leadership, and knowledge sharing [J]. Journal of Knowledge Management, 15: 299‐312.

[451] Xue Y, Bradley J, Liang H. 2011. Team climate, empowering leadership, and knowledge sharing [J]. Journal of Knowledge Management, 15: 299 - 312.

[452] YI Y, GONG T. 2008. The effects of customer justice perception and affect on customer citizenship behavior and customer dysfunctional behavior [J]. Industrial Marketing Management, 37 (7): 767 - 783.

[453] YOON J, LAWLER E J. 2006. Relational cohesion model of organizational commitment [J]. Relational Perspectives in Organizational Studies: 138 - 162.

[454] YU C, FRENKEL S J. 2013. Explaining task performance and creativity from perceived organizational support theory: which mechanisms are more important? [J]. Journal of Organizational Behavior, 34 (8): 1165 - 1181.

[455] YU X, OWENS D, KHAZANCHI D. 2012. Building socioemotional environments in metaverses for virtual teams in healthcare: a conceptual exploration [C]. International Conference on Health Information Science. Springer, Berlin, Heidelberg: 4 - 12.

[456] YUAN M, KHAN I R, FARBIZ F, et al. 2013. A mixed reality virtual clothes try - on system [J]. IEEE Transactions on Multimedia, 15 (8): 1958 - 1968.

[457] ZACK M H. 1999. Managing codified knowledge [J]. Sloan Management Review, 40 (4): 45 - 58.

[458] [459] ZAKARIA N, AMELINCKX A, WILEMON D. 2004. Working together apart?: building aknowledge - sharing culture for global virtual teams [J]. Creativity and Innovation Management, 13 (1): 15 - 29.

[459] ZHAI X, WANG M, CHEN N S, et al. 2021. The secret thoughts of social network sites users: a scale for the measurement of online knowledge - hiding in a knowledge exchange (KE) context [J]. Interactive Learning Environments: 1 - 15.

[460] ZHANG Y, HUANG Q, CHEN H, et al. 2021. The mixed blessing of supervisor bottom - line mentality: examining the moderating role of gender [J]. Leadership & Organization Development Journal, 42 (8): 1153 - 1167.

[461] ZHANG Z, JIA M. 2010. Using social exchange theory to predict the effects of high - performance human resource practices on Corporate Entrepreneurship: evidence from China [J]. Human Resource Management, 49 (4): 743 - 765.

[462] ZHANG Z, JIA M. 2010. Using social exchange theory to predict the effects of high - performance human resource practices on Corporate Entrepreneurship: evidence from China [J]. Human Resource Management, 49 (4): 743 - 765.

[463] ZHAO H, WAYNE S J, GLIBKOWSKI B C, et al. 2007. J. The impact of psychological contract breach on work - related outcomes: a meta - analysis [J]. Personnel Psychology, 60 (3): 647 - 680.

[464] ZHOU M. 2015. Moderating effect of self-determination in the relationship between Big Five personality and academic performance [J]. Personality and Individual Differences, 86: 385-389.

[465] ZHU Y, CHEN T, WANG M, et al. 2019. Rivals or allies: how performance-prove goal orientation influences knowledge hiding [J]. Journal of Organizational Behavior, 40 (7): 849-868.

[466] ZWEIG D, SCOTT K A, 2018. Exploring distrust, paranoia, knowledge hiding and abusive supervision over time [C] //Academy of Management Proceedings, (1): 10312.

[467] 阿肖克·贾夏帕拉. 2016. 知识管理：一种集成方法 [M]. 2 版. 安小米，译. 北京：中国人民大学出版.

[468] 彼得·F. 德鲁克，等. 1999. 知识管理 [M]. 杨开峰，译. 北京：中国人民大学出版社：1-15.

[469] 毕马威. 毕马威公司知识管理调查报告对比 [EB/OL]. (2015-03-27) [2022-10-13]. https://www.docin.com/p-1434380290.html.

[470] 丁蔚. 2000. 从信息管理到知识管理 [J]. 情报学报 (2): 124-129.

[471] 杜恒波，朱千林. 2020. 职场负面八卦对员工知识隐藏的影响机制研究 [J]. 科研管理，41 (3): 264-272.

[472] 樊耘，朱荣梅，张灿. 2001. 虚拟团队与传统团队的行为差异及其管理对策研究 [J]. 中国软科学 (12): 66-70.

[473] 顾大权，刘高飞. 2012. 对数据，信息，知识和智慧的研究与思考 [J]. 长春大学学报，22 (4): 399-401.

[474] 郝琦，金畅，魏扣. 2019. 虚拟团队成员知识分享行为影响机制：个人与环境交互视角 [J]. 科技进步与对策，36 (7): 138-144.

[475] 何培旭，王晓灵，裴雅娜. 2018. 组织公民行为对越轨行为的正向影响机理研究：道德许可效应视角下 [J]. 安徽行政学院学报，9 (6): 10-16.

[476] 柯平. 2007. 知识管理学 [M]. 北京：科学出版社.

[477] 李浩，吕鸳鸳. 2019. 防御定向、动机氛围对企业中知识隐藏的影响 [J]. 科研管理，40 (4): 245-255.

[478] 孟丁磊，王宇. 2007. 国内知识管理理论的发展 [J]. 现代情报 (8): 16-17, 21.

[479] 邱均平，段宇锋. 1999. 论知识管理与知识创新 [J]. 中国图书馆学报，(3): 5-11.

[480] 盛东方，孙建军. 国外虚拟社区环境下知识分享行为影响因素研究综述 [J]. 情报科学，2016, 34 (9): 166-172.

[481] 宋继杰. 2015. 陈康与柏拉图的知识论 [J]. 哲学动态，(9): 83-94.

[482] 王成军，谢婉赢. 2021. 组织动机氛围对员工知识隐藏行为的影响 [J]. 科技进步与对策，38 (21): 101-107.

[483] 王方华. 知识管理论 [M]. 太原：山西经济出版社，1999.

[484] 王娟茹，赵嵩正. 2007. 虚拟团队知识转移机理研究 [J]. 情报杂志，26 (5): 104-

105，108.

[485] 王重鸣，唐宁玉. 2006. 虚拟团队研究：回顾、分析和展望［J］. 科学学研究，24（1）：117－124.

[486] 肖丽洒. 2019 年我国远程办公市场规模近 229.4 亿元［EB/OL］.（2020－03－27）［2022－10－13］. https：//xw. qianzhan. com/analyst/detail/220/200326－22728921. htm.

[487] 肖伟. 2007. 虚拟团队管理［M］. 西安：电子科技大学出版社.

[488] 熊回香，王学东，许颖颖. 2009. 基于 Web3.0 的虚拟团队知识共享平台建设研究［J］. 情报科学，（12）：1770－1775.

[489] 颜士梅. 2001. 虚拟团队及其管理［J］. 外国经济与管理，23（5）：23－27.

[490] 姚伟，张翠娟，杨志磊，等. 2020. 知识管理［M］. 北京：清华大学出版社.

[491] 野中郁次郎，竹内弘高. 2006. 创造知识的企业：日美企业持续创新的动力［M］. 李萌，高飞，译. 北京：知识产权出版社.

[492] 翟东升，朱雪东，周健明. 2009. 人际信任对员工隐性知识分享意愿的影响：以隐性知识分享动机为干扰变量［J］. 情报理论与实践，32（3）：25－29.

[493] 张敏，马臻，张艳. 2018. 用户知识隐藏行为综述：研究内容，知识体系与前沿主题分析［J］. 图书馆学研究，（14）：2－9，30.

[494] 张新华，张飞." 知识" 概念及其涵义研究［J］. 图书情报工作，2013，57（6）：49－58.

[495] 张颖，荣世宇，熊普臻. 2022. 冲突管理方式，团队心理安全感与虚拟团队绩效研究［J］. 云南财经大学学报，38（2）：101－110.

[496] 赵红丹，蒋佳芮. 2021. 上司示意型知识隐藏的双刃剑效应及其边界条件研究［J］. 管理学报，18（5）：684－694.

[497] 周城雄. 2004. 隐性知识与显性知识的概念辨析［J］. 情报理论与实践，（2）：127－129.

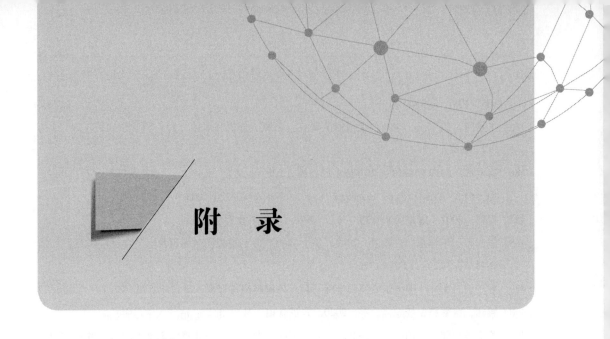

附　录

A1.1　LMX

（1）你是否了解你的领导是否满意你的工作？（很不了解＿＿＿一般＿＿＿很了解＿＿＿）

（2）你的上司对你的工作问题和需求了解多少？（很少＿＿＿中等＿＿＿很多＿＿＿）

（3）你的领导对你的潜力了解多少？（很不了解＿＿＿一般＿＿＿很了解＿＿＿）

（4）不管他/她在自己的职位上建立了多大的权威，你的领导利用他/她的权力帮助你解决工作中的问题的可能性有多大？（很小＿＿＿一般＿＿＿很大＿＿＿）

（5）再问一遍，不管你的领导有多大的正式权力，他/她保护你的可能性有多大？（很小＿＿＿一般＿＿＿很大＿＿＿）

（6）我对我的领导有足够的信心，如果他/她不在场，我会为他/她的决定辩护。（很不同意＿＿＿一般＿＿＿很同意＿＿＿）

（7）你如何描述你和你的领导之间的工作关系？（非常差＿＿＿一般＿＿＿非常好＿＿＿）

A1.2　情感承诺

（1）你愿意在你现在工作的单位工作到退休吗？

（2）你觉得你的组织所面临的问题也是你的问题吗？

（3）你对组织有归属感吗？

（4）你个人对你的组织有感情吗？

（5）在你的组织内工作对你个人有意义吗？

（6）你会自豪地告诉别人你在当前的组织工作吗？

A1.3　一般自我效能感

（1）我能够实现我为自己设定的大部分目标。

（2）当面临困难的任务时，我确信我会完成它们。

（3）总的来说，我认为我可以获得对我来说很重要的结果。

（4）我相信，只要我下定决心，我肯定能够取得成功。

（5）我能够成功地克服许多挑战。

（6）我相信我能有效地完成许多不同的任务。

（7）和其他人相比，我能很好地完成大部分任务。

（8）即使遇到困难，我也能表现得很好。

A1.4　内部控制源

（1）一份工作取决于你如何对待它。

（2）在大多数工作中，人们几乎可以完成任何他们想要完成的事情。

（3）如果你知道你想从工作中得到什么，你就能找到一份适合你的工作。

（4）如果员工对老板的决定不满意，他们应该采取一定的行动。

（5）只要努力，大多数人都能把工作做好。

（6）工作表现好的员工才会得到晋升。

（7）工作表现出色的人通常会因此得到奖励。

（8）大多数员工对上司的影响力比他们认为的要大。

A1.5 知识分享行为（领导评价下属）

（1）该员工会将自己的知识和技能分享给其他同事。

（2）如果这个员工拥有一些独特的技能来完成工作，他/她会将这个技能分享给其他同事。

（3）这个员工与同事交换信息、知识和技能。

（4）这个员工通常会免费为其他员工提供一些很难找到的知识或者特殊技能。

（5）该员工会利用非常明确的策略来帮助他人。

（6）该员工与其他同事分享了大量的信息。

（7）该员工为他人提供了大量的建议。

A2　研究二的问卷

A2.1　知识分享意愿

（1）我愿意在虚拟团队中将我的知识分享给其他成员。

（2）我会尝试将自己的知识分享给其他的成员。

（3）我总是尽自己努力将知识分享给其他成员。

A2.2　知识分享态度

（1）如果我把知识分享给其他团队成员，我感到很舒服。

（2）如果我把知识分享给其他团队成员，我感到自己处于不利地位（反向题目）。

（3）如果我把知识分享给其他团队成员，我感到很高兴。

（4）如果我把知识分享给其他团队成员，我感到没有作用（反向题目）。

（5）如果我把知识分享给其他团队成员，我会学到一些新的知识和技巧。

（6）我喜欢与虚拟团队中的其他成员分享知识。

A2.3　知识分享主观规范

（1）在这个团队中，其他的成员希望我能够分享知识。

（2）团队中和我关系非常密切的朋友和同事认为我应该分享自己的知识。

（3）大多数对我很重要的团队成员认为我应该与其他成员分享我的知识。

A2.4　知识分享描述规范

（1）团队中的其他成员都会互相分享知识。

（2）主动分享知识的成员在团队成员中的占比非常高。

A2.5　知识分享可控性

（1）是否分享知识主要取决于我自己的想法。

（2）我相信，在与他人分享知识方面，我有很大的控制权。

A2.6　知识分享行为

（1）我通常会花费大量时间参与本虚拟团队的知识分享活动。

（2）我经常参加本团队的知识分享活动。

（3）当讨论一个复杂的问题时，我通常会参与到后续的互动和分享中。

A3　研究三的问卷

A3.1　尽责型人格

（1）我认为自己做工作非常认真负责。

（2）我认为自己做工作非常有效率。

（3）我认为我自己做事情是有所保留的。

A3.2　工作技能多样性需求

（1）您的工作中需要做许多不同的事情，使用各种技能和天赋。

（2）您的工作需要使用一些复杂的或高层次的技能。

（3）您的工作是复杂的而且难以重复的。

A3.3　知识分享自我效能

（1）我有信心为本虚拟团队中的其他成员分享有价值的知识。

（2）我有专业知识、经验和洞察力，可以为这个虚拟团队的其他成员提供有价值的知识。

（3）我有信心在这个虚拟社区中对其他成员分享的知识进行评论。

A3.4　知识分享行为（同研究二的问卷）

A4　研究四的问卷

A4.1　合作规范的人与环境匹配程度

（1）在我的组织中，合作规范的程度_____。

（2）在我的组织中，团队合作的程度_____。

（3）在我的组织中，奖励员工合作完成目标的程度_____。

A4.2　创新精神的人与环境匹配程度

（1）我的组织对于创新的重视程度_____。

（2）我的组织促进学习的程度_____。

（3）我的组织对有争议观点的开放程度_____。

（4）我的组织愿意冒险尝试新想法的程度_____。

A4.3　技能多样性的人与环境匹配程度

（1）我的工作对技能多样性（需要在工作中做很多不同的事情，使用各种技能和才能）的需求程度_____。

（2）我的工作对使用一些复杂或高级技能的需求程度_____。

（3）我的工作的复杂性和不可重复性的程度_____。

A4.4　任务同一性的人与环境匹配程度

（1）我的工作的完整性程度_____。

（2）我的工作能够给我提供一个完全完成自己工作机会的程度_____。

（3）我的工作允许我从工作安排到最终完整完成的程度_____。

A4.5　工作自主性的人与环境匹配程度

（1）我的工作有自主权的程度_____。

（2）我的工作提供独立自由工作机会的程度_____。

（3）我的工作允许自己使用个人的知识和判断进行工作的程度_____。

A4.6　情感承诺（同研究一的问卷）

A4.7　在线知识分享行为

（1）你在线分享自己工作有关知识的频率如何？（从不____有时会____总是会____）

（2）你会花费多少时间来在线分享自己的知识？（不会____有些____非常多____）

（3）你在多大程度上参与了组织中各种主题的在线讨论？（没有____一些主题____非常多主题____）

A5　研究五的问卷

A5.1　对同事的信任

（1）我认为我的同事是值得信任的。

（2）我认为我的同事往往能做出正确的事情。

（3）我认为我的同事是可以指望把事情做好的人。

（4）我认为我的同事是一个忠诚的人。

（5）我对我的同事非常具有信心。

A5.2　心理安全

（1）在我们的工作团队中，我可以表达我对工作真实的感受。

（2）在我们的工作团队中，我可以自由表达我的观点。

（3）在我们的工作团队中，表达你的真实感受是受到大家欢迎的。

（4）即使我们意见不同，我们工作团队的同事也不会找我麻烦。

（5）我担心自己在工作团队中表达真实想法而伤害到自己（反向题目）。

A5.3　团队虚拟性

1. 团队分布

（1）我与团队中的其他成员在不同的时区工作。

（2）我与团队成员的协作主要通过互联网会议程序来开展的。

（3）与我合作的团队成员都是从未谋面的。

（4）我与不同母语或者说不同方言的团队成员合作。

2. 工作地点迁移

（1）我在不同的部门工作。

（2）我与团队之外的人有专业的互动。

（3）我是用移动设备工作。

（4）正常的工作日我可以居家办公。

（5）我可以一边旅行一边工作，比如在机场或者酒店开展工作。

3. 实践的多样性

（1）我所在的团队成员不断发生变化。

（2）我工作的团队可以用不同的方法来跟踪团队成员的工作。

（3）我和使用不同写作技术的人一起工作。

A5.4　知识分享自我效能（同研究三的问卷）

A5.5　知识分享行为（同研究二的问卷）

A6　研究六的问卷

A6.1　领导底线思维

（1）我的主管只关心是否达到业绩底线。

（2）我的主管只关心员工的业务水平。

（3）我的主管把业绩底线看得比任何其他事情都重要。

（4）我的主管认为企业的利润要远远比员工的福利重要。

A6.2　自利主义

（1）在工作中，我只关心自己的需要和兴趣。

（2）我的个人目标和抱负对我来说最为重要。

（3）我认为自己的愿望和自己的做法是相关的。

A6.3　绩效氛围

（1）在我的工作部门中，比别人做的更好是非常重要的。

（2）在我的工作部门中，工作上的绩效是通过比较同事之间的业绩来衡量的。

（3）在我的工作部门中，一个人是否成功是通过与他人的比较来界定的。

（4）在我的工作部门中，主管非常鼓励员工之间的竞争。

（5）在我的工作部门中，一个人如果业绩最好，那么他会得到最多的金钱奖励。

（6）在我的工作部门中，那些取得最好成绩的员工会被树立为企业员工的榜样。

（7）在我的工作部门中，我们鼓励内部竞争以取得尽可能好的结果。

（8）在我的工作部门中，员工之间存在激烈的内部竞争。

A6.4　知识隐藏行为

当团队中有成员向您请求知识的时候，您采取以下措施回应的可能性：

1. 装聋卖哑

（1）假装自己并没有对方所需要的知识。

（2）直接告诉对方自己不知道，但是其实你是知道这个知识的。

（3）假装自己不知道对方在说什么。

（4）告诉对方自己在这个领域的知识非常匮乏。

2. 含糊隐藏

（1）同意将知识分享给他，但是没有真正去做。

（2）同意将知识分享给他，但是分享的知识却是对方不需要的。

（3）告诉他我以后会帮助他的，但是尽最大可能去拖延。

（4）提供给他一些信息，但是这些信息不是他真正想要的。

3. 合理隐藏

（1）告诉对方我想把知识分享给他，但是不能分享。

（2）告诉对方这些信息和知识是保密的，只有特定的人才有资格获得。

（3）告诉对方我的领导不让我分享这些知识。

（4）直接告诉他无可奉告。

A7 研究七的问卷

A7.1 辱虐管理

（1）我的上司对我很粗鲁。

（2）我的上司说我的想法或感觉很愚蠢。

（3）我的上司在别人面前贬低我。

（4）我的上司在别人面前对我有负面的评价。

（5）我的上司说我不称职。

A7.2 情绪耗竭

（1）我的工作将我的情绪都消耗殆尽了。

（2）一天工作下来我感到筋疲力尽。

（3）我觉得自己的工作简直太累了。

A7.3 积极情感

您认为以下这些词汇对您的描述是否符合：

热情、感兴趣、决心、兴奋、鼓舞、警觉、积极、坚强、骄傲、细心。

A7.4 同事支持

（1）我的工作过程中感受到同事对我的帮助很大。

（2）当我完成某一项工作时，我很依赖同事的帮助。

（3）我的同事为我提供重要的工作相关信息和建议，使我的工作更容易。

A7.5　知识隐藏

（1）当同事向我询问相关知识时，我会对他们隐瞒有用的信息或知识。

（2）当同事向我询问相关知识时，我总是向他们隐藏最新的成就。

（3）在工作中，我并没有将个人的知识和经验转化为组织的知识。